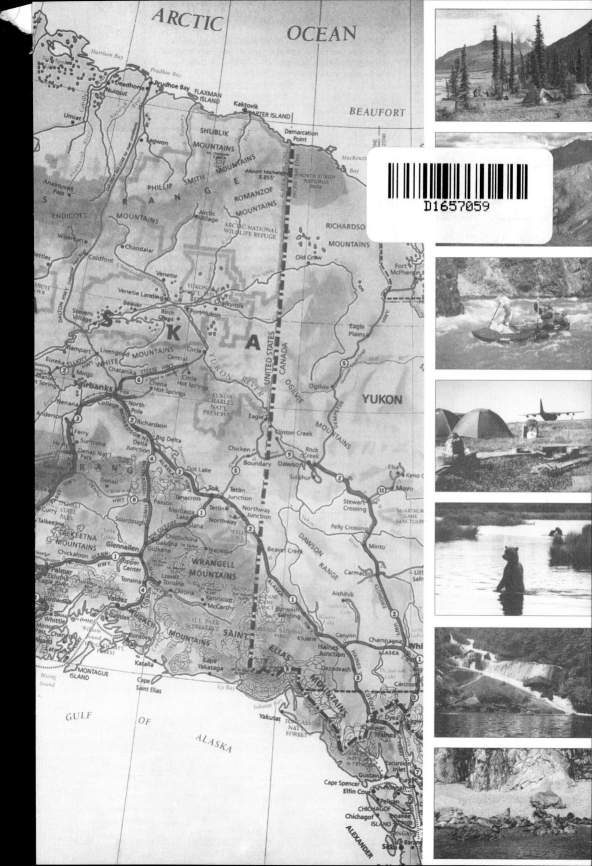

ALASKA
Kajakreisen in faszinierender Wildnis

Miroslav Podhorsky

ALASKA

Kajakreisen in faszinierender Wildnis

© Miroslav Podhorsky, 2005
Photography © Miroslav Podhorsky, 2005
ISBN 80-7268-357-8

Vorwort

Der hohe Norden, insbesondere Alaska und Kanada, zieht mich schon seit meiner Kindheit mit seiner, durch die Wissenschaft noch völlig unerforschten, Naturkraft an. Seit dreißig Jahren verbringe ich dort meinen, wie man so schön sagt, wohlverdienten Urlaub. Jeden Sommer muß ich dort meine Seele von allen zivilisatorischen Verbiegungen und Ausbeulungen auskurieren. Diese Schädigungen durch die sogenannte hochentwickelte Zivilisation und deren Ausuferungen, wie zum Beispiel die Kommerzialisierung des Sports und der Kultur, Computerisierung oder neuerdings auch die Folgen der Globalisierung, brauchen Zeit um auszuheilen. So wie Tausende regelmäßig zur Kur nach Baden Baden oder nach Bad Wanne Eickel fahren, um ihren Körper oder noch öfter ihre Psyche auszubessern, so relaxe ich Jahr für Jahr in Alaska und hoffentlich noch lange.

Mit meiner Familie und mit meinen Freunden, umgeben von der unberührten himmlischen Natur, atmen wir in vollen Zügen die wahren Düfte von Abenteuer und Freiheit, die nur der hohe Norden und Alaska, „the last frontier" insbesondere, uns geben können. Angewiesen nur auf uns selber, auf unseren gesunden Verstand und ein bißchen Erfahrung begeben wir uns in die wilde Natur und werden stets fürstlich belohnt. Unberührte, saubere Landschaft bietet einen ungeahnten Komfort, den kein Hotel der Erde, keine Wellnessfarm oder auch kein Kreuzfahrtschiff je seinen Gästen verkaufen kann. Absolute Ruhe, Selbstbestätigung und das Gefühl, ein untrennbarer Teil der paradiesischen Natur zu sein, sind die wertvollsten Gaben mit denen Alaska seine Besucher beschenkt.

Selbstverständlich unterzieht Alaska seine Eindringlinge oft ganz schön harten Prüfungen. Es bietet in seiner Wetterküche alles, was man sich nur vorstellen kann: Kälte, Hitze, Sturm, Wind, Landregen oder auch Wolkenbruch. Nicht selten greift die Natur zu besonders tückischen Methoden. Sie überfällt zum Beispiel seine Besucher mit Moskitoschwärmen oder arrangiert für sie eine zufällige Begegnung mit einem stattlichen Grizzly. Insgesamt ist Alaska aber fair. Als wenn es sich für die Unannehmlichkeiten entschuldigen möchte, entschädigt es dann den Geprüften wahrlich königlich mit den feinsten Fischen, mit einem warmen Sonnenschein und einer Naturkulisse, die einzigartig auf dieser Erde ist.

Die kurze Historie Alaskas, oder besser gesagt, die des weißen Mannes in diesem Land, ist außerordentlich interessant und aufregend. Je mehr ich mich mit ihr beschäftigte, um so mehr faszinierte sie mich, und ich entdeckte immer wieder neue Überraschungen. Aus diesem Grund stelle ich am Anfang dieses Buches die kurze Geschichte Alaskas, die keinesfalls den Anspruch auf Vollständigkeit erfüllen kann, vor. Möglicherweise wird sie helfen, die Kenntnisse über die historischen Geschehnisse und die interessanten Zufälle in der Geschichte, welche aber für die heutige geopolitische Stabilität Alaskas verantwortlich sind, bei dem einen oder anderen Leser aufzufrischen.

Die Beschreibungen meiner Reisen auf verschiedenen Flüssen Alaskas sowie entlang der Küsten Alaskas beinhalten Informationen für diejenigen Leser, die sich eines Tages entscheiden dort selber hinzufahren und meine Begeisterung für das schöne Land nachvollziehen möchten. Jedes einzelne Kapitel habe ich mit eigenen Fotografien ergänzt, weil ich der Meinung bin, daß ein Bild oft sehr viel mehr aussagen kann als zwanzig geschriebene Textseiten.

Ratingen, Sommer 2005   Miroslav Podhorsky
                                                         podhorsky@web.de

ALASKA
- the last frontier -

Die wichtigsten Ereignisse in der Geschichte des Landes im Zeitraffer

Fläche: 1 500 000 km²   *Einwohnerzahl: 600 000*

4000 v.Chr.	Migration von asiatischen Völkern über die Beringenge nach Alaska.
1600	Besiedlung der Pazifikküste von Südostalaskas durch die indianischen Stämme der Tlingit und Haida.
1741	Vitus Bering bei seiner zweiten Expedition im Dienste der Zarin Anna entdeckt Alaska.
1799	Alexander Baranov gründet die Siedlung „Old Sitka". Die Russisch-amerikanische Gesellschaft erhält das Monopol für den Handel mit Russisch-Amerika.
1847	Hudson Bay Company gründet in Fort Yukon ihren Handelsposten.
1867	Die Vereinigten Staaten von Amerika kaufen von Russland Alaska für 7,2 Milionen Dollar.
1898	Das Goldfieber am Klondike in Yukon Territory bricht aus.
1912	Alaska erhält Territorialstatus.
1914	Auf dem Boden Alaskas startet zum ersten Mal in Fairbanks ein Flugzeug.
1923	Der amerikanische Präsident Waren Harding weiht die einzige Eisenbahnstrecke Alaskas ein. Sie verbindet Seward mit Anchorage und führt weiter nach Fairbanks.
1935	Der Versuch von landwirtschaftlicher Ansiedlung im Matanuska Valley.
1942	Die japanischen Streitkräfte besetzen die Inseln Attu und Kiska auf den Aleuten. Alaska wird mit einer Strasse, die über Kanada führt, an die Staaten angebunden.
1959	Alaska wird ein gleichberechtigter Staat der Vereinigten Staaten von Amerika.
1964	Am Karfreitag erschüttert ein starkes Erdbeben die Küstenregion. 115 Menschen kommen ums Leben.
1968	In der Nähe des Prudhoe Bay an dem North Slope wird Öl gefunden.
1971	US Kongress stimmt dem neuen Bodengesetz zu (Alaska Native Land Claims Settlement Act).
1977	Die Ölpipeline, welche Prudhoe Bay mit dem eisfreien Hafen Valdez verbindet und quer durch Alaska führt, wird in Betrieb genommen.
1980	Präsident Jimmy Carter unterschreibt den Alaska National Interest Lands Conservation Act.

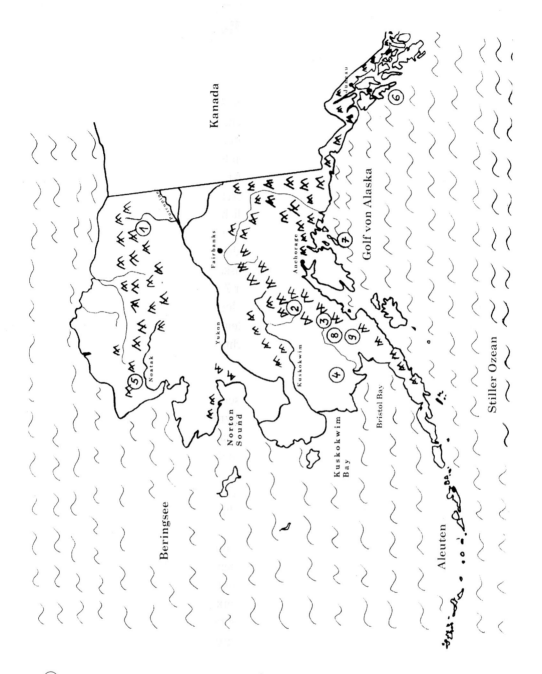

① Sheenjek River
② Stony River + Kuskokwim River
③ Mulchatna River
④ Wood River Lakes System
⑤ Noatak River
⑥ Inseln in Südostalaska
⑦ Prince William Sound
⑧ Tlikakila River + Lake Clark
⑨ Lake Iliamna + Kvichak River

DIE KURZE GESCHICHTE VON RUSSISCH-AMERIKA

Dies ist die Geschichte des Landes, welches die Stämme der Aleuten, der Indianer und der Eskimos seit Jahrtausenden bewohnten. Die Aleuten nannten es in ihrer Sprache „Alyeska", was „Großes Land" bedeutet. Sie waren an der aleutischen Inselkette zu Hause, die sich vom kontinentalen Festland über eine Länge von fast zweitausend Kilometern in den Pazifik ausstreckt.

Im Vergleich zu anderen Ländern ist die Geschichte Alaskas äußerst kurz und übersichtlich. Dabei ist es fast selbstverständlich, daß wir unser Augenmerk nur auf den letzten geschichtlichen Abschnitt legen, der mit dem Eindringen des weißen Mannes, heute könnte man sagen mit der Okkupation Alaskas, zu tun hat. Und weil der erste weiße Mann den Boden Alaskas erst im Jahre 1741, auch wenn nur für ein Paar Stunden, betreten hatte, ist der Zeitrahmen damit vorgegeben.

Es ist nicht so, daß die Eindringlinge in ein leeres, unbewohntes Paradies, wie schon einmal vor langer langer Zeit kamen. Nein, das Land war bewohnt. So wie auch ganz Amerika bewohnt war. Die Geschichte Alaskas zeigt sehr anschaulich, wie innerhalb einer kurzen Zeit eine Kultur die andere verdrängt hat. Dabei galten die gleichen Regeln und Gesetze des Dschungels, wie sie sich immer und immer wieder während der Evolution auf unserem Planeten beobachten ließen. Es überlebt derjenige, der bessere Waffen besitzt. Der andere hat das Nachsehen. Dieses einfache und wahrlich unchristliche Verhalten hat nicht einmal die Heilige Schrift aus uns Menschen ausgetrieben. Und so fand sie ihre erneute Bestätigung auch in Alaska.

Es ist eine Erfahrung, daß die durch die Weißen geprägte Gesellschaft in Alaska und auch anderswo in den letzten Jahrzehnten ihr schlechtes Gewissen ein bißchen besänftigen mußte und mit Geld und materieller Hilfe versuchte nachzubessern, was irreversibel verloren war. Dadurch entstanden aber sofort neue Probleme, welche die alten nicht lösen konnten. Sie wurden nur übertüncht und durch neue ersetzt, so wie es in der Menschheitsgeschichte immer der Fall war und ist.

Heute wird im allgemeinen die Theorie anerkannt, daß die ersten Bewohner Alaskas, Indianer und Eskimos, vor ungefähr zehntausend Jahren aus den asiatischen Steppen über die Beringenge nach Alaska gelangten. Die Aleuten, die Nachkommen des Volkes Hairy Ainu, sollten erst viel später vom Süden durch die aggressiven Japaner auf die kargen und unwirtlichen Aleuteninseln vertrieben worden sein.

Während des zweiten Weltkrieges wurden in Dutch Harbor auf der Aleuteninsel Unalaska Erdarbeiten ausgeführt in deren Verlauf ein spektakulärer Fund gemacht wurde. In einem Grab wurden siebenundzwanzig mumifizierte Leichen von

Kämpfern gefunden, die, und das war interessant, mit wildem Korn ausgestopft waren. Sie wurden, im Kreis sitzend, mit an den Kopf angepressten Knien bestattet.

Der damalige Anthropologe und Kurator der Smithsonian Institution in Washington D.C. Dr. Ales Hrdlicka hat das Alter des Grabes auf dreitausendfünfhundert Jahre bestimmt und hat besonders darauf hingewiesen, daß diese Bestattungskultur auf beiden amerikanischen Kontinenten ansonsten nur in Peru vorgefunden wurde. Es ist höchst interessant, daß der Stil und die Riten auch mit der Bestattungskultur des alten Ägyptens identisch sind. Aus diesem Grund ist nicht völlig ausgeschlossen, daß auch afrikanische Migranten ihren Weg nach Amerika und auch nach Alaska gefunden haben. Gerade heute erleben wir in Europa die Auswirkungen eines Migrationsdrucks vom Süden zum Norden hin und zwar tagtäglich. Im Falle Alaska können wir genau beobachten, wie die Migranten die Kultur und den Lebensstil einer ganzen Region bestimmten und zwar bis zu dem Augenblick als eine neue Migrationswelle der weißen Siedler eine völlig neue Kultur mit sich brachte und die alte auslöschte.

Der Zar Peter der Große war einer von wenigen russischen Herrschern, der sich ernsthaft um die Entwicklung und die Zukunft des riesigen russischen Imperiums tiefgreifende Gedanken gemacht hat. Er hatte aber ein großes Problem. Niemand konnte ihm nämlich mit Gewißheit sagen, bis wohin sich sein Reich im Osten überhaupt erstreckte. Er entschloß sich, eine Erkundungsexpedition zu organisieren, die ihm Klarheit darüber verschaffen sollte. Sie sollte auch die spannende Frage beantworten, ob Sibirien mit dem neuen Kontinent Amerika verbunden ist, über dessen Existenz damals nur eine Handvoll von Gelernten wußte. In den wissenschaftlichen Zirkeln von Sankt Petersburg kursierten zu der Zeit die verschiedensten abenteuerlichen Theorien über unbekannte, mit Reichtümern aller Art überquellende riesige Kontinente, die sich vermutlich in den weißen unerforschten Gebieten östlich der Halbinsel Kamtschatka befinden sollten. Das bekannteste märchenhafte Land hieß Gama und durch das ständige Wiederholen seiner vermuteten Existenz hat man langsam aber sicher der wackeligen Gama-Theorie Glauben geschenkt.

Im Jahre 1725 schickte Peter der Große den Dänen Vitus Jonassen Bering nach Sibirien. Er sollte von Kamtschatka aus die sibirische Küste erkunden und feststellen, wie weit Sibirien in den Norden reicht. Bering diente damals treu als Offizier in der gerade erst gegründeten russischen Marine. Sie mußte sich ausländischer Offiziere bedienen, weil die nötigen Kenntnisse der Navigation und der Schiffsführung bei der jungen russischen Marine nicht vorhanden waren.

Bering, der von seinem Wesen her ein vollblütiger Schiffskapitän, aber kein Forscher oder Entdecker war, erfüllte seinen Auftrag ohne wesentliche neue spektakuläre Entdeckungen. Er segelte bis zum östlichsten Zipfel von Sibirien durch die Meerenge, die heute seinen Namen trägt und als er sich dem nördlichen Packeis näherte, drehte er sein Schiff um und eilte zurück in den Heimathafen auf Kamtschatka. Auf seinem Rückweg hatte er die Insel St. Diomede, heutiger Name Big Diomede, entdeckt. Sie gehört bis heute zu Rußland. Wenn er damals, einfach nur aus purer Neugierde, diese Insel umrundet hätte, hätte er höchstwahrscheinlich schon damals die Küste Alaskas entdeckt. Die alaskanische Halbinsel Seward Peninsula ist nämlich nur vierzig Kilometer entfernt. Aber so mußte er auf seine Entdeckung Alaskas noch volle sechzehn Jahre warten.

Nach Sankt Petersburg zurückgekehrt, berichtete er über seine Erkundung, aber weil er in der Tat keine spektakulären Neuigkeiten aufweisen konnte, wurde seine Leistung auf dem Zarenhof mit Enttäuschung zur Kenntnis genommen. Bering war selber unzufrieden. Mit einer angemessenen Würdigung und Anerkennung konnte er nicht rechnen.

Nach einigen Jahren Langeweile ließ ihn sein Ehrgeiz keine Ruhe mehr. Er ersuchte die Nachfolgerin Peter des Großen, Zarin Anna und bat sie um Übertragung der Verantwortlichkeit für eine neue Expedition, die ein für alle Mal Licht in die unerforschten Gebiete des östlichen Meeres bringen sollte.

Und so geschah es auch dann. Im Jahre 1731 erteilte die Zarin ihm und dem Kapitän Chirikov, seinem Stellvertreter aus erster Expedition, die Leitung der größten und aufwendigsten Expedition, die je Rußland unternommen hatte. Damals ahnte Bering sicherlich noch nicht, was ihn erwarten würde.

Der Zarenhof, die Admiralität und die Akademie der Wissenschaften waren bei der Planung der zweiten beringschen Expedition sehr fleißig. Sie hat sich nach und nach zu einer aufwendigen, komplizierten und logistisch kaum beherrschbaren Veranstaltung entwickelt. Im Jahre 1733 verließen mehrere tausend Expeditionsteilnehmer Sankt Petersburg. Es dauerte volle sieben Jahre, bis sie, oder besser gesagt der übriggebliebene Rest, nach einem zermürbenden Treck durch die menschenleeren Weiten Sibiriens um ein Drittel des Globus die Ostküste des Reiches erreichten.

Am vierten Juni 1741 liefen aus dem geschützten Hafen in der Avacha Bucht auf Kamtschatka zwei, in Ochotsk gebaute, einfache Segelschiffe aus, welche vorher auf die Namen der Heiligen Sankt Peter und Sankt Paul getauft worden waren. Der Name der Hafenstadt Petropavlovsk auf Kamtschatka erinnert heute noch an diesen, wahrhaft historischen Augenblick.

Bering befand sich auf der Sankt Peter. Chirikov befehligte die Sankt Paul. Im letzten Augenblick nahm Bering einen damals noch unbekannten jungen Mann namens Georg Wilhelm Steller an Bord. Seine Qualifikationen waren Biologie, Zoologie und Medizin. Die medizinische Qualifikation war vermutlich für Bering, der schon damals unter einer angeschlagenen Gesundheit litt, entscheidend. Er brauchte jemanden, der sich um ihn an Bord des Schiffes im Ernstfall kümmern konnte. Welch glücklicher Zufall! Ohne Stellers detaillierte Aufzeichnungen hätten wir heute nämlich über den Verlauf der Odyssee fast gar nichts gewußt.

Steller, geboren im bayerischen Windsheim, hat sich seit seiner Kindheit enthusiastisch für die Natur interessiert. Er studierte in Halle und aus Gründen, die wahrscheinlich nur ihm bekannt waren, hatte er sich in den Kopf gesetzt an der geplanten zweiten Beringexpedition ins Unbekannte teilzunehmen. Er besaß eine uns heute nicht mehr bekannte Begeisterung für die Entdeckung des Neuen, des Unbekannten. Ebenso besaß er einen gehörigen Hunger nach Wissen aller Art. Dazu war er außerordentlich begabt und mit einer ungewöhnlich guten Beobachtungsgabe versehen, die ihm seinen heutigen Ruhm sicherte. Wie sonst wäre es zu erklären, daß sich dieser junge, fünfundzwanzig Jahre alte Mann ganz alleine auf den Weg über Sankt Petersburg und dann über ganz Sibirien bis in die Avacha Bucht aufmachte. Dort hatte er Bering eingeholt und endlich, nach vielen Strapazen, Entbehrungen und Schwierigkeiten, sein Ziel in der letzten Minute doch noch erreicht. Bering nahm ihm mit.

Die beiden Schiffe segelten die ersten zwei Wochen, wie geplant, zusammen. Dann aber hat sie plötzlich ein undurchsichtiger, dicker Nebel eingehüllt. In der damaligen Zeit der visuellen Kommunikation war es ein ernstes Problem. „Wireless communication" wartete noch auf ihre Entdeckung und so geschah es, daß sie sich für immer getrennt hatten.

Am 15. Juli 1741 wurde vom Bord der Sankt Peter ein unbekanntes Land gesichtet. „Bolschaja Zemlja" stellte sich dem Schiffskommandanten Bering und seiner Begleitung majestätisch vor. Sie schauten ergriffen auf einen riesigen weißen Gebirgszug aus dem ein Berg fast in den Himmel hinein ragte. Es war der Mount Sankt Elias, der mit seinen sechstausend Metern der zweithöchste Berg Alaskas ist.

Am 20. Juli ankerte die Sankt Peter in der Nähe einer langgestreckten Insel, nicht weit von der Festlandküste entfernt. Bering gab ihr den Namen Sankt Elias. Heute heißt sie Kayak Island. Ein kleines Erkundungsboot in dem auch Steller war wurde zur Insel geschickt. Er soll es gewesen sein, der als Erster aus dem Boot sprang und im Sand die ersten Spuren des weißen Mannes auf dem alaskanischen Boden hinterließ. Bering selber betrat das Festland nie.

An diesem Tag war es Steller vergönnt, zehn Stunden auf dem Festland zu verbringen. Es waren seine ersten und gleichzeitig seine letzten Stunden, die er auf amerikanischem Boden verbracht hat. Es waren aber mit Sicherheit seine produktivsten Stunden, die er als Naturwissenschaftler je geleistet hat. In diesen zehn Stunden war es ihm gelungen, die Flora und Fauna des entdeckten

Landes so unglaublich genau und vollständig zu beschreiben, daß sie später einer Überprüfung bewundernswert standhielt. Sie war einfach perfekt. Das Original des von ihm angefertigten Manuskripts wird heute im Archiv der Russischen Akademie der Wissenschaften aufbewahrt.

Steller bat Bering immer wieder um Erlaubnis, auf das Festland gehen zu dürfen. Der kranke und um die Sicherheit besorgte Seefahrer, der kaum Verständnis für wissenschaftliche Beobachtungen hatte, erlaubte es nicht. In seinem Notizbuch hat sich Steller darüber bitter beklagt: „...zehn Jahre habe ich mich vorbereitet und nur zehn Stunden konnte ich forschen...".

Wie schon einmal erwähnt, hat Bering seinen Fuß nie auf alaskanischen Boden gesetzt. Trotzdem trägt der längste Gletscher in Alaska seinen Namen. Er ist zweihundert Kilometer lang. Der Fluß, der aus diesem Gletscher gespeist wird und die Küste gegenüber der Kayak Island erreicht, heißt heute ebenfalls Bering River. Auch nach Steller ist in Alaska ein Gletscher benannt. Er windet sich zum Meer in der Nachbarschaft des Bering Glaciers.

Der Rückweg nach Kamtschatka hatte sich von Anfang an als sehr schwierig erwiesen. Es war schon August und die ganze Zeit herrschten westliche Winde, die noch mit zahlreichen Stürmen, die den Herbst ankündigten, dafür sorgten, daß die Sankt Peter nicht richtig vorankam. Sie schlingerte im Zickzackkurs in der heutigen Alaskabucht, ohne jemals der Küste so nahe zu kommen, daß sie gesichtet werden konnte. Einige Männer an Bord erkrankten an dem damals unter den Seefahrern so gefürchteten Skorbut. Zusätzlich zu all den besorgniserregenden Ereignissen ging noch der Vorrat an Trinkwasser zur Neige.

Es waren volle vierzig Tage seit dem Verlassen der Kayak Insel vergangen. Endlich wurden zwei Inseln gesichtet und Bering entschied, zwischen ihnen vor der Küste zu ankern um frisches Wasser zu holen. Es handelte sich um die Inseln Nagai und Near, die am Ende der Alaskahalbinsel liegen.

Auf der Insel Nagai füllten sie ihre leeren Wasserfässer auf und beerdigten dort auch ihren Kameraden, den Matrosen Nikita Schumagin. Er fand als erster Weißer in Alaska seine ewige Ruhe.

Als sich der Wind in den Segeln der Sankt Peter erneut gefangen hatte und sie ihre Fahrt fortsetzen konnte, war schon der Zustand der Mannschaft äußerst bedenklich. Aber das Schlimmste sollte noch kommen. Der Skorbut und andere Krankheiten dezimierten die gesamte Mannschaft so stark, daß kaum noch jemand in der Lage war, das Schiff zu steuern. Kapitän Bering lag in seiner Koje und war nicht in der Lage aufzustehen. Die Agonie an Bord steigerte sich von Tag zu Tag, und so kam es wie es kommen mußte.

Am 5. November 1741 strandete die Sankt Peter an einer unbekannten Insel, nur ungefähr 200 Kilometer von der Küste Kamtschatkas entfernt. Das Schiff segelte ohne Steuerung entlang der ganzen aleutischen Inselkette, ohne in ernste Gefahr zu geraten. Dies war schon ein Wunder. Dann aber stellte sich dem Schiff eine einzige kleine Insel in den Weg, und das scheue Glück verflog.

Glücklicherweise konnten sich Bering und seine Männer auf das Festland retten. Es gelang ihnen noch den restlichen Proviant und die sonstigen Ausrüstungsgegenstände aus dem Schiffswrack zu bergen.

Trotzdem war ihre Lage aussichtslos. Sie befanden sich auf einer unbewohnten, kargen Insel ohne Baumbewuchs, und der strenge, in diesen Breitengraden lange Winter hat gerade erst begonnen. Von einer Rettung oder jeglicher Hilfe konnten sie wortwörtlich nur träumen. Sie waren vermutlich die ersten Menschen, die diese gottverlassene Insel jemals betreten hatten.

Sie gruben sich, so weit es ging, in die Erde ein und vegetierten unter uns heute nicht vorstellbaren Bedingungen dahin. Krankheiten, die Kälte und die Aussichtslosigkeit hatten zur Folge, daß immer neue Opfer zu beklagen waren. Am 8. Dezember 1741 starb Vitus Bering. Der sechzigjährige Expeditionsleiter schloss sein irdisches Leben elend ab ohne zu wissen, daß ihn später die Geschichte als einen der größten Seefahrer und Entdecker feiern würde. Er wußte auch nicht, daß er seine letzte Ruhe auf einer Insel fand, die später für immer seinen Namen tragen würde.

Nach dem Tode Berings nahm der Wissenschaftler Steller eine hervorragende Position ein. Steller war, so wie es auch heute bei besonders begabten Menschen sehr oft der Fall ist, kein einfacher Mensch. Er hatte ziemlich große Probleme im Umgang mit Menschen, besonders dann, wenn sie anderer Meinung waren als er. Trotzdem gewann er bei der deprimierten Mannschaft langsam aber sicher an Autorität und Anerkennung. Einen besonderen Erfolg konnte er bei der Bekämpfung des Skorbuts verzeichnen. Er verordnete der Mannschaft auf der Insel gefundene Pflanzen, Kräuter sowie frische Nahrung und siehe da, die furchtbare Krankheit trat ihren Rückzug an.

So weit es ihm möglich war, widmete er sich mit Akribie der Erforschung der Insel sowie ihrer Pflanzen und Tierwelt. Zum ersten Mal beschrieb und erforschte er die damals noch unbekannten Vögel, wie zum Beispiel die nach ihm benannte seltene Spezie des Hähers, Seeadlers und des weißen Rabens. Er hatte ebenso die Möglichkeit, das Verhalten der zahlreichen Robben und Seelöwen, die sich damals in einer unvorstellbaren Anzahl auf dem Kamtschatka zugewandten felsigen Ufer der Insel befanden, genauestens zu studieren. Die größte Art der Ohrenrobben, die man von der Beringstraße bis zum Kalifornien antreffen kann, wird deswegen als Stellers Seelöwe bezeichnet.

Weltruhm sicherte sich Steller mit der Entdeckung und der genauen wissenschaftlichen Beschreibung eines im Meer lebenden Säugetieres, der sogenannten Stellerschen

Seekuh. Dieses bis zu zehn Meter lange und bis zu vier Tonnen schwere Säugetier graste regelrecht wie eine Kuh die Wasserpflanzen in der Ufernähe ab. Seine Vordergliedmaßen waren zu rundlichen Flossen umgestaltet, die Hintergliedmaßen bis auf einen Beckenrest reduziert. Der rundlicher Körper verlängerte sich bis zu einer horizontalen Schwanzflosse. Seekühe dienten den Schiffbrüchigen als eine besonders ergiebige und bequeme Nahrungsquelle, weil sie einfach an der Küste zu erbeuten waren. Ihr evolutionsfremdes Verhalten entschied folglich über ihr Schicksal. Bereits 1786 wurden sie durch die ersten Seeotterjäger, die aus Sibirien kamen, für immer ausgerottet.

Steller und seine Mannschaft überstanden den harten Winter. Als schließlich die ersten Zugvögel Insel erreicht und durch ihr Erscheinen den Frühling angekündigt hatten, entschlossen sich die verzweifelten Männer zu handeln. Aus dem Wrack ihres gestrandeten Schiffes schafften sie alles noch nutzbare Holz und Baumaterial ans Ufer. Dann bauten sie mit den einfachsten Mitteln ein primitives Boot. Nach der Fertigstellung schaukelte ihr Rettungsschiff wie eine Nußschale auf den so selten friedlichen Wellen des unbekannten Meeres. Nach dem Verlassen der Insel Anfang August 1742 mußten sie feststellen, daß auf dem Boot kaum Platz für Proviant und das lebensnotwendige Wasser vorhanden war. Dieser Umstand traf am härtesten Steller. Für seine umfangreichen Pflanzen- und Tiersammlungen gab es keinen Platz mehr. Nur einige Ballen von Seeotterfellen wurden in die äußersten Ecken des Unterdecks verstaut, wahrscheinlich nicht wissend, welche schicksalhaften Entwicklungen sie später auslösen würden. Im Vertrauen auf die Hilfe des Herrn segelten sie in östlicher Richtung los.

Nach vierzehn Tagen ungewisser Seefahrt, eingepfercht und vegetierend auf engstem Raum, total erschöpft, hungrig und todmüde, erreichten die fünfundvierzig Überlebenden der Sankt Peter den sicheren Hafen Petropavlovsk in der Avacha Bucht auf Kamtschatka. Man schrieb den siebenundzwanzigsten August des Jahres 1742.

Fünfzehn Monate waren inzwischen vergangen, seit Bering mit seinem Schiff den Hafen verlassen hatte. Keiner hatte je ernsthaft mehr damit gerechnet, daß zwei Drittel der Mannschaft zurückkehren würden.

Die Sankt Paul, das zweite Schiff der zweiten beringschen Expedition, das unter dem Kommando von Chirikov stand, kehrte noch vor dem Aufbruch der befürchteten Herbststürme glücklich nach Petropavlovsk zurück.

Nach der unfreiwilligen Trennung von Bering und seinem Schiff setzte Chirikov seine Fahrt fort und erblickte wahrscheinlich ebenfalls am fünfzehnten Juli 1741 eine bewaldete Küste eines unbekannten Festlandes. Nach allem was man heute weiß, handelte es sich damals um die bewaldeten Hügel einer Insel des heutigen Alexander Archipels. Chirikov folgte zwei Tage der Küste zum Norden, und weil er keine geeignete Bucht finden konnte, ankerte er mit seinem Schiff vor der felsigen Küste. Er entsandte ein Ruderboot mit elf bewaffneten Männern zum Festland und wartete auf ein vereinbartes Zeichen, das ihm die Bootsbesatzung nach der Landung geben sollte. Er wartete jedoch vergeblich. Die Tage vergingen und weder ein Zeichen noch das Boot erreichten das vor Anker liegende Schiff.

Am fünften Tag entschloß sich Chirikov sein zweites und letztes Ruderboot, hinterher zu schicken. Das Boot mit der siebenköpfigen Besatzung verschwand hinter den felsigen Klippen. Es war ebenso das letzte Mal, daß es gesehen wurde. Es war, als ob das Boot über eine unsichtbare Kante in den Abgrund des rätselhaften neuen Landes gerissen worden war.

Die beiden Ruderboote kenterten höchstwahrscheinlich in der Gischt der gewaltigen, tückischen Gezeitenströmungen, die zwischen den dem Festland vorgelagerten Felsen vorherrschen. Sie waren ziemlich unbeweglich und für eine Landung unter diesen, uns heute bekannten Umständen denkbar ungeeignet. Tatsache ist, daß von ihnen nie Reste gefunden wurden. Auch spätere Befragungen der Tlingitindianer, die damals das Gebiet kontrollierten, haben die These über eine mögliche Massakrierung der Bootsbesatzungen durch die Wilden nicht bestätigen können. In dem so reichhaltigen Schatz der mündlich überlieferten Erzählungen der Indianer über ihre ersten Begegnungen mit den Weißen ist keine einzige dabei, die nur annähernd zur Klärung dieses tragischen Vorfalls beigetragen hätte.

Chirikov wartete einige Tage, dann drehte er sein Schiff und segelte mit voller Kraft zurück nach Kamtschatka, wo er noch rechtzeitig vor den befürchteten Herbststürmen ankam. Er berichtete über das neue Land, das er zwar vom Schiff aus sah, aber nie betreten hatte.

In Sankt Petersburg hatten sich inzwischen bedeutende, wahrhaft historische Veränderungen ereignet. Zarin Anna, die Bering auf seine zweite Expedition geschickt hatte, war schon im Jahre 1740, also noch vor der Entdeckung der amerikanischen Küste, verstorben. Als Nachfolger wurde ihr Neffe Ivan eingesetzt, obwohl er erst, sage und schreibe, zwei Monate alt war. Nach einem Jahr übernahm jedoch die Tochter Peter des Großen, Elisabeth, die Herrschaft über das, wie es damals schien, fast unendliche russische Reich.

Und wie es so oft der Fall ist, erbte Elisabeth von ihrem Vater leider nicht das Interesse an den Wissenschaften, an der Modernisierung Rußlands und an der Erkundung der fernen östlichen Gebiete. Folglich kam es in der Gesellschaft mehr und mehr zu allgemeinem Desinteresse an jeglichem Fortschritt und den neuen, bahnbrechenden Erkenntnissen, welche die gewagten Erkundungen der neuen Gebiete geliefert hatten. Die zahlreichen, im Dienste des Zaren stehenden Ausländer, die die damals fehlende russische wissenschaftliche Elite ersetzten, verließen

Grigorij Shelikov.

Alexander Baranov.

Nikolaj Petrovič Rezanov.

Verkauf von Russisch – Amerika. Das Bild von Emanuel Leutze.

Konservenaufkleber aus Bristol Bay.

Sitka im Jahr 1805.

Ivan Veniaminov, der erste Bischof von Russisch – Amerika.

James Wickersham. Mit dem Slogan „Alaska for Alaskans" hat er die erste Kongresswahl im Jahre 1908 gewonnen.

nach und nach Rußland. Diese Tatsache kann nur mit einer ausländerfeindlichen Stimmung dieser Zeit erklärt werden.

Unter diesen Umständen entschied sich Steller, nicht sofort nach Sankt Petersburg zurückzukehren, sondern seine naturwissenschaftlichen Forschungen zuerst in Kamtschatka, später auch im östlichen Sibirien, fortzusetzen. Er überwinterte in Yakutsk und im Frühling des Jahres 1746 trat er langsam den Rückweg nach Sankt Petersburg an. Er kam dort jedoch nie an. Auf der Heimreise verstarb er in der Nähe der Stadt Tyumen am 12. November 1746 im Alter von nur siebenunddreißig Jahren, verbittert und enttäuscht über die Anerkennung, die ihm überall im Leben versagt wurde. Einsam und traurig ging das Leben des begnadeten Naturforschers, des ersten weißen Mannes, der sein Fuß auf den Boden Alaskas gesetzt hatte, zu Ende.

In den sibirischen Weiten hielten sich damals Kosaken auf, die man Promyschleniki nannte. Sie betrieben gewinnträchtige Geschäfte mit begehrten sibirischen Fellen von Zobel, Fuchs, und anderen Tieren. Die rege Nachfrage in Sankt Petersburg, und vor allen Dingen in China, war da, jedoch die Quellen für den Nachschub begannen zu versiechen. Immer weiter entfernte Gebiete mußten bereist werden, und auch dort war der Tierbestand inzwischen so dezimiert, daß sich das Geschäft immer weniger lohnte.

Deswegen konnte man sich vorzustellen, welche Begeisterung die halb verfaulten, aus dem Unterdeck des grob zusammen gezimmerten Bootes hervorgebrachten Seeotterfelle, bei den gierigen Fellhändlern in Petropavlovsk hervorrufen mußten. Sie konnten ihren Augen kaum glauben, als sie die geschmeidigen, schönen, dunkelbraunen, anderthalb Meter langen Felle in den Händen hielten.

Die Nachricht über die neuen Jagdgründe an unbekannten Inseln, irgendwo östlich von Sibirien, breitete sich damals zwar langsamer aus als sie sich heute verbreiten würde, aber schon in den nächsten Jahren segelten die ersten primitiven Schiffe von der sibirischen Küste zu den Aleuteninseln. Ohne jeglicher Navigationshilfen und Karten, getrieben nur durch die blinde Vision der fabelhaften Gewinne gingen die rauhen Abenteurer an Bord, sicherlich nicht wissend, was für Entbehrungen und Gefahren auf sie warteten.

Alaska erlebte damals die erste von mehreren fiebrigen Erkrankungen. Später folgten das Goldfieber, das Ölfieber und neuerdings auch das Tourismusfieber. Das erste Fieber war jedoch, vom Risiko her gesehen, bestimmt das heftigste. Es handelte sich wahrhaftig um ein typisch russisches Roulette, bei dem das Glück und der Zufall über den Erfolg oder Mißerfolg der halsbrecherischen Unternehmungen und das nackte Überleben der unternehmungslustigen und durch den schnellen Reichtum geblendeten Promyschleniki entschieden haben.

Mit naiver Begeisterung und einem grenzenlosen Optimismus fuhren sie auf das unbekannte Meer los, über das man sagt, daß es die Wiege aller Stürme auf unserer Mutter Erde ist. Gewaltige, warme und feuchte Luftmassen aus dem schier endlosen Pazifik treffen dort auf die kalte arktische Luft aus dem Norden und verursachen neben dem ständigen Regen auch starke Luftwirbel, die wiederum das Meer ungestüm aufkochen lassen. Dazu kommen noch die kräftigen und gefährlichen Strömungen, besonders in der Nähe der felsigen Küste, die durch die extrem großen Gezeitenunterschiede von sieben bis neun Meter entstehen und eine nur sehr schwer im voraus berechenbare Gefahr, gerade für Schiffe ohne eigenen Antrieb, darstellen.

Es ist nicht bekannt wie viele Schiffe losgefahren sind und wie viele davon heil zurückgekommen sind. Statistik war damals noch nicht hoch im Kurs. Aber die wenigen, die glücklich zurückkehrten, brachten wahre Reichtümer heim.

Diese Ausnahmen wirkten wie ein Katalysator; sie beschleunigten weitere und weitere Expeditionen. Tatsache ist, daß die komplette Kette der Aleuteninseln, die eine Fortsetzung der alaskanischen Halbinsel ist, nach und nach durch russische Promyschleniki erobert wurde. Es ist erstaunlich, daß schon im Jahre 1745 die ersten Russen ihr festes Quartier auf der Insel Attu aufbauten.

Wie schon so oft in der Geschichte der sogenannten menschlichen Zivilisation, versuchten die ersten Ankömmlinge die ursprünglichen Einwohner einfach auszurotten, weil sie sich vor ihnen fürchteten. Davon zeugt bis heute der Name einer Bucht auf der Insel Attu. Diese Bucht trägt nämlich den scheußlichen Namen Massacre Bay.

Erst die nüchterne Feststellung, daß die begehrten Seeotter nur mit Hilfe erfahrener aleutischer Jäger zu erbeuten waren, veränderte die Einstellung der Promyschleniki grundlegend. Es ist interessant, daß sich beide Kulturen innerhalb von nur zwei Generationen gegenseitig harmonisch ergänzten und jede Kultur für sich die Vorteile der anderen übernahm.

Die Aleuten beherrschten den Bau der wendigen, aus Holz, Walknochen und aufgearbeiteter Seehundhaut bestehenden Kajaks, deren gute Manövrierfähigkeit eine unabdingbare Voraussetzung für die erfolgreiche Jagd auf Seeotter war. In ihren genialen Kajaks sitzend, umzingelten sie eine Seeotterfamilie und warteten dann bis die einzelnen Tiere aus den dunklen Wassertiefen auftauchten um Luft zu holen. Dann war ein schnelles Handeln gefragt, um Beute zu machen. Die Aleuten nannten ihre Bötchen Ulluxtadag, die Russen dann Baidarka. Bei uns wurde der aus der Eskimosprache stammender Name ‚Kajak' übernommen.

Im Jahre 1784 segelten aus dem sibirischen Hafen Ochotsk zwei Schiffe mit mehr als hundert Promyschleniki an Bord Richtung Alaska. Sie gehörten einem Grigorij Ivanovitsch Shelikov, der mit seiner energischen Frau Natalia, übrigens der ersten weißen Frau die den alaskanischen Boden betreten sollte, ebenfalls an Bord weilte.

Shelikov war ein in Irkutsk ansässiger Geschäftsmann, der sich entschlossen hatte, in den neuen Territorien einen festen Geschäftsposten zu gründen und von dort aus den Pelzhandel mit Eingeborenen zu betreiben und weiter aufzubauen. Er war aber auch ein visionärer Patriot und erkannte richtig, welch einmalige historische Gelegenheit sich für Mütterchen Rußland auftun würde. Ohne das Einverständnis der Regierung in Sankt Petersburg einzuholen, wollte er sich in dem neuen Land niederlassen und es somit als Kolonie für Rußland sichern.

In Juli ankerte Shelikov in einer Bucht der großen Insel Kodiak und entschloß sich, dort seinen ersten Stützpunkt aufzubauen. Ausschlaggebend für die Wahl der Insel Kodiak waren die dort lebenden friedliebenden und kooperativen Ureinwohner. Sie hießen Koniak und gehörten dem weitverzweigten Stamm der Eskimos an.

Es ist an dieser Stelle interessant zu erwähnen, daß nur sechs Jahre zuvor James Cook während seiner dritten und letzten Expedition mit seinen legendären Schiffen Resolution und Discovery den heutigen, nördlich von Kodiak liegenden Cook Inlet besuchte. Er war auf der Suche nach der so ersehnten Verbindung von Pazifik zum Atlantik. Enttäuscht mußte er jedoch seine Schiffe wenden lassen, nicht wissend, daß die Bucht später einmal seinen Namen tragen würde. Nach Shelikov wurde die Meerenge zwischen Kodiak und der Alaska Halbinsel benannt. Sie heißt heute Shelikof Strait.

Schon im Mai 1786 segelte Shelikov zurück nach Ochotsk, denn er hatte es eilig. Sofort setzte er seine Reise über Sibirien und den Ural nach Sankt Petersburg fort. Dort angekommen, ersuchte er die Zarin Katharina die Große um Audienz, in der er die Herrscherin um die Erteilung eines Monopols für den Handel mit Pelzen aus den neuen Gebieten bat. Wahrscheinlich hatte er Informationen über die Monopolrechte der schottischen Gesellschaften auf kanadischem Gebiet; und man kann sich schon vorstellen, daß er diese Idee mochte. Von der Zarin wurde er zwar sehr gelobt, sogar eine Medaille überreichte sie ihm, aber mit dem Monopolprivileg zögerte sie.

Shelikov gab jedoch sein Ziel nicht auf. Er war ein erfahrener Geschäftsmann und wußte, daß er zuerst in den Kuloaren des Zarenhofes den Boden für eine positive Entscheidung beackern mußte. Er schilderte dort seine Siedlung auf Kodiak, als ob es sich um eine hochentwickelte Stadt mit moderner Infrastruktur und vielen fleißigen und glücklichen Ureinwohnern, die allesamt hungrig nach Bildung und dem Segen der russisch-orthodoxen Kirche waren. Die Kirchenfürsten bat er großzügig auf seine eigene Rechnung Geistliche auf die Insel zu schicken. Damit wollte er den einflußreichen Klerus positiv stimmen. Sein bester taktischer Zug gelang ihm aber, in dem er seine geliebte Tochter mit dem jungen Grafen Nikolai Petrovitsch Rezanov, dem zukünftigen Kämmerer des Zaren Alexander I, verheiratete.

Ein Zufall, oder besser gesagt ein Glücksfall wollte es, daß im Jahre 1790, gerade in der Zeit, als er in Ochotsk weilte, um sein Schiff „Dreiheiligen" nach Kodiak zu schicken, ein erschöpfter Mann namens Baranov die Siedlung erreichte. Nach einem wochenlangen Marsch ohne Proviant und jegliche Ausrüstung hatte er sich durch die Wildnis Sibiriens in die Zivilisation durchgeschlagen, nachdem er und seine Begleiter von den Tschuktschen überfallen worden waren. Er allein überlebte. Doch sein ganzes Vermögen, eine ganze Ladung wertvoller sibirischer Pelze, war verloren. Shelikov erkannte, daß dieser harte Mann für den Posten des Verwalters seiner Siedlung auf Kodiak wie geschaffen war. Ein Tag vor der Abfahrt des Schiffes akzeptierte Baranov sein Angebot. Und so einfach wurde damals die aufregende neue Geschichte Alaskas in Gang gesetzt.

Alexander Andrejewitsch Baranov wurde 1746 in der kleinen Stadt Kargopol geboren, die am alten Handelsweg von Moskau zum Hafen Archangelsk liegt. Er war zunächst, wie auch sein Vater, ein unbedeutender, kleiner Geschäftsmann. Als er nach dem Gusto seiner Eltern verheiratet wurde, stellte er bald fest, daß sein Täubchen Awdotja mehr und mehr die Eigenschaften eines Drachen verkörperte. Was nun, was sollte er tun?

Er löste seine verfahrene Situation auf ganz besondere Art. Mit seinem Bruder reiste er nach Sibirien. „Go East", war ihre Parole. Und so kamen sie nach Irkutsk, wo sie die erste Fensterglasfertigung in Sibirien einrichteten. Baranovs Bruder kümmerte sich um die Fabrik, und der umtriebige Alexander bereiste Sibirien und handelte mit Pelzen, bis zu dem schicksalhaften Überfall der wilden Ureinwohner irgendwo in den tiefen Wäldern zwischen Yakutsk und Irkutsk. Dann nahm sein Leben eine ganz andere Richtung.

Als er sich im Oktober 1790 vom Deck des langsam in die Ferne gleitenden Schiffes zur sibirischen Küste umwandte, ahnte er wahrscheinlich nicht, daß er sein geliebtes Rußland nie wiedersehen würde. Um so weniger konnte er sich vorstellen, daß sich für einen Posten entschieden hatte, der ihm seine Unsterblichkeit in den Annalen der Geschichte Alaskas oder besser gesagt in der bewegten Historie von Russisch-Amerika bescheren würde.

Das Schiff mühte sich an den Aleuteninseln entlang und, was nicht ungewöhnlich war, kenterte an der Küste der Insel Unalaska. Glücklicherweise konnten sich die Passagiere retten und es gelang ihnen sogar, den größten Teil der Fracht ans Ufer der Insel zu holen. Sie mußten dort jedoch überwintern. Erst in Mai des folgenden Jahres setzten sie ihre Fahrt nach Kodiak in kleinen Booten fort. Nach einer wahren Odyssee erreichte Baranov mit seinen Männern im Sommer mehr tot als lebendig Kodiak. Baranov selbst litt schon wochenlang unter einer gefährlichen fiebrigen Lungenentzündung und konnte ohne fremde Hilfe nicht aufstehen. Aber er war angekommen.

Mehrere Wochen lag Baranov wie gelähmt in der Hütte des damaligen Vorstehers Delarow. Apathisch schaute er an die grob geschlagene Decke. Dann aber, wie aus einem langen Schlaf erwacht, erhob er sich aus seinem Bett und teilte Delarow mit, daß er voll und ganz geheilt sei.

Delarow zeigte ihm Tri Svetoi, so nannte sich damals die Shelikov-Siedlung auf Kodiak. Baranov konnte seinen Augen nicht glauben. Vielleicht, dachte er, leide er immer noch unter Halluzinationen seiner fiebrigen Erkrankung. Aber langsam begriff er, daß er von Shelikov gewaltig angelogen worden war, nur um seine Verpflichtung zu erreichen. Die Festung war in einem erbärmlichen Zustand. Die armen, demoralisierten Promysleniki hausten und vegetierten in unvorstellbar primitiven und ungesunden Hütten. Es fehlte an allem. Delarow hatte nur Elend und Frust verwaltet. Es gab keine Lebensmittel, keine Geräte und keine Werkzeuge, ein Paar alte Gewehre, kaum Munition. Selbst Tabak und Wodka, die so wichtigen Heilmittel für die traurigen russischen Seelen, waren nicht vorhanden, von einer Kirche ganz zu schweigen.

Baranov setzte sich hin und schrieb an Shelikov einen langen Brief, einen sehr langen. Er schilderte ihm die katastrophalen Zustände, die er in seiner Kolonie vorgefunden hatte und stellte eine Liste aller dringend notwendigen Dinge auf, die er umgehend nach Kodiak schicken sollte. Als er damit fertig war überlegte er, wann die Lieferung frühestens in Kodiak eintreffen könnte. Es wurde ihm klar, daß er mit mindestens drei Jahren rechnen müßte. Drei Jahre bedeuteten auch drei lange Winter, und so lange würde die Mannschaft in Tri Svetoi unter keinen Umständen überleben.

Er begriff, daß er sich aus dem Schlammassel nur selbst holen konnte, so wie es später der berühmte literarische Held Baron Münchhausen der erstaunten physikalischen Weltgemeinschaft vorgemacht hat, einfach mit eigener Kraft, vielleicht sogar nur mit der Hilfe seines eigenen Zopfes.

Baranov erkannte, daß er eine große Menge an Pelzen brauchen würde, um das Fehlende einkaufen zu können. Besonders beliebt waren damals die Pelze von Seeottern oder Amiks, wie sie die Aleuten nannten. Er mußte sie nach Sibirien schicken, wo sie meistens in der Grenzstadt Khiachta an die Chinesen für hundert und mehr Goldrubel pro Pelz verkauft wurden. Die Pelze waren ein begehrtes Zahlungsmittel, mit dem er dringend benötigte Lebensmittel und sonstige zum Leben in der Wildnis notwendige Ware, vorwiegend von Schiffen aus Boston, die immer wieder hoch zum Norden kamen um Pelze von den Eingeborenen zu tauschen, bezahlen konnte.

Er war sich bewußt, daß sein Erfolg von den Aleuten abhing, die für ihn auf die Jagd gingen. Deswegen behandelte er sie korrekt und bezahlte sie sofort für jedes

Fell, das sie abgeliefert hatten. Es dauerte nicht lange, und er konnte mit einer Armada von tausend ihm ergebenen Aleuten rechnen.

Aber je fleißiger sie waren, desto schneller verschwanden die Amiks aus den umliegenden Gewässern. Sie mußten weiter und weiter in ihren Baidarkas paddeln, um Beute zu machen. Dabei drangen sie in Gebiete ein, die unter Kontrolle feindlich eingestellter Stämme der Indianer und Eskimos waren. Und damit gab es „big trouble".

Baranov handelte schnell. Er brach mit mehreren hundert Aleuten zu einer Erkundungsfahrt auf, um neue Jagdgebiete zu sichern und Freundschaften mit Eingeborenen entlang der Küste zu schließen. Und so kam er automatisch in den Prince William Sound, einer urwüchsigen Küstenlandschaft mit Hundertern von Inseln und Fjorden, die sich durch ungewöhnliche Schönheit auszeichnete. Dort schwammen zwar viele Amiks, aber Baranov wußte, daß das Gebiet durch die Stämme der Kenait, Tschugatsch, Tlingit und Aglemut beherrscht wurde, die jeden Eindringling bekämpften der sich auf ihr Gebiet begab. Baranov erfuhr, daß am Ende einer Bucht, ungefähr dort, wo heute die Stadt Valdez mit ihrem Ölterminal für die Beladung des alaskanischen Öls aus Prudhoe Bay liegt, der Große Tonjon, Häuptling der Kenait, residierte. Spontan entschloß er sich, ihm einen Besuch abzustatten.

Die Gespräche mit dem Großen Tonjon nahmen eine Richtung an, die sich Baranov sicherlich bei der Planung seiner harmlosen diplomatischen Mission zum Zwecke der Anknüpfung freundschaftlicher Beziehungen zwischen beiden Völkern nicht vorgestellt hatte. Der Große Tonjon war nämlich ein schlauer Fuchs. Er hatte sofort erkannt, daß ihm eine Verbindung mit den technisch überlegenen Weißen eine Überlegenheit gegenüber seinen Nachbarn sichern würde. Baranov hätte solche Gespräche auch mit seinen Feinden führen können und wer weiß, ob sie sich mit ihnen später einmal gegen ihn verbünden hätten. Deswegen zögerte er nicht lange und griff zu einer auch in Europa häufig praktizierten und sehr wohl bewährten Methode.

Er bot dem nicht mehr so ganz jungen Russen Baranov seine schöne, sechzehnjährige Tochter zur Frau an. Heute würde man vielleicht sagen, er wollte damit eine wunderbare, nachhaltige oder noch besser, ewige Freundschaft zwischen Rußland und den Kenait festigen und auf eine feste Grundlage stellen.

Baranov atmete tief ein. Er bewies unverzüglich und eindrucksvoll, daß er aus dem Stoff geschnitzt war, aus dem in der Geschichte die wirklich großen Staatsmänner waren. Ihm war sofort klar, daß er dieses großzügige Angebot des Großen Tonjon, schon aus rein strategischen Gründen, nicht abschlagen konnte. Er brauchte dringend Verbündete und zwar verläßliche Verbündete. Dafür bot natürlich eine enge familiäre Bindung die bestmögliche Garantie.

Seine immer noch gültige Ehe aus seiner Kargopolzeit beunruhigte ihn kaum. Es war schon so ewig lange her und außerdem, Kargopol schien ihm noch weiter entfernt zu sein als der runde Mond über den schneebedeckten Bergen.

Er stimmte dem Großen Tonjon zu, sehr wohl wissend, daß er nicht den Segen der auf Kodiak zugereisten Priester bekommen würde.

Es dauerte es nicht lange und die Hochzeit wurde gefeiert, eine Vermählung zwischen der jungen kenaitischen Schönheit und dem fünfundvierzigjährigen verheirateten Russen Baranov. Der liebe Gott sollte diesmal ausnahmsweise wegsehen, es handelte sich doch um eine rein strategische Hochzeit. Sie fand in der 1793 neu gegründeten kleinen Siedlung Woskresenje am Ende der Resurrection Bay statt. Heute trägt der Ort den Namen Seward nach dem weit in die Zukunft schauenden Senator Seward, der 1867 den Kauf Alaskas gegen den allgemeinen Widerstand durchgesetzt hatte. Der Name der Braut ist leider nicht bekannt. Sie nahm aber nach der Hochzeit den Namen Anna Grigorievna Baranov an.

Baranov gründete Woskresenje, weil auf den Hängen um die Bucht herum herrliche kerzengerade hohe Bäume wuchsen, die sich für den Schiffsbau ausgezeichnet eigneten. Er mußte sehr bald einsehen, daß es unmöglich war sein Imperium ohne eigene Schiffe zu entwickeln. Die Fahrten in den Baidarkas dauerten zu lange. Man mußte der Küste folgen, was natürlich die Distanzen um ein Vielfaches vergrößerte. Außerdem waren solche Fahrten sehr anstrengend und vom Wetter abhängig. Deswegen entschloß er sich eine eigene Werft, oder vielleicht richtiger gesagt, eine eigene Boots-und Schiffswerkstatt zu errichten. Die gebauten, größeren Schiffe sollten in der Lage sein, die Frachtladungen auch über das offene Meer zu transportieren, was eigentlich die unabdingbare Voraussetzung für den Handel in den riesigen Gebieten des neuen Landes war.

Zuerst errichtete er dort ein Sägewerk, eine Schmiede und mitten in der puren Wildnis, einfach aus dem Nichts, doch mit viel Enthusiasmus und Improvisation auch eine einfache Gießerei. Schon im Jahre 1794 wurde dort das erste kleine Schiff, vermutlich mit einer Flasche Wodka, auf den Namen Phoenix getauft.

Und mit diesem Schiff segelte dann das jung vermählte Paar nach der Hochzeit zurück nach Kodiak. Dort wurde dem interessanten Paar ein Sohn geboren, in dem jedoch die orthodoxen Priester die Verkörperung von Baranovs Sünden in der Neuen Welt sahen. Baranov versuchte die Priesterschaft zu beschwichtigen und hat deshalb den Bau der ersten russisch-orthodoxen Kirche mit einem richtigen Zwiebelturm in St. Paul angeordnet. Er selber hat sich am Guss der Glocke maßgeblich beteiligt, die noch heute die Gläubigen zu Messen ruft. Es wurde erzählt, daß der Ton der Glocke der Stimmfarbe des Künstlers Baranov ähnelte.

Während seiner Erkundungsfahrt in und um den Prince William Sound begegnete Baranov mit seiner Aleutenbegleitung einem großen Handelsschiff. Der Kapitän war ein gewisser Mr. O'Cain, ein Ire aus Boston. Wie arm und unbedeutend mußte sich Baranov vorkommen, als er mit seiner Baidarka an dem dicken Rumpf des riesigen Schiffes mit weißen Segeln und einem übergroßen schweren Anker anlegte. Gekleidet in einer Parka aus Seerobbendärmen wurde Baranov von O'Cain wie ein echter Eingeborener begrüßt. Und es dauerte eine Weile, bis Baranov O'Cain klarmachen konnte, daß er einem Russen gegenüberstand.

Das zufällige Treffen am Wasser war für Baranov von unschätzbarem Wert. Er erfuhr zum ersten Mal, daß tausend Meilen südwärts die britischen, amerikanischen und spanischen Schiffe einen regen Pelzhandel mit den Indianern betrieben. Es war nicht schwierig sich vorzustellen, daß diese Schiffe im Laufe der Zeit immer mehr nach Norden vordringen würden. Die Konsequenz war für Baranov klar. Wenn er ein möglichst großes Gebiet für die Fahne des zweiköpfigen Adlers sichern wollte, mußte er schnellstens handeln. Er mußte versuchen, entlang der Küste russische Siedlungen einzurichten.

Shelikov war 1795 gestorben und die Leitung seiner Gesellschaft hatten die Witwe und ihr Schwiegersohn Graf Rezanov übernommen. Sie hatten zuerst alle Hände voll zu tun die nackte Existenz der Firma zu sichern und demzufolge kümmerten sie sich um Baranovs Probleme nur am Rande. Endlich bekamen sie im Jahre 1799 vom Zaren Paul I das von Shelikov angestrebte Handelsmonopol für die Gesellschaft. Aber erst im Jahre 1802, als die Macht in Rußland an den Zaren Alexander I übergegangen war, ließ sich die Monopolstellung realisieren. Selbst der Zar wurde Teilhaber der neuen Russisch-Amerikanischen Gesellschaft und sein Oberkämmerer Rezanov konnte seine angesehene Gesellschaftsstellung zu Gunsten der Firma einsetzen. Baranov wurde sogar vom Zaren zum ersten Gouverneur des neuen Territoriums ‚Russisch-Amerika' ernannt. Damit meldete das Russische Reich zum ersten Mal Ansprüche auf das riesige unerforschte Gebiet auf dem amerikanischen Kontinent, das heute Alaska genannt wird, offiziell an.

Baranov erfuhr über diese Veränderungen erst Jahre später. Er erhielt in den letzten Jahren aus Petersburg weder Weisungen noch irgendwelche Nachrichten und so handelte er in dem neuen Land wie ein Zar. Was er für richtig hielt, das wurde auch gemacht. Im Jahre 1799 entschloß er sich, seinen Sitz zum Süden zu verlagern. Mit zwei kleinen Booten und einer Armada von vierhundert Baidarkas brach er zu einer tausend Kilometer langen Reise entlang der Küste auf. Sein Ziel war eine waldreiche Insel im Süden, die heute Baranof Island heißt. Dort angekommen, suchte er sich einen geeigneten Platz für die Errichtung der Festung Sankt Michael. Sie lag nicht weit von einem indianischen Dorf der Tlingits, die dieses Gebiet seit langer, langer Zeit bewohnten.

Die Tlingits waren ein stolzer indianischer Stamm, der zu dieser Zeit eine vergleichsweise hohe Entwicklung und Kultur erreicht hatte. Sie wohnten in

Häusern aus Holz, bauten eigene Boote aus Holz und berühmt wurden sie durch ihre riesigen bemalten Totems. Weil sie Zeit für die schönen Dinge des Lebens brauchten, mußten sie sich fleißige Sklaven beschaffen, die für sie alle nötigen Arbeiten verrichten mußten. Deshalb befanden sie sich oft mit den Nachbarn auf dem Kriegspfad. Sie unternahmen sogar weite Fahrten mit ihren Booten, um sich bei Raubüberfällen geeignete Sklaven zu besorgen. Wie man sieht, haben die ersten europäischen Siedler nicht die Krankheit der Sklaverei nach Amerika verschleppt, sie war schon vor ihnen weit verbreitet.

Die Festung war schnell errichtet, und alles sah zunächst danach aus, daß sich die Tlingits damit abfanden, mit Russen und Aleuten in enger Nachbarschaft zu leben. Baranov war zufrieden. Seine Aleuten entdeckten neue ergiebige Amikbestände in den Meerengen zwischen den zahlreichen Inseln und dem Festland. Er ließ dreihundert Mann in der Festung und kehrte 1801 nach Kodiak zurück, um den Umzug zu organisieren.

In Juni 1802 überfielen die Tlingits ohne jegliche Vorwarnung die Festung Sankt Michael. Völlig überrascht, konnten sich die Bewohner kaum verteidigen. Die Tlingits kannten kein Erbarmen. Sie brachten alle Siedler um, raubten die Behausungen aus und machten sie danach dem Erdboden gleich. Nur drei Promysleniki und ein paar Aleuten überlebten und das auch nur deshalb, weil sie sich zufällig zur fraglichen Zeit auf der Jagd befanden.

Im Frühling 1804 sammelte Baranov alle ihm verfügbare Kräfte und zog mit achthundert Aleuten in den Krieg gegen die Tlingits. Es handelte sich um einen Rachezug, der den Indianern zeigen sollte, wer der Herr im Land war. Die Aleuten waren keine furchtlosen Krieger und deshalb machte sich Baranov über seine Erfolgsaussichten ernsthafte Gedanken. Nach einer langen Fahrt näherte sich die nur mangelhaft ausgerüstete und motivierte Strafexpedition dem zerstörten Sankt Michael.

Diesmal war aber die Fortune auf Baranovs Seite. Als sie in die Bucht einliefen, sahen sie dort vor Anker die Fregatte Neva der zaristischen Marine liegen, die mit ihren zwanzig Kanonen und der russischen Fahne überzeugend die Macht und Stärke des neuen Kolonialreiches demonstrierte.

Die Neva befand sich als erstes Schiff der russischen Marine auf einer Inspektionsreise zu der neuen russischen Kolonie. Sie stand unter dem Befehl des erfahrenen Kapitäns Lisianski. Er lief zuerst mit seinem Schiff Kodiak an. Als er aber von Baranovs Strafaktion erfuhr, eilte er zur Hilfe und erreichte die Bucht, bevor Baranov angekommen war.

Lisianski übergab zuerst dem Bürger Baranov einen persönlichen Brief des Zaren, in dem Baranov zum Staatsrat ernannt wurde, was damals gleichzeitig mit der Erhebung in den Adelsstand verbunden war.

Die Neva verließ ein Jahr zuvor zusammen mit der Fregatte Nadezda Sankt Petersburg. Am Bord der Nadezda befand sich der inzwischen verwitwete Oberkämmerer des Zaren, Graf Rezanov. Sein Chef, Zar Alexander I, sandte ihn in diplomatischer Mission zuerst nach Japan, wo er die schwierige Aufgabe der Anbahnung von Handelsbeziehungen zu dem von der Außenwelt abgeriegelten Land meistern sollte. Die Nadezda ankerte im Hafen von Nagasaki. Die Neva setzte ihre Fahrt nach Russisch-Amerika fort.

Die Verhandlungen mit den Tlingits endeten ohne Ergebnis. Sie waren stolze Naturmenschen und wollten sich nicht ergeben. Sie hatten sich noch nie ergeben, und vor einem Kampf hatten sie noch nie Angst gezeigt. Es war ihr Land und auch die zwanzig Kanonen beeindruckten sie nicht besonders. Wahrscheinlich konnten sie sich ihre zerstörerische Kraft gar nicht vorstellen.

Und so sprachen Kanonen ihren furchtbaren Monolog. Nach zwei Tagen war das indianische Dorf ausgelöscht und die Indianer zogen sich in die Wildnis zurück. Baranov war sehr zufrieden. Er sah den Sieg über die Indianer als eine gerechte Bestrafung der Wilden für das scheußliche Massaker an seinen Landsleuten an. Auge um Auge, Zahn um Zahn! Auch in Russisch-Amerika galt diese primitive Regel, die in Europa und sonstwo die Entwicklungsgeschichte ganzer Völker maßgeblich bestimmt hat.

Es wurde sofort mit dem Bau einer neuen, noch besser befestigten Siedlung unweit vom zerstörten Sankt Michael begonnen. Sie wurde Neu Archangelsk genannt, aber der Name etablierte sich nicht und nach und nach nannte man sie Sitka, was in der Sprache der Tlingit „der beste Platz" bedeutet.

Sechs Monate lang verhandelte Rezanov mit den Japanern, aber ohne Erfolg. Enttäuscht segelte er zuerst nach Kamtschatka, von wo er einen Bericht über seine mißlungene Mission nach Sankt Petersburg sandte. Von Petropavlovsk aus eilte er nach Russisch-Amerika. Er besuchte die Pribiloff Inseln, die Inseln Unalaska und Kodiak sowie die Siedlung Woskresenje im Prince William Sound. Endlich lief sein Schiff in die geschützte Sitka-Bucht ein.

Schade, daß damals noch keine Fotos aufgenommen werden konnten. Es muß nämlich eine besonders eindrucksvolle Szene gewesen sein, als sich die beiden Männer am Ende der Welt in die Arme fielen. Der aufgeputzte zaristische Oberkämmerer, Diplomat und Miteigentümer der Russisch-Amerikanischen Gesellschaft, Graf Rezanov, und der erste Gouverneur und Verwalter von Russisch-Amerika, heute würde man sagen der Geschäftsführer oder der COO derselben Firma, der Kaiserliche Staatsrat Baranov, in seiner schmutzigen Arbeitskleidung, unrasiert und nach Wodka duftend. Vielleicht haben sie geahnt, daß sie beide einmal in der Geschichte des schönen und reichen Landes Alaska einen herausragenden Platz einnehmen würden.

Die beiden Männer fühlten, daß sie identische Vorstellungen über die Zukunft der Kolonie sowie der Handelsgesellschaft hatten. Sie waren sich schon über die Entfernung von Tausenden von Kilometern hinweg, die sie vor ihrer Begegnung trennten, höchst sympathisch. Und so war es auch in Sitka. Die Chemie stimmte und sie diskutierten offen über die schwierige Lage der Lebensmittelsicherung in einem Land, wo es unmöglich war, eine eigene Landwirtschaft aufzubauen. Sie stimmten überein, daß der einzige Ausweg aus der Notlage ein reger Warenaustausch mit den spanischen Kolonien im Süden sein müßte, vorzugsweise mit Kalifornien, wo die Spanier die ersten großen landwirtschaftlichen Farmen unterhielten.

Die Zeit eilte und der lange Winter war plötzlich da. Wieder einmal stellte sich heraus, daß die vorhandenen Vorräte in Sitka nicht reichen würden, um die Siedler während des Winters ausreichend ernähren zu können. Als einige Männer qualvoll starben, entschloß sich Rezanov mit seinem Schiff an die kalifornische Küste zu fahren, um von dort Nahrungsmittel zu holen und zukünftige Handelsbeziehungen mit den stolzen Spaniern zu vereinbaren.

Er konnte damals nicht wissen, daß zwischen Rußland und Spanien ernsthafte Spannungen aufgetreten waren. Sicherlich konnte er sich ebenfalls nicht vorstellen, welche Liebesromanze ihm der Zufall oder besser gesagt das Schicksal dort zuspielen würde.

Zu Beginn des Jahres 1806, als die Nadezda in der Bucht vor der kleinen unbedeutenden Siedlung namens San Francisco vor Anker ging, mußte Rezanov feststellen, daß der spanische Kommandant Don Jose Dario Arguello über seinen Besuch überhaupt nicht begeistert war. Seine Situation war milde gesagt trostlos bis zu dem schicksalhaften Augenblick, als zwischen ihm und der sechzehnjährigen Tochter des Kommandanten Dona Conception de Arguello, einer besonderen Schönheit, die „Stern von Kalifornien" genannt wurde, der unsichtbare Funke übersprang und in ihren Herzen das Feuer der ewigen Liebe entzündete.

Dona Conception de Arguello hatte ihrem Papa zugeredet, so wie es die Töchter eben auf der ganzen Welt tun, und als der zweiundvierzigjährige Russe um die Hand der Tochter anhielt, lösten sich die schier unüberwindlichen Probleme mit den ersten Nebelschwaden, die regelmäßig jeden Morgen die Bucht einhüllten, auf. Die Verlobung wurde groß gefeiert, und das Leben war plötzlich so schön und leicht wie eine weiße Taubenfeder. Nur ein einziges Problem trübte die vollkommene Harmonie. Rezanov gehörte der russisch-orthodoxen Kirche, Conception der römisch-katholischen Kirche an. Um sie zu heiraten, mußte sich Rezanov die Einwilligung seines Herrn, des Zaren Alexander I, einholen. Der war aber weit, sehr weit weg von der San Francisco Bucht.

Die Tage und Wochen vergingen so schnell, wie nur Zeit vergehen kann, wenn man hoffnungslos verliebt ist. Das Paar fand sich schließlich mit einer vorübergehenden

Trennung ab. Graf Rezanov entschloß sich nämlich nach Sankt Petersburg zu reisen und an Ort und Stelle die ganze Angelegenheit zu regeln.

Und so kam es, daß an einem Morgen der verliebte Graf das Deck seines Schiffes bestieg, das bis zum Bersten voll mit den in Sitka so benötigten Lebensmitteln beladen war.

Das rosa Tüchlein flatterte in der Brise und die süßen Tränen der Erwartung kullerten den steilen Abhang herunter, als sich die Schiffssegel in den Wind legten, und das Schiff sich in der Weite des Meeres langsam auflöste. Rezanov segelte zuerst nach Sitka. Dort angekommen, entlud er die begehrte Fracht. Schon nach sechs Tagen setzte er seine Fahrt nach Ochotsk fort. Die Zeit war für Rezanov kostbar. Kaum hatte er den festen sibirischen Boden unter den Füßen, saß er schon auf dem Pferderücken und ritt im Galopp über die kalte Weite Sibiriens nach Sankt Petersburg.

Trotz einer Lungenentzündung die er sich zugezogen hatte, ritt er ohne Aufenthalt in westlicher Richtung zum Ural und träumte von seiner schönen kalifornischen Braut. Nicht weit vor Krasnojarsk stürzte er vom Pferd und verletzte sich ernst. Er wurde nach Krasnojarsk gebracht, wo er nach ein paar Tagen starb.

Dieses tragische Ereignis beendete abrupt und unerwartet das Leben des gebildeten und weitsichtigen russischen Adligen, der seine Vision über die Erweiterung des russischen Reiches nach Kalifornien und damit die lebensnotwendige Absicherung von Russisch-Amerika in einer Zeit verfolgt hat, in der noch die letzte reelle Chance vorhanden war. Es war eine Vision, sicherlich, aber wie anders hätte die Welt vielleicht heute ausgesehen, wenn die geplante Hochzeit stattgefunden hätte.

Conception erfuhr von dem tragischen Tod ihres Geliebten erst nach Jahren. Sie machte sich die Unterrichtung junger Mädchen zur Lebensaufgabe und trat in die dominikanische Klosterschule in Benicia unweit von Monterey ein. Dort auf dem Friedhof, fand sie im Alter von neunzig Jahren ihre letzte Ruhe.

Nach dem Tode seines einflußreichen Freundes Rezanov verfolgte Baranov allein den Gedanken der russischen Expansion zum Süden. Im September 1808 schickte er sein kleines Schiff Sankt Nikolaj unter dem Kommando von Nikolaj Isakovitsch Buligin mit zweiundzwanzig Promyschleniki am Bord auf eine Erkundungsfahrt entlang der Küste von New Albion. So wurde damals die Küstengegend der Staaten Washington und Oregon genannt. Buligin sollte auskundschaften, wie ergiebig die Gewässer in bezug auf die Seeotterpopulation waren. Er sollte weiter freundschaftliche Beziehungen mit den Einheimischen anknüpfen und eine geeignete Stelle für die Errichtung eines russischen Forts finden. Aber dazu kam es nicht. Das Schiff blieb auf einer Sandbank, die der Halbinsel Olympic vorgelagert war, hängen und ein plötzlicher Sturm zerschmetterte es zu Brennholz. Dreizehn Schiffbrüchige wurden von einem amerikanischen Schiff gerettet und nach zwei

Jahren nach Sitka zurückgebracht.

Den nächsten Versuch unternahm Baranov im Jahre 1812. Damals schickte er seinen fähigsten Mann Ivan Kuskov zusammen mit fünfundzwanzig Promyschleniki und achtzig Aleuten zur kalifornischen Küste. Sie gründeten ungefähr hundert Kilometer nördlich von San Francisco eine russische Farm, die, in Abkürzung des Namens ihrer Heimat Rossia, Fort Ross genannt wurde.

Sie begannen dort mit der Landwirtschaft. Zwanzig Kühe hatten sie am Anfang. Doch die Russen, und selbstverständlich auch die Aleuten, hatten überhaupt keine Erfahrung mit der Landwirtschaft oder Viehwirtschaft. Dementsprechend wurde auch erfolglos gewirtschaftet und Baranovs ursprüngliche Vorstellung, daß er von Fort Ross die so begehrten Lebensmittel beziehen könnte, zerstreuten sich bald.

Fort Ross wurde im Jahre 1841 zum Preis von dreißigtausend Dollar verkauft und zwar an einen Schweizer namens John Sutter. In der Nähe seiner zweihundert Kilometer von Fort Ross entfernten Mühle wurde sieben Jahre später Gold gefunden. Der Glanz des Goldes leitete das kalifornische Goldfieber und damit die eigentliche Besiedlung des Westens von Vereinigten Staaten ein.

Mit welcher Ausdauer Baranov die Expansion zum Süden die ganze Zeit betrieb ist daraus ersichtlich, daß er immer wieder neue Expeditionen organisierte. Im Frühjahr 1814 sandte er die nächste. Diesmal zu den exotischen Hawaii-Inseln. Die Expedition zählte dreißig Russen und sechzig Aleuten. Sie stand unter dem Kommando des deutschen Schiffsarztes in russischen Diensten Dr. Scheffer. Der Zweck war der gleiche wie auch bei den vorherigen Versuchen. Die Ausgewählten sollten eine russische Siedlung auf Hawaii gründen und aufgrund der dreifachen Ernte, die das sonnige Klima dort erlaubt, genügend Gemüse, Obst und Getreide anbauen damit der Bedarf von Russisch-Amerika gedeckt werden könnte. Tatsächlich stellte ihnen der damalige hawaiianische König Kamehameha, der sehr fortschrittlich war und aus uns nicht näher bekannten Gründen Baranov sehr schätzte, eine ausreichend große landwirtschaftliche Fläche auf der Insel Kawau zur Verfügung. Scheffer baute dort eine Siedlung, die aber mehr einer Festung als einer friedlichen landwirtschaftlichen Ansiedlung glich. Er zettelte auch zusammen mit dem dortigen Fürsten Tamori einen Aufstand gegen den König Kamehameha an, was, wie man sich denken kann, ein riesiger Fehler war. Tamori ließ sogar den Zaren wissen, daß er sich gerne mit seiner Insel und seinen Untertanen dem Russischen Reich anschließen würde und bat ihm um militärischen Beistand.

Als die Engländer davon erfuhren, protestierten sie energisch gegen die russisch-hawaianische Freundschaft in Sankt Petersburg am Zarenhof. Der russische Zar wollte keine Unannehmlichkeiten mit England und befahl den sofortigen Rückzug von den Hawaii-Inseln. Tatsache aber ist, daß es damals nicht großer Anstrengung bedurft hätte, und die Russen hätten auf den sonnenverwöhnten Inseln für immer

Wurzeln geschlagen. So aber scheiterte erneut die von Baranov initiierte exotische Expansion zum Süden. Die Vorstellung, daß in der Zeit des kalten Krieges unter den hawaiianischen Palmen knallrote Flaggen mit Hammer und Sichel in der sanften Brise flattern würden, ist für uns heute absurd und völlig unvorstellbar. Wie aber sehr wohl bekannt, hat die Geschichte vor nicht zweihundert Jahren diese verrückte Karte ernsthaft gespielt.

Baranov wurde älter und älter. Er war müde und instinktiv fühlte er, daß es an der Zeit war, die Herrschaft über sein riesiges, kaltes und wildes Reich ohne Grenzen an einen geeigneten Nachfolger zu übergeben. Jedes Jahr schickte er ein Gesuch nach Sankt Petersburg mit der Bitte, ihn als den Gouverneur von Russisch-Amerika abzulösen. Die Antwort jedoch ließ Jahre auf sich warten. Geduldig diente er dem Zaren weiter und herrschte auf seiner Burg in Sitka. Seine Burg war ein großes, massives Haus aus groben Holzstämmen, das auf einem Hügel, die Sitka-Bucht überblickend, stand und von den Einheimischen wie auch von den Besuchern „Baranov-Burg" genannt wurde. Er und seine Familie lebten jetzt in einem Komfort, von dem er in den ersten Jahren seines Aufenthaltes in Russisch-Amerika nur träumen konnte. Seine geliebte Tochter Irina Alexandrovna wurde erzogen und ausgebildet von einer englischen und einer deutschen Erzieherin. Sie musizierte gerne, und umgab sich mit schicken Sachen. Wenn sie einen Wunsch hatte, redete sie dem Papa wie ein Wasserfall zu. In der Regel leistete er zuerst Widerstand. Dann aber, gab er auf und erteilte seine Zustimmung. So bekam sie regelmäßig die neueste französische Mode direkt aus Paris zugeschickt, allerdings mit dem Makel, daß die Kleider durch die lange Reise nach Sitka bereits um zwei Jahre gealtert waren. Baranov kaufte sich teure Teppiche, Möbel und Lüster aus Kristall, so wie es zu einem Gouverneur auch paßte. Er genoß jetzt sein Leben in Luxus. Und mit Stolz empfing er ausländische Kapitäne und Geschäftspartner. Das Geschäft entwickelte sich insgesamt gut, und die Etablierung der russischen Kolonie auf dem Boden Amerikas wurde vollzogen.

In Sitka existierten damals zwei Schulen, ein Krankenhaus und sogar eine öffentliche Bibliothek mit sage und schreibe zwölfhundert Büchern in russischer, französischer, deutscher, englischer und lateinischer Sprache. Die Bücher brachte Graf Rezanov nach Sitka. Wahrscheinlich handelte es sich ursprünglich um ein Geschenk des Zaren an den japanischen Kaiser. Wie man aber weiß, lehnten die Japaner jegliche Geschenke strikt ab und so blieben sie an Bord und wurden in Sitka von Rezanov verschenkt. Über die Beliebtheit der Bibliothek existieren leider keine Aufzeichnungen. Sie muß sich aber in Grenzen gehalten haben, weil die meisten Promyschleniki und Aleuten ohnehin nicht lesen konnten.

Endlich erhielt Baranov die Nachricht, daß sein Nachfolger ernannt war. Es war sein Freund, Gouverneur Ivan Koch aus Ochotsk. Leider verstarb Gouverneur Koch kurz bevor er sich auf die Reise nach Sitka begab. Die ganze Warterei wiederholte sich also. Schließlich war es wieder so weit, und Baranov erwartete ungeduldig die Ankunft des Staatsrats Bornovolokov, der als der zweite Gouverneur von Russisch-Amerika offiziell ernannt worden war. Das Schiff jedoch, an dessen Bord er sich befand, kenterte bei einem Sturm unweit von Sitka und der Staatsrat Bornovolokov, so wie auch der Rest der Passagiere und die Schiffsbesatzung ertranken elend in den Fluten.

Wieder mußte Baranov sich gedulden. Doch auch der dritte Versuch sollte nicht gelingen. Sein designierter Nachfolger war diesmal sein guter Freund und Siedlungsleiter von der Insel Unalaska, Emilian Larinov. Dieser verstarb jedoch an Bord des Schiffes, das ihn nach Sitka bringen sollte. Es war wie verhext.

Baranov hatte sich schon damit abgefunden, daß er bis zu seinem Tode dienen müsse. Aber dann endlich kündigte sich doch noch eine Wende an. Im Juli 1817 ankerte vor Sitka die russische Fregatte Kutusov. Der Kapitän, ein gewisser Leonti Andreanowitsch Hagemeister, wurde in Sankt Petersburg beauftragt, nach Sitka zu segeln und dort vor Ort einen geeigneten Nachfolger für Baranov zu finden. Hagemeister hatte einen jungen Adjutanten namens Simeon Janovski an Bord, der gleich Baranov angenehm auffiel, und was vielleicht in diesem Fall noch wichtiger war, er gefiel auch Baranovs Tochter Irina.

Es ist nicht festgehalten, wer wem zuerst und mehr gefiel. Tatsache war aber, daß es nicht lange dauerte, und die Hauptstadt von Russisch-Amerika bereitete sich auf die Hochzeit des Jahrhunderts vor.

Für den jungen Adjutanten Janovski war sein Hochzeitstag ein Glückstag im doppelten Sinne. Nicht nur, daß er die siebzehnjährige Irina heiratete, nein, an diesem Tage wurde ihm auch das Amt des zweiten Gouverneurs von Russisch-Amerika angeboten. Er akzeptierte, wie man sich denken kann. Damit war ihm eine feste Stelle in der Geschichte von Russisch-Amerika sicher.

Als alles geregelt zu sein schien, hatte es Baranov plötzlich mit seinem Ruhestand nicht mehr so eilig. Nur langsam übergab er sein Amt an seinen Schwiegersohn. Er wollte sich wahrscheinlich doch nicht so schnell von seiner Macht, Würde und seinem Leben als „Zar von Alaska" trennen. Er hatte in den siebenundzwanzig Jahren, die er in Amerika verbracht hatte, tiefe Wurzeln in die harte Erde des rauhen Landes geschlagen. Es war ihm gelungen, dieses Land für Rußland zu sichern.

Sein größter Wunsch war, nach Sankt Petersburg zu reisen und sich persönlich bei seinem obersten Chef, dem Zaren, für die ihm erteilten Auszeichnungen, Medaillen und Ämter zu bedanken. Der Tag kam, an dem er von seiner Tochter und seinem Schwiegersohn begleitet, durch dichtes Spalier der Einwohner von Sitka langsam zum Hafen schritt, wo auf ihn ein Schiff wartete, das ihn um die halbe Welt nach Sankt Petersburg bringen sollte. Er wußte, daß es seine letzten Schritte auf russisch-amerikanischem Boden waren. Als er in einem Sessel auf dem Deck des Schiffes sitzend den immer kleiner werdenden Küstenstreifen der Insel betrachtete, fielen seine unzähligen Tränen in den kalten Golf of Alaska.

Am dreizehnten April 1819 befand sich das Schiff in der Nähe der indonesischen Stadt Surabaya, als das Herz des ersten Gouverneurs von Russisch Amerika stehen blieb. Er war dreiundsiebzig Jahre alt und sein Leichnam wurde, wie auf den Schiffen üblich, am nächsten Morgen dem Meer übergeben.

Nach Baranov haben noch insgesamt dreizehn Gouverneure Russisch-Amerika verwaltet und regiert. Die meisten erwiesen sich als sehr kompetent und fortschrittlich. Sie haben zur guten Reputation von Russisch-Amerika maßgeblich beigetragen und wurden auch gebührend belohnt. Wenn wir uns heute die Karte des südöstlichen Alaskas anschauen, werden wir ihre Namen sehr häufig dort verewigt finden. Zahlreiche Inseln, Bergketten, Gletscher, Buchten, Meerengen, Flüsse, Städte und Dörfer sowie Halbinseln und Felsen wurden nach ihnen benannt.

So hat zum Beispiel der fünfte Gouverneur, der deutsch-baltische Baron Wrangel, der in russischen Diensten stand, gleich eine ganze Bergkette und eine Stadt bekommen. Er hat damals unter anderen als erster Regierende Jagdbeschränkungen angeordnet.

Die Küste und die Aleuten wurden in einzelne Gebiete aufgeteilt, in welchen die Jagd entsprechend der existierenden Tierpopulation geregelt wurde. Ein sehr ähnliches System wird noch in den heutigen alaskanischen Hunting Regulations angewandt. Während seiner Amtszeit wurden auch zahlreiche Expeditionen unternommen, welche die Erkundung der unbekannten Gebiete im Landesinneren vorangetrieben haben. Es wurden die großen Flüsse Yukon, Kuskokwim und Nuschagak sowie ihre Nebenflüsse befahren und kartographiert.

Eine interessante Persönlichkeit war auch Adolf Etolin. Er war der nicht legitime Sohn des russischen Gouverneurs in Finnland. Als er selber Gouverneur wurde, hat er in Finnland einige hundert Handwerker angeworben und nach Russisch-Amerika gebracht, wo sie dann das technische und handwerkliche Niveau wesentlich verbessert haben. Im Jahre 1841 wurde von ihnen das erste Dampfschiff gebaut. Später wurden viel größere Dampfschiffe im Auftrag gegeben, so zum Beispiel der Dampfer „Alexander", der durch alle Weltmeere fuhr und mehrere europäische Häfen, unter ihnen auch Bremen und London, anlief.

Der letzte Gouverneur wurde Prinz Dimitri Maktusov. Er stammte aus einer der ältesten russischen Adelsfamilien und er kam nicht alleine nach Russisch-Amerika. Seine junge und vorzüglich kultivierte Frau Maria trug wesentlich dazu bei, daß während ihres Aufenthaltes in Sitka das Leben dort sowie die Entwicklung der gesamten Kolonie ihren Höhepunkt erreichte. Die Maktusovs liebten Sitka.

Nach der Landung am Rande des Schneefeldes.

Der erste Zeltplatz.

Das Tal des Sheenjeks.

Berge, die kaum je ein Mensch besucht hat.

Die bequeme Fahrt auf dem Sheenjek.

Der typische Himmel des Nordens.

Sheenjek im unteren Lauf.

Auf dem Yukon gegen Mitternacht.

Sie waren auch nicht geizig und verschönerten die Stadt auf eigene Rechnung. Sitka hatte ein Theater, es wurden aufwendige Bälle veranstaltet, und bei den abendlichen Gesprächen wurde wie selbstverständlich Französisch gesprochen. Die feine, kultivierte Lebensart der Eliten in Sitka war im pazifischen Raum gut bekannt.

Leider wies die Geschichte Prinz Maktusov eine undankbare und für ihn und seine Frau auch sehr traurige Rolle zu. Er war es, der das wunderbare Land samt seiner Einwohner an die Vereinigten Staaten von Amerika übergeben mußte.

Selbst eine kurze Geschichte von Russisch Amerika wäre zu oberflächlich und zu unvollständig, wenn man nicht über die Arbeit und das Leben des Missionars der russisch-orthodoxen Kirche Ivan Veniaminov berichten würde.

Mit achtundzwanzig Jahren kam er aus Sibirien um die Insel Unalaska zu missionieren. Mit seiner Baidarka besuchte er jeden Sommer die entlegensten Inseln, wo er den dort lebenden Aleuten einfache handwerkliche Tätigkeiten beizubringen versuchte. Zuerst hat er ein Wörterbuch der aleutischen Sprache zusammengestellt und selbstverständlich auch die Bibel für seine "Schäflein" übersetzt. Später dann hat er die ersten Bücher über die Lebensart und die Gewohnheiten der Aleuten sowie Bücher über die Pflanzen und Tiere in der großartigen Natur von Russisch-Amerika geschrieben.

Im Jahre 1840 wurde er zum ersten Bischof von Russisch-Amerika ernannt. Damals bekannten sich zur russisch-orthodoxen Kirche zwölftausend Gläubige, und es ist überraschend, wie fest verwurzelt der orthodoxe Glauben in Alaska bis in die Gegenwart geblieben ist. Vielleicht lag es daran, weil Missionare wie Veniaminov den Leuten konkret helfen konnten und nie versuchten sie zu beherrschen.

Veniaminov gründete ein Priesterseminar in Sitka und erbaute dort auch die Sankt Michael Kathedrale. Sie brannte leider im Jahre 1966 vollständig aus, wurde aber getreu den alten Plänen wieder aufgebaut. Heute kann man sie in Sitka wieder besuchen und die alten Ikonen aus der damaligen Zeit, die vor den Flammen glücklicherweise gerettet werden konnten, bewundern.

Nach dreißig Jahren des Wirkens ging Veniaminov für kurze Zeit nach Irkutsk. Danach wurde er zum höchsten Metropoliten der russisch-orthodoxen Kirche nach Moskau berufen. Er war ein entschiedener Gegner des Verkaufs von Russisch-Amerika, aber nicht nur er, sondern auch sein oberster Chef konnten den Verkauf nicht verhindern. Von allen sehr geschätzt, starb er 1878 in hohem Alter.

Nach dem verlorenen Krieg auf der Krim im Jahre 1856 wurde der russische Gesandte in Washington, Stoeckl, angewiesen, den möglichen Verkauf von Russisch-Amerika zu sondieren. Die verantwortlichen Strategen in Sankt Petersburg kamen zum Schluß, daß im Falle einer Bedrohung ihrer Kolonie seitens der aufstrebenden

Vereinigten Staaten von Amerika Rußland nicht in der Lage wäre, Russisch-Amerika zu verteidigen. Rußland war logistisch sowie auch militärisch nicht im Stande, auf dem anderen Ende seines riesigen Reiches ernsthaften Widerstand zu leisten.

Es wurden die ersten Vorgespräche geführt. Jedoch dann brach in der Union der Bürgerkrieg aus, und Russisch-Amerika interessierte niemanden mehr.

Erst zehn Jahre später, im Jahre 1866 kam es zu weiteren Verhandlungen. Stoeckl wurde nach Sankt Petersburg zurückberufen, wo er die Anweisung bekam, Russisch-Amerika zu einem Preis von mehr als fünf Millionen Dollar zu verkaufen. Er kehrte im Frühjahr des nächsten Jahres nach Washington zurück und begann sofort mit dem Staatssekretär des Präsidenten Andrew Johnson, dem weitsichtigen und cleveren William H. Seward, zu verhandeln. Seward war sich der einmaligen Gelegenheit, die sich den Vereinigten Staaten bot, bewußt und wollte deshalb schnell zum Abschluß kommen. In nur vierzehn Tagen lag das Angebot auf dem Tisch: Sieben Millionen Dollar.

Stoeckl benachrichtigte Sankt Petersburg. Am 29. März 1867 stimmte Zar Alexander II dem Deal zu. Als Stoeckl noch am selben Abend die Nachricht erfuhr, eilte er sofort zu seinem Gegenspieler, der zu Hause in einer gemütlichen Männerrunde dem Kartenspiel huldigte. Seward ließ die Karten auf dem Tisch liegen und widmete sich sofort dem gewinnträchtigsten Poker seines Lebens, das ihm das Glück jemals zugespielt hatte.

Noch in der Nacht wurde in dem State Department beim Licht der Petroleumlampen der siebenundzwanzig Seiten lange Vertrag geschrieben und verhandelt. Um die noch strittigen Vertragspunkte aus der Welt zu schaffen, bot Seward noch zusätzlich zweihunderttausend Dollar zum vereinbarten Preis an. Stoeckl stimmte zu und so kam der Preis von 7 200 000,- US Dollar zustande. Gegen vier Uhr in der Frühe wurde der Vertrag unterschrieben. Russisch-Amerika wechselte mitsamt seinen Bewohnern, seinen Tieren und Mineralien sowie seiner unbezahlbaren Schönheit den Eigentümer. Es wurde amerikanisch. Ein Hektar Russisch-Amerika wurde zum Preis von fünf Cents verhökert.

Am achtzehnten Oktober 1867 gegen drei Uhr nachmittags sammelten sich alle Bewohner von Sitka auf einem unebenen Platz, um als Zeugen einem wahrhaft historischen Ereignis beiwohnen zu können. Auf dem Platz stand ein dreißig Meter hoher Fahnenmast, der ganz oben die zaristische Fahne mit dem goldenen doppelköpfigen Adler im Wind flattern ließ.

Auf der einen Seite stand das sibirische, auf der anderen dann das amerikanische Regiment. Ein Vertreter des Zaren verlas laut das Übergabeprotokoll und der amerikanische Vertreter bestätigte die Übernahme der Kolonie in die amerikanischer Obhut. Man spielte zum letzten Mal die russische Hymne und der enttäuschte Prinz Maktusov gab Befehl, die russische Fahne einzuholen. Als die Stars and Stripes den grauen Himmel emporkletterten, konnte die noble Prinzessin Maktusova und mit ihr auch die einfachen Russen, von denen einige in Russisch Amerika schon in der dritten oder sogar in der vierten Generation lebten, ihre Tränen nicht unterdrücken. Sie weinten, weil sie das wunderbare, herbe Land lieben gelernt hatten. Sie konnten nicht verstehen, daß so ein Juwel verkauft werden konnte.

So traurig endete die Geschichte von Russisch-Amerika. Sie wird aber in der Geschichte Alaskas einen bedeutenden und sehr interessanten Platz für immer einnehmen.

DIE KURZE GESCHICHTE VON ALASKA

Nach der Übernahme Russisch-Amerikas durch die Vereinigten Staaten von Amerika im Oktober des Jahres 1867 wurde Alaska Territorium. Es dauerte weitere fünfzig Jahre, bis Alaska den Legalitätsstatus erhielt und die Alaskaner endlich ihren Vertreter in den Kongreß nach Washington schicken konnten. Diese historische Tatsache zeugt vom anfänglichen Desinteresse der amerikanischen Regierung an einem Land, das nach damaliger allgemeiner Meinung fast unbewohnbar war. Die amerikanischen Zeitungen hatten Alaska minderwertig und mit einem Hauch Lächerlichkeit als Icebergia, Polaria oder auch Sewards Icebox genannt. Tatsache wahr, daß die damalige amerikanische Regierung mit anderen ernsthaften Problemen alle Hände voll zu tun hatte. In der Zeit gab es gewiß große Schwierigkeiten mit den gesellschaftlichen Strukturen in den Südstaaten, mit der Industrialisierung des Ostens sowie mit der unbändigen Besiedelung des Westens.

In Sitka brach zuerst das gesamte organisierte Leben zusammen. Obwohl im Kaufvertrag eine dreijährige Frist eingeräumt wurde, in der sich die Russen entscheiden konnten, ob sie die amerikanische Staatsangehörigkeit annehmen möchten, verließen die meisten Russen Alaska schon innerhalb weniger Wochen. Ein gewisser H. M. Hutchinson aus San Francisko kaufte die Russisch-Amerikanische Gesellschaft für nur dreihundertfünfzigtausend Dollar.

Nach Sitka kamen Abenteurer und Betrüger verschiedenster Kaliber und sie fühlten sich dort im gesetzlosen Raum wohl wie Fische im klaren Wasser.

Als die Einwohner von Sitka endlich ihren Bürgermeister gewählt hatten, stellte man fest, daß in der ganzen Stadt nicht ein einziges Exemplar der amerikanischen Verfassung zu finden war. Aber das brachte die Bewohner nicht aus der Fassung. Sie verabschiedeten ihre eigenen Gesetze und gleich noch eine Preisliste für die Gesetzüberschreitungen dazu. So kostete zum Beispiel eine normale Betrunkenheit drei Dollar, eine extreme Betrunkenheit dann schon fünfzig Dollar. Es fehlte allerdings ein Gericht, das diese Preisliste hätte anwenden können und das auch entscheiden konnte, ob jemand normal betrunken oder sogar extrem betrunken war.

Erst Ende Juli des nächsten Jahres billigte der Kongreß den Kauf von Russisch- Amerika und gab diesem Land von einer Milliondreihunderttausend Quadratkilometern den Status eines Zolldistriktes. Es wurde von einem Zollbeamten sowie dem Kommandanten der militärischen Garnison in Sitka regiert. Die Garnison zählte damals an die zweihundert Soldaten.

Einer der ersten Kommandanten der Garnison war Major Jeff Davis. Er lernte sein militärisches Handwerk im Krieg gegen Mexiko, im amerikanischen Bürgerkrieg und in den Kämpfen gegen die stolzen indianischen Stämme, die ihr Land nicht ohne Kampf abgeben wollten. Um die Disziplin seiner Soldaten in Sitka kümmerte er sich allerdings nicht besonders. So sank auch die Moral und Ordnung in der Stadt stetig.

Im Jahre 1877 verließ die Garnison die Stadt, weil sie dringend zur Unterdrückung der indianischen Aufstände in den Staaten Idaho und Montana benötigt wurde. Im selben Jahr besuchte Sitka der presbyterianischer Missionar namens Dr. Sheldon Jackson aus purer Neugier. Er sah die Gründung und den Aufbau neuer Kirchen und Schulen in den Städten des amerikanischen Westens als seine Lebensaufgabe an. Als er nach Sitka kam, war er dreiundvierzig Jahre alt und gewiß keine Riesengestalt. Er war nämlich nur ganze einhundertfünfzig Zentimeter groß.

Trotzdem, als er aus seiner bodennahen Sicht die soziale und gesellschaftliche Rückständigkeit in Alaska erblickte, nahm er sich vor, diese abzustellen. Die nächsten dreißig Jahre seines Lebens arbeitete er unermüdlich und hartnäckig daran, seine Mission so gut wie nur möglich zu erfüllen. Von Anfang an erkannte er richtig, daß Alaska jemanden brauchte, der die amerikanische Öffentlichkeit und die einflußreichen Politiker in Washington über die Zustände und noch dringend er über die Mißstände aufklärte und wachrüttelte. Nur dann hatte Alaska eine Chance ernst genommen zu werden und auch das so nötige Geld für den Aufbau einer funktionierenden Verwaltung, sowie für die Bildung und für eine bescheidende Infrastruktur zu bekommen.

Jedes Jahr, wenn sich der lange und strenge Winter Alaskas bemächtigte, reiste er in die Staaten und besuchte alle möglichen Institutionen, politische wie auch christliche, und berichtete dort über das vergessene Land. In Washington gelang es ihm, Sympathien bei einigen einflußreichen Senatoren zu gewinnen. Seine Beharrlichkeit trug letztendlich Früchte.

In Mai 1884 stimmte der Kongreß dem sogenannten Organic Act of Alaska zu. Dieser ordnete die Übernahme der Gesetze des Staates Oregon für das Territorium von Alaska an und beschloß die Gründung der Polizei und des Gerichtswesens. Als sofortige Hilfe wurden fünfundzwanzigtausend Dollar für die Bildung zur Verfügung gestellt, ein Tropfen auf den heißen Stein, aber der Anfang war gemacht. Das Geld wurde von Dr. Sheldon Jackson verwaltet und er selber organisierte die Errichtung der ersten Schulen. In nur drei Jahren konnte er einen ansehnlichen Erfolg feiern, denn auf dem Gebiet Alaskas funktionierten Ende 1887 insgesamt sechzehn Schulen.

Jackson sprudelte nur so von Ideen. Eine seiner Lieblingsideen, die er hartnäckig verfolgte, war die Einführung der Rentierzucht in Alaska. Er wollte damit den Eskimos eine Ersatzquelle für ihre Nahrung erschließen. Die in großem Stil betriebene kommerzielle Abschlachtung der Robben und Seehunde hatte nämlich zur Folge, daß die Küsteneskimos immer häufiger unter ernsten Hungersnöten zu leiden hatten.

Der umtriebige Jackson fuhr nach Washington. Es gelang ihm tatsächlich genügend Geld zu besorgen, um seinen ersten Versuch mit der Rentierzucht auf der Insel Unalaska zu finanzieren. Es wurde jedoch ein totaler Mißerfolg. Jackson gab sich aber nicht so leicht geschlagen und führte dreihundert Rentiere aus Sibirien auf die Seward-Halbinsel ein. Diesmal engagierte er Rentierzüchter mit ihren Familien aus Lappland, die ihre Erfahrungen an die Eskimos weitergeben sollten. Im Jahre 1905 zählte die Herde schon zehntausend Tiere.

Während der Zeit der russischen Herrschaft war das Binnenland von Alaska gänzlich unbekannt. Erst in den siebziger und achtziger Jahren des neunzehnten Jahrhunderts drangen die ersten Weißen in größerer Anzahl dort ein. Es handelte sich überwiegend um passionierte Goldsucher, die man Prospektoren nannte. Sie kamen nach Norden wie die Zugvögel, nachdem sie ihr Glück bereits in Colorado, Montana oder Kalifornien versucht hatten. Diese hartgesottenen Männer träumten ihr ganzes Leben lang davon, eine ergiebige Goldader irgendwo an einem abgelegenen Platz der Erde zu finden und reich zu werden. Sie folgten den Flüssen ins Landesinnere und verbrachten dort auch längere Zeit.

Aus diesen Quellen kamen die ersten Informationen über die riesigen Gebiete Alaskas, über die Indianer und über die wilde unbändige Natur in die Zivilisation. Oft waren die Informationen allerdings ungenau, nicht selten übertrieben oder sogar falsch.

Eine zweite Quelle für Informationen waren Berichte geplanter Expeditionen, die neben den kartographischen Arbeiten auch die ersten wissenschaftlich fundierten Kenntnisse über die Fauna und Flora Alaskas enthielten. Die Expeditionen wurden interessanterweise sowohl vom Heer als auch von der Marine der USA organisiert und zwar deshalb, weil zwischen den beiden Institutionen seit ihrer Gründung ein erbitterter Konkurrenzkampf herrschte.

Der erste wirklich bedeutende Goldfund ist zwei Abenteurern gelungen, die es nicht verdient hatten. Aber so ist es oft auf dieser Welt. Das Glück wollte es wohl im Einklang mit der Volkswahrheit, daß den dümmsten Bauern die größten Kartoffeln wachsen. Richard Harris und Joseph Juneau waren zwei Kerle, die mehr dem Feuerwasser huldigten als der harten Arbeit eines Prospektors. Als sie nach Sitka kamen, ließen sie sich von dem deutschen Ingenieur Georg Pilz anheuern. Sie sollten für ihn Gold suchen. Ohne Erfolg versuchten sie sich ein bißchen hier und dort und ein bißchen anderswo. Als sie in das Indianerdorf Auk kamen, hatten sie schon ihre ganze Ausrüstung bis auf ein Gewehr versoffen. Mit ihm bezahlten sie den Häuptling Cowee. Dafür hatte er sie im Kanu zurück nach Sitka verfrachtet.

Pilz schlug nur die Hände über dem Kopf zusammen. Aber was sollte er mit den Trunkenbolden tun.

Cowee zeigte Pilz einige Goldstücke und versprach ihm für eine angemessene Belohnung, die Stelle zu zeigen, wo er sie gefunden hatte. Die Augen des Ingenieurs glänzten gierig. Er war sofort mit dem Deal einverstanden, wußte aber nicht, wen er mit Cowee dorthin schicken sollte. Er hatte nur Harris und Juneau.

Die beiden und Cowee setzten sich sofort ins Kanu und paddelten über die Meerengen zwischen den zahlreichen Inseln. Nach mehreren Tagen erreichten sie den engen Gastineau Channel. Dort angekommen, zeigte ihnen der Häuptling in einem kleinen Bach eine Stelle, wo sich eine durch die Wassererosion bloßgelegte Goldader andeutete.

In diesem Moment wußten Harris und Juneau was zu machen war. Sie steckten sofort ihre Claims ab und ließen gleichzeitig auch am Ufer entgegen der Douglas Insel ein Grundstück für die Errichtung einer Goldgräberstadt eintragen.

Die Nachricht über den Fund verbreitete sich blitzschnell. Schon 1881 entstand die erste Goldgräberstadt in Alaska. Über eine Stadt zu sprechen ist vielleicht ein bißchen übertrieben, aber die Goldgräber nannten so die Ansammlung der schnell zusammen gezimmerten Buden. Harris hatte für sie gleich einen Namen parat, nämlich Harrisburg. Nach einem Jahr kam es aber zwischen Harris und den Einwohnern der Stadt zu Auseinandersetzungen. Die erbosten Goldgräber benannten ihre Stadt aus purer Rache um. Seitdem heißt sie Juneau.

Sie ahnten sicherlich nicht, daß Juneau einmal die Hauptstadt von Alaska sein würde. Übrigens, Juneau ist die einzige Hauptstadt eines Staates, die für seine Bürger und Besucher nur zu Wasser oder aus der Luft erreichbar ist.

Im Herbst 1886 wurde Gold am Fortymile River, der unweit der kanadischen Grenze in den Yukon mündet, entdeckt und sieben Jahre später dann am Birch Creek, der ebenfalls ein Zufluß des majestätischen Yukons ist.

Der mit Abstand stärkster Goldfieberanfall, den Alaska je erleben sollte, wurde im Herbst 1899 diagnostiziert. Die Nachricht über den Goldsand, der an der kalten Meeresküste der Seward-Halbinsel gefunden wurde, breitete sich zum Süden aus wie eine Erschütterung nach einem Erdbeben. An die dreißigtausend Goldsucher, Abenteurer, Geschäftemacher und Betrüger aller Art mußten sich im nächsten Frühling den Platz auf den überfüllten Schiffen, die den Hafen von Seattle verließen, regelrecht erkämpfen. Jeder wollte reich werden, schnell reich werden, noch bevor der nächste Winter kam. Nome hieß der ersehnte Ort, wo angeblich einfach das Gold am Strand lag und sich mit dem Sand mischte.

Was für eine Ernüchterung erwartete sie dort. Nome war eine provisorische Stadt, die gerade im Sommer im Schlamm regelrecht zu ertrinken drohte. Von der einen Seite her wurde sie von der Beringsee gekühlt, auf der anderen Seite dann erstreckte sich eine baumlose Tundra so weit das Auge nur sehen konnte.

Nicht nur mit den Schiffen kamen die Goldgräber hin. Viele Glücksritter reisten quer durch Alaska, die meisten von ihnen aus Dawson City, wo zu der Zeit die Klondike-Hysterie längst ihren Höhepunkt überschritten hatte. Das wahrscheinlich originellsten Verkehrsmittel wählte damals ein ideenreicher Goldgräber namens Ed Jesson. Ed nahm sein Fahrrad aus dem Schuppen und trampelte auf dem zugefrorenem Yukon in Richtung Beringsee. Bei den dort üblichen Temperaturen von Minus vierzig Grad Celsius wurden die Fahrradreifen steif und hart wie ein Stein und sogar das Öl in den Lagern erstarrte. Trotzdem erreichte der begeisterte Fahrradfahrer eine durchschnittliche Geschwindigkeit von achtzig Kilometern pro Tag, und nach nicht ganz einem Monat fuhr er in Nome ein. Dort wurde er von der sensationsgierigen Presse stürmisch gefeiert.

Es folgten weitere Goldfunde und überall schossen neue Städte wie die Pilze nach einem ergiebigen Regen aus dem Boden. So entstanden zum Beispiel Circle City, Fairbanks, Innoko, Ruby, Iditarod, Marshall und viele, viele andere mehr. Einige Goldgräberstädte wurden nach Erschöpfung der Goldadern verlassen. Die Natur zauberte aus ihnen über die Jahre die romantischen „ghost towns" die heute von den nostalgischen Touristen mit Vorliebe besucht werden.

Es war ohne Zweifel das sagenumwobene Gold, das Alaska in den Staaten und letzten Endes auch in der ganzen Welt bekannt gemacht hatte. Das Gold wirkte im Unterbewußtsein der Öffentlichkeit wie ein Katalysator und allmählich begann sie sich für Alaska zu interessieren. Die Leute, die sich damals entschlossen, nach Alaska zu gehen und dort Gold zu suchen, waren bestimmt keine langweiligen Typen. Viele von ihnen wurden enttäuscht, einige wurden reich. Viele von ihnen kehrten dem Land ihren Rücken, einige jedoch blieben. Diejenigen, die blieben, mußten eine gehörige Portion an Selbstvertrauen, Ausdauer und Willen besitzen. Und es scheint, als ob es einigen gelang diese edlen Eigenschaften an ihre Nachkommen weiterzugeben.

Die erste zielbewußte Erforschung des Landesinneren datiert noch in die Zeit der russischen Herrschaft über Alaska. Perry McDonough Collins, ein amerikanischer Geschäftsmann, besuchte im Jahre 1856 das zaristische Rußland. Dort kam er auf die mutige Idee, Europa und Amerika mit dem Telegrafenkabel zu verbinden. Nach seiner Vorstellung sollte das Kabel aus dem Westen der Vereinigten Staaten über Kanada und Russisch-Amerika zur Beringsee führen. Von dort aus neunzig Kilometer über die Beringenge auf dem Meeresgrund und weiter dann durch die sibirischen Weiten nach Europa. Eine Idee, die man vielleicht Jules Verne zuschreiben würde.

Ein Konkurrensprojekt hatte der US-Amerikaner Cyrus Field gestartet. Es sah die Verlegung eines Unterwasserkabels quer über den Atlantik von Amerika direkt nach England vor. Collins glaubte nicht, daß es Field gelingen würde, eine Unterwasserkabelverbindung zu verwirklichen. Nachdem Fields fünfter Versuch fehlgeschlagen war, beauftragte er den Naturwissenschaftler der Northwestern University, Robert Kennicott, mit der Leitung einer Expedition, die die günstigste Kabeltrasse auf dem Gebiet von Russisch-Amerika feststellen, sowie die Geographie des Landes, die Geologie, Fauna, Flora und das Klima erforschen sollte.

Kennicott heuerte in San Francisco sechs junge Männer an, die alle fieberten, das neue, unbekannte Land kennen zu lernen. Bei ihrer Auswahl hatte er eine außerordentlich glückliche Hand. Fünf von ihnen wurden später bekannte Wissenschaftler. Einer von ihnen, William Dall, verbrachte in Alaska fast sein ganzes Leben und galt als der beste Kenner der Natur Alaskas. Nach ihm wurde eine der interessantesten Naturschöpfungen der nördlichen Bergwelt, nämlich das Dallschaf, benannt. Es ist ein weißes Schaf, das nur in den Bergen Alaskas, British- Kolumbiens und im Yukon-Territorium heimisch ist und jeden durch seine Stärke, Beweglichkeit und seine perfekte Anpassung an die Bergwelt begeistert, der das Glück hatte, es in der freien Natur zu beobachten.

Im August 1865 kam die Expedition an Bord eines Schiffes nach St. Michael, einer kleinen russischen Siedlung in der Nähe der Yukonmündung. Nach einem kurzen Aufenthalt dort wollten sie noch vor Einbruch des Winters neunhundert Kilometer den Yukon stromaufwärts bis nach Nulato schaffen. Aber daraus wurde nichts. Ihr Tempo war aufgrund der schwierigen Bedingungen am Fluß entgegen ihren Erwartungen sehr langsam und sie erreichten Nulato erst im Mai des nächsten Jahres. Kennicott war die ganze Zeit sehr nervös und gereizt, weil er sich um die zeitliche Einhaltung des geplanten Treffens mit der von Kanada aus gestarteten entgegenkommenden Expedition berechtigte Sorgen machte. Unter innerem Streß leidend und wahrscheinlich nicht daran gewöhnt, eine Verantwortung für die Gruppe zu tragen, erlitt Kennicott in Nulato einen schweren Herzinfarkt an dem er kurz danach verstarb.

Sein Nachfolger wurde Frank Ketchum. Er und Michael Lebarge paddelten in Kajaks zum eintausendsechshundert Kilometer entfernten, damals noch der Hudson Bay Company gehörenden, Handelsposten Fort Yukon. Noch rechtzeitig vor Wintereinbruch kehrten sie nach Nulato zurück. Aber schon im März des folgenden Jahres fuhren sie mit den Hundeschlitten über den zugefrorenen Yukon erneut nach Fort Yukon. Dort angekommen, warteten sie, bis der Fluß eisfrei war, wechselten den Schlitten gegen ein Kajak und paddelten den Yukon stromaufwärts nach Kanada.

Dall reiste ebenfalls auf dem Yukon ins Landesinnere. Unterwegs registrierte er vier verschiedene Moskitoarten. Nahe der Mündung des Tanana Rivers in den Yukon untersuchte er das dortige Kohlevorkommen und ansonsten studierte, katalogisierte und sammelte er die Fauna und Flora. In Fort Yukon traf er seine zwei Kollegen und gemeinsam reisten sie zurück nach St. Michael.

Dort erfuhren sie zwei Neuigkeiten, eine gute und eine für sie schlechte. Sie hörten, das Russisch-Amerika inzwischen an die Vereinigten Staaten verkauft wurde. Das war die gute Nachricht. Die schlechte Nachricht betraf ihre Expedition. Sie war nämlich zu Ende, noch bevor sie richtig begonnen hatte. Nur einige hundert Kilometer Draht wurden bisher über Land gezogen worden. Cyrus Field ließ sich nicht so einfach entmutigen und versuchte zum sechstem Mal sein transatlantisches Kabel auf dem Meeresgrund zu legen. Diesmal klappte es. Es war ein voller Erfolg. Somit war die Alternative der Kabellegung quer über die Kontinente, die sich Mister Collins vorstellte, gegenstandslos und die Expedition damit beendet. Trotzdem war sie nicht nutzlos. Mit ihr erreichten San Francisco die ersten gesicherten Informationen über Alaska sowie die Karte des längsten "Highways" Alaskas, nämlich die Yukonkarte.

Schon zwei Jahre nach dem Kauf von Russisch-Amerika hatte die amerikanische Armee von Sitka aus den Kapitän Charles Raymond nach Fort Yukon mit der Aufgabe geschickt, die genaue geographische Lage des Ortes zu ermitteln.

Die Amerikaner vermuteten, daß die dort ansässige Hudson Bay Company ihre Geschäfte unerlaubt auf amerikanischem Boden betrieb. Die Hudson Bay Company hatte Fort Yukon an der strategisch günstigen Mündung des Porcupine Rivers am Yukon aufgebaut und mit großem Erfolg betrieben. Daß sie sich keine besonders tiefen Gedanken über den wahren Verlauf des einhunderteinundvierzigsten Meridians, der die offizielle Grenze zwischen Kanada und Alaska bildete, gemacht hat, war anzunehmen.

Raymond kam, sah sich um und stellte Erstaunliches fest. Fort Yukon war nicht nur einige Kilometer, sondern fast zweihundert Kilometer von der Grenze entfernt. Die schottische Handelscompany protestierte nicht und bald danach zog sie sich aus Fort Yukon zurück.

Die nächste Expedition organisierte erst im Jahre 1883 General Nelson A. Miles, Befehlshaber des militärischen Forts Vancouver, wohin auch die Garnison aus Sitka 1877 abkommandiert wurde. Er schickte den Leutnant Frederick Schwatka mit sechs Mann Begleitung los, um den Weg von der Küste aus über den Chilkoot Pass zum Yukon zu kartographieren und auszukundschaften. Weil es sich um kanadisches Gebiet handelte und Miles es nicht für nötig oder für wünschenswert hielt, die kanadischen Behörden um Genehmigung zu fragen, wies er Schwatka an, unterwegs nicht viel Aufsehen zu machen und im Stillen nach Hause zurückzukehren.

Schwatka war ein enthusiastischer junger Mann, dem es gelungen war, sowohl Medizin als auch Rechtswissenschaften zu studieren und gleichzeitig seinen

Dienst beim Militär zu leisten. Das waren damals noch Zeiten!

General Miles Anweisungen nahm sich Schwatka nicht sehr zu Herzen. Ebenso scherte er sich nicht um die ursprünglichen indianischen Namen und eifrig gab er Bergen, Seen und Flüssen eigene Namen, die bis heute üblich sind. Als die Expedition den Chilkoot Pass überwunden hatte, kam er zu einem See, den er den Lake Lindeman, zu Ehren von Dr. Lindeman, dem damaligen Sekretär der Geographischen Gesellschaft in Bremen, benannt hatte.

Dort baute er ein Floß und kam bald zum nächstem See, dem er großzügig den Namen Bennett Lake gab.

Wahrscheinlich hatte er sich am Ufer von Lake Bennett an den Gründer und Chefredakteur der Zeitung New York Herald, James Gordon Bennett, erinnert, der großzügig Expeditionen in unbekannte Gebiete der Erde gefördert hatte. Man kann sich denken, daß er sich damit seinen potentiellen Sponsor für die Zukunft sichern wollte.

Schwatka reiste weiter den Yukon hinunter, exakt die gleiche Route, wie auch fünfzehn Jahre später die fanatischen Goldgräber, die nach Klondike eilten. Dawson City existierte damals noch nicht und als er an Klondike vorbeifuhr, konnte er nicht ahnen, was für ein Drama der Weltgeschichte sich dort bald abspielen würde. Er überquerte die Grenze zu Alaska und Vater Yukon trug ihn über die Yukon Flats weiter und weiter bis zur Beringsee. In St. Michael nahm er das erste Schiff nach Seattle. Nach genau vier Monaten meldete Schwatka seinem General den erfolgreichen Abschluß der Expedition.

Schwatka war ein begnadeter Erzähler, und so war es nicht verwunderlich, daß seine Zeitungsartikel und vor allen Dingen sein Buch „Along Alaskas Great River" bei den Lesern einen ansehnlichen Erfolg hatten. Es ist sein Verdienst, daß die Öffentlichkeit zum ersten Male über die großartige Natur und die außergewöhnlichen Schönheiten der Landschaft Alaskas erfuhr. Er schilderte den warmen alaskanischen Sommer und das Klischee von der „giant icebox" relativierte sich langsam.

Miles erfuhr von Schwatka einiges über Alaska, aber nicht genug. Es reichte ihm bei Weitem nicht. Deshalb schickte er gleich im nächsten Jahr 1884 den Leutnant William Abercrombie zum Copper River mit dem Befehl, entlang des Flusses ins Landesinnere vorzustoßen. Abercrombie enttäuschte ihn jedoch sehr. Nicht weit von der Flußmündung entfernt kehrte er, aus welchen Gründen auch immer, zurück. Es war ein Flop.

Miles wäre aber nicht ein richtiger General gewesen, wenn er sich damit begnügt hätte. Ein Jahr danach war schon die nächste Expedition unterwegs. Diesmal hatte Miles Glück. Mit der Leitung beauftragte er den fünfundzwanzig Jahre alten Unterleutnant der amerikanischen Armee Henry Trueman Allen.

Allen suchte sich weitere zwei Kameraden aus, die zu ihm auch menschlich ausgezeichnet paßten. Es war Cady Robertson und Frederick Fickett. Als Expeditionsausrüstung nahmen sie sich nur wirklich das Notwendigste mit, um Gewicht zu sparen und so in der Wildnis schneller und beweglicher zu sein. Es war eine völlig neue Einstellung, die sich jedoch bald als sehr erfolgreich herausstellen sollte.

Schon Ende März, als der Fluß halbwegs befahrbar war, stiegen sie in ein Kanu und paddelten von der Mündung des Copper Rivers aus zum Norden ins Unbekannte. Was für ein wunderbares Gefühl muß es gewesen sein. Am zehnten April erreichten sie das Indianerdorf Taral, das sich damals an der Mündung des Chitina Rivers in den Copper River befand. Allen erforschte das Chitina Tal. Als er nach zwei Wochen zurückkehrte, setzten sie ihre Fahrt auf dem Copper River fort. Daß es eine verdammt harte Arbeit gewesen sein mußte kann jeder bezeugen, der je am Ufer des Copper Rivers stand und die schnelle Strömung der gewaltigen Wassermassen betrachten konnte. Dabei hatten sie kaum etwas zum Essen. Aber sie hielten durch und Mitte Mai, völlig erschöpft, erreichten sie den Tazlina River. Jetzt waren sie in einer Gegend, die noch kein Weißer je vor ihnen besucht hatte.

Ende Mai verließen sie den Fluß und marschierten zu Fuß den riesigen, am Horizont sich erhebenden Bergen der Alaska Range, entgegen. Zum Glück konnten sie sich jetzt endlich satt essen und die notwendige Energie dem ausgelaugten Körpers zuführen. Wie die hungrigen Bären hatten sie in den Gebirgsbächen die ersten Lachse, die zu ihren Laichgründen unterwegs waren, gefangen. Am neunten Juni standen sie auf dem Suslota Pass und ihren Augen öffnete sich die wunderbare Aussicht in das Tal des Tanana River mit seinen willkürlich verstreuten tausenden von Seen. Am Ufer des Tetlin River bauten sie ein provisorisches Boot, fuhren mit ihm stromabwärts und weiter dann den Tanana River herunter bis zur Mündung in den Yukon. Sie kamen dort am fünfundzwanzigsten Juni an. Leider erkrankte Robertson dort an Skorbut und war nicht mehr in der Lage, mit ihnen weiterzureisen.

Allen und Fickett heuerten einen indianischen Führer an und setzten mit ihm gemeinsam ihren Weg über ein schier unendliches Sumpfgebiet gen Norden fort. Sie kamen endlich zum Koyukuk River und folgten dem Tal bis zum Polarkreis. Erst am neunten August entschlossen sie sich, umzukehren und schnellstens zurück in die Zivilisation zu eilen, um nicht vom Winter überrascht zu werden.

In den sechs Monaten haben sie in der unbekannten Wildnis Alaskas eine Entfernung von mehr als 2500 Kilometern teilweise zu Fuß und teilweise im Boot oder mit dem Kanu überwunden. Eine großartige Leistung, die wichtige Erkenntnisse über die möglichen Reiserouten von der Küste aus in das Landesinnere lieferte.

Während der Expedition bewies Allen außergewöhnliche organisatorische als auch menschliche Qualitäten, die ihm später eine schnelle Karriere in der Armee ermöglichten. Er hat es bis in den Rang eines Generals gebracht und vierzig Jahre nach seiner erfolgreichen Expedition in Alaska wurde er sogar von der demokratischen Partei für den Vizepräsidenten der Vereinigten Staaten von Amerika nominiert.

Eine gesunde Rivalität zwischen der Navy und der Revenue Marine, die später auf den heute uns bekannten Namen Coast Guard umbenannt wurde, sorgte für die Erforschung des Kobuk Rivers und seiner Nebenflüsse. Die Expeditionen der Marine und der Küstenwache schafften es bis zur Quelle des Kobuk Rivers, der im Kotzebue Sound in die Beringsee mündet, durchzustoßen.

Der Kapitän der Küstenwache Michael Healy organisierte im Jahre 1885 eine Expedition, deren Führung er dem Leutnant Cantwell anvertraut hatte. Cantwell und seine Männer paddelten von der Meeresbucht aus den Fluß stromaufwärts und erreichten nach tausend Kilometern als die Ersten den Lake Walker, einen See, aus dem der Kobuk gespeist wird. Im selben Jahr baute Leutnant George Stoney von der Marine zusammen mit achtzehn seiner Männer am Kobuk ein Lager, in dem sie überwinterten. Während des langen Winters erforschten sie die riesigen unbekannten Gebiete an den Flüssen Koyukuk, Selawik und sogar an Colville und Ikpikpuk, einem Fluß, der nicht weit vom Point Barrow, dem nördlichsten Punkt Alaskas, ins Polarmeer mündet.

Nach diesen ersten Erkundungen des Unbekannten folgten systematische Expeditionen mit dem Ziel der kartographischen Bearbeitung des riesigen Gebietes und der Beschaffung von notwendigen Daten für diese nicht so einfache Aufgabe. Sie wurden von der Behörde mit dem Namen Geological Survey, damals noch unter den Fittichen der Smithsonian Institution, organisiert und auch durchgeführt. Langsam trat Alaska aus dem Nebel des Unbekannten heraus. Wie winzige Puzzlestückchen eines monumentalen Bildes wurden die einzelnen Karten nach und nach fertiggestellt und herausgegeben und Alaska verlor seine Unschuld für immer.

Der Zustrom von Menschen nach Alaska, der hauptsächlich das Ergebnis der zahlreichen Goldfunde war, hielt an, und die Regierung in Washington erachtete es deshalb für notwendig, eine, wenn auch bescheidene Geldsumme für den Aufbau einer den alaskanischen Bedingungen angepaßten Infrastruktur zu genehmigen. So wurde auch das Projekt der telegraphischen Anbindung an die Staaten ins Leben gerufen. Im Jahre 1903 wurde Alaska mit der restlichen Welt mittels Telegraphen verbunden und somit begab es sich für immer in eine feste Umarmung mit der Zivilisation des weißen Mannes.

Bereits im Jahre 1905 begannen sich die reichen Investoren dieser Welt um das Land, oder besser gesagt, um seine Naturschätze ernsthafte Sorgen zu machen. Der Bankier J.P.Morgan hatte sich zwecks Erschließung mit der Familie des Kohlebarons Guggenheim verbunden. Zusammen gründeten sie eine neue Gesellschaft unter dem Namen Alaska Syndicate. Sie war in ganz Alaska besser bekannt unter dem volkstümlichen Synonym „the Guggs".

Ihre erste große Investition war die Kupfermine Kennicott. Sie lag tief im Tal des Chitina Flusses, das zuerst von Allen erforscht worden war. Von dort aus hatten schon immer die Indianer ihren Bedarf an Kupfer gedeckt. Das hochprozentige Kupfererz war dort außergewöhnlich hochwertig mit nur sehr wenig Abfall. Für den Abtransport des Erzes wurde in den Bau einer dreihundertsechzig Kilometer langen Eisenbahnstrecke von der Meeresküste aus entlang der Flüsse Copper und Chitina bis nach Kennicott eine Menge Geld gesteckt. Die gesamte Strecke führte durch äußerst schwieriges, bergiges Gelände, quer über Flüsse, Sümpfe, Gletscher und Schluchten. Noch heute sind in der Wildnis die Reste der gewagten hölzernen Konstruktionen und die Torsi von Brücken zu besichtigen. Wenn man die gewaltigen Konstruktionen betrachtet, die fünftausend Arbeiter in fünf Jahren ohne jegliche moderne Transport- oder Montagemittel aufgebaut haben, kann man nur über die Ingenieurkunst der damaligen Zeit staunen. Die Eisenbahn wurde nach den Plänen des schon im hohen Norden erfahrenen Baumeisters Michael J.Heney gebaut. Er war auch der Baumeister der berühmten Eisenbahnverbindung zwischen Skagway und Whitehorse.

Die Eisenbahn der Guggs beförderte das aufgearbeitete Kupfer von der Mine aus zu den Schiffen bis in das Jahr 1938 hinein. Dann hat man sich entschlossen die Förderung aufzugeben, weil inzwischen andere preiswertere Kupfervorkommen, vor allen Dingen in Südamerika, entdeckt worden waren.

Die industrielle Ausbeutung durch Nicht-Alaskaner stand von Anfang an unter der Kritik der Bewohner Alaskas. Der bekannteste Opponent des Alaska Syndicats war der Richter James Wickersham. Er kam 1900 als Richter nach Nome und hat sich bald unter Alaskanern durch seine Geradlinigkeit und Gerechtigkeit hohes Ansehen und Anerkennung erworben. Sein Slogan lautete kurz und bündig. „Alaska for Alaskans".

Mit ihm gewann er 1908 die Kongreßwahl, nachdem man Alaska zum ersten Male einen Sitz ohne Stimmrecht im Kongreß zugesprochen hatte. Es war sein Verdienst, daß am vierundzwanzigsten August 1912 der amerikanische Präsident Taft ein für Alaska wichtiges Gesetz unterschrieben hat. Es regelte die zukünftige alaskanische Verwaltung und verbriefte Alaska den Status des Territoriums der Vereinigten Staaten von Amerika.

Es ist interessant, daß die erste Nachricht über einen unternommenen Flugversuch in Alaska schon aus dem Jahre 1914 stammt. Bei den Feierlichkeiten Anfang Juli anläßlich des Unabhängigkeitstages in Fairbanks, stieg für neun Minuten der „bird man", alias James Martin, in die Lüfte.

In den dreißiger Jahren waren es dann eine ganze Reihe von Flugpionieren, wie zum Beispiel Car Ben Eielson, Noel Wien, Bob Reeve und Archie Ferguson, die mit ihrer Begeisterung für die Fliegerei bei den besonders schwierigen Wetterverhältnissen bewiesen, daß das Flugzeug ein ideales Verkehrsmittel gerade für Alaska ist. Heute kann man sich Alaska ohne Flugzeug und ohne ihre berühmten Buschpiloten gar nicht vorstellen. Das Flugzeug hat sicherlich mehr zur Entwicklung von Alaska beigetragen als jede andere technische Innovation des zwanzigsten Jahrhunderts.

Von einer Eisenbahnverbindung, die Kanada mit Alaska verbinden würde, trämten schon die ersten Goldgräber. Es existierte tatsächlich auch ein Projekt, das sogar die Gleise über die Beringenge zur transsibirischen Eisenbahn legen wollte. Man hatte sogar in Petersburg offiziell verhandelt, aber Rußland konnte sich dafür nicht begeistern. Dazu kam noch eine unsichere Finanzierung und so verschwand schließlich leise die mutige Vision einer Eisenbahnverbindung zwischen den Staaten und Europa aus der Welt.

Erst im Jahre 1915 billigte der Kongreß den Bau der ersten und bis heute der einzigen alaskanischen Eisenbahn, die den Hafen Seward mit Anchorage und Anchorage mit der zweitgrößten alaskanischen Stadt Fairbanks verbindet. Der Bau dauerte acht Jahre und der damalige amerikanische Präsident Waren Harding schlug den letzten, dafür aber goldenen Nagel in die Schwelle persönlich ein. Die größte Stadt Alaskas Anchorage verdankt der Eisenbahn ihre Entstehung. Sie entstand nämlich als ein provisorisches Camp für die Eisenbahnarbeiter, die an der schwierigen Eisenbahnstrecke arbeiteten.

Ein wichtiges Kapitel alaskanischer Geschichte betrifft die Beziehungen der alaskanischen Ureinwohner zu den sibirischen Nachbarn. Sie bestanden zwischen den Inuit und den Yupik auf der alaskanischen Seite sowie den sibirischen Tschuktschen auf der anderen Seite der Beringsee in der Vergangenheit mit größter Sicherheit über viele Generationen. Es ist noch nicht so lange her als die Beringenge jedes Jahr zugefroren war und einen Besuch auf dem Landweg möglich machte. Die privaten Kontakte und natürlich auch die geschäftlichen Beziehungen mit Sibirien intensivierten sich aber erst nach der Goldentdeckung in Nome und nach der Besiedlung der Seward-Halbinsel. Doch dann kam im Jahre 1917 die Oktoberrevolution. Es dauerte natürlich noch einige Jahre bis die Bolschewiki auch im äußerstem Sibirien ihre blinde Ideologie durchsetzten. Aber die Zeit kam, in der Beziehungen mit dem kapitalistischen Alaska strengstens verboten wurden. Die einzige Handelsgesellschaft, die eine Genehmigung zum Handel mit dem roten Rußland bis 1933 erhielt, war die Firma von Olaf Swenson aus Seattle.

Der Blick in ein Tal der Revelation Mountains.

Majestätische Alaska Range.

Kristin Creek.

Stony River.

Die beliebten Pfaunekuchen.

Alaska Range im Hintergrund.

Das Tal des Stony Rivers mit dem Telaquana River.

Mark, Autor, Joe, Wilhelm (von links).

Der eiserne Vorhang fiel herunter und Sibirien gehörte plötzlich zu einer ganz anderen Welt, die einige Lichtjahre von Alaska entfernt zu sein schien. Nur vorübergehend wurde die undurchlässige Grenze geöffnet. Es war während des zweiten Weltkriegs, als in Fairbanks und in Nome insgesamt 7926 Flugzeuge an die russischen Piloten übergeben wurden, die sie dann über Sibirien in den Kampf gegen die deutsche Invasion flogen.

Die bewegte Zeit des zweiten Weltkriegs veränderte Alaska wahrscheinlich mehr als alle Goldfieber zusammen. Plötzlich wurde allen Strategen klar, welche herausragende strategische Lage für die Verteidigung der USA das Territorium Alaska hatte.

Zuerst kam im Dezember 1941 der Überraschungsangriff der Japaner auf die Pazifikflotte in Pearl Harbor. Dann, im Juni 1942 besetzten die Japaner wie aus heiterem Himmel die zwei kahlen, an und für sich unbedeutenden Aleuteninseln Kiska und Attu. Bis zu diesem Zeitpunkt hatte sich die militärische Präsenz auf alaskanischem Gebiet auf eine einzige Kaserne in der Nähe von Haines begrenzt. Sie lag tief im Lynn Canal versteckt und zählte etwa dreihundert Mann Besatzung. Sie wäre bestimmt nicht fähig gewesen, Alaska zu verteidigen.

Das sollte sich aber jetzt schnellstens ändern. Mit größter Eile wurde vor allen Dingen in die für das Militär notwendige Infrastruktur, wie Straßen und Flugplätze, investiert. Mehr als eine Milliarde Dollar standen plötzlich für derartige Projekte zur Verfügung.

Die Japaner versuchten, auf den besetzten Inseln einen Flugplatz zu bauen, um die Versorgung der Truppen zu gewährleisten. Was konnten die Amerikaner dagegen tun? Sie versuchten, sie daran durch ein ständiges Bombardement aus der Luft zu hindern. Ein Unternehmen, das angesichts der riesigen Entfernung und den oft ungünstigen Wetterverhältnissen sehr schwierig und kostspielig war.

Im Mai 1943 landeten elftausend amerikanische Soldaten auf der Insel Attu und nach einer Woche erbitterter Kämpfe wurde die Insel befreit. Mehr als fünfhundert amerikanische Soldaten fielen bei den Kämpfen, nur achtzehn Japaner wurden in Gefangenschaft genommen. Die übrigen japanischen Soldaten, weit über zweitausend von ihnen, wurden getötet oder verübten Harakiri.

Von Juni bis August desselben Jahres bombardierte die amerikanische Airforce die Stellungen der Japaner auf der zweiten Insel Kiska. Kurz bevor die amerikanische Invasion zur Befreiung der Insel anlaufen sollte, gelang es den Japanern, die Insel in einem dicken aleutischen Nebel zu räumen und mit ihren Schiffen unentdeckt zu flüchten. Es war bestimmt ein glücklicher Umstand, der vielen Soldaten das Leben rettete.

So endeten die einzigen Kämpfe, die während des zweiten Weltkriegs auf amerikanischem Boden stattfanden.

Im nachhinein weiß man, daß die Besetzung völlig sinnlos war. Die Japaner hatten die entlegenen, kahlen Inseln aus rein propagandistischen Gründen besetzt und die Amerikaner waren gezwungen, sie aus patriotischen Gründen zu befreien. Gestorben sind dabei Soldaten, die beiderseits diese ehrenvolle Aufgabe nach dem Gusto der verblendeten Politiker oder Generäle erledigen mußten.

Den Strategen war nach diesen Ereignissen klar, daß sie Alaska mit den „lower 48"-Staaten mit einer Straße, welche Kanada durchquert, unbedingt verbinden mussten. Während eines Krieges wird nicht lange geplant, es wird einfach gemacht. Und so war es auch diesmal.

Die Arbeiten begannen im Frühjahr 1942 und zwar auf beiden Seiten gleichzeitig. Auf der kanadischen Seite war der Ausgangspunkt Dawson Creek, auf der alaskanischen Seite Big Delta, von wo aus zu der Zeit schon eine Straße nach Valdez existierte.

Der Bau war sicherlich ein bewundernswerter Kraftakt. Neuntausend Soldaten und zwölftausend Zivilisten unter der Leitung des U. S. Army Corps of Engineers arbeiteten Tag und Nacht an der zweitausenddreihundert Kilometer langen Straße durch die alaskanische und kanadische Wildnis unter manchmal sehr harten Wetterbedingungen und mit einer Technik, die dabei hart gefordert wurde. Nach nur neun Monaten Bauzeit trafen sich die beiden Straßenbaukolonnen und seit diesem Augenblick wurde die psychologische Isolation Alaskas von den Vereinigten Staaten für immer überwunden. Die Straße, die den Namen "Alaska Highway" bekam, diente zuerst nur dem Militär. Seit 1948 ist sie auch für die Öffentlichkeit geöffnet.

Die Straßenanbindung hatte auf die Besiedlung Alaskas einen bedeutenden Einfluß. Im Jahre 1940 zählte Alaska rund siebzigtausend Bewohner, zehn Jahre später schon hundertzehntausend. Anchorage, ein verschlafenes Dorf mit Bahnhof zählte 1940 nur dreieinhalbtausend Einwohner, zehn Jahre danach schon zwölftausend und heute dreihunderttausend Bewohner. Tausende von Soldaten und Beschäftigte der Militärbasen kamen nach Alaska und viele blieben in diesem faszinierenden Land für immer.

Nach der Abkühlung der freundschaftlichen Beziehungen zwischen der Sowjetunion und den Vereinigten Staaten am Beginn des sogenannten kalten Krieges war es die günstige geographische Lage, die Alaska eine neue wichtige Aufgabe im Konzept einer umfassenden Verteidigung von Nordamerika zuschrieb. Von England aus über Grönland, Kanada bis hin zu Alaska wurde ein Netz von Radarsystemen gespannt, dessen Aufgabe es war, die Militärstäbe frühzeitig vor einem sowjetischen Angriff aus der Luft zu warnen. Zum Glück brauchte seine Funktionsfähigkeit brauchte niemals ernsthaft getestet zu werden. Der Bau und die Wartung der riesigen Parabolantennen verschafften aber vielen Alaskanern eine auskömmliche jahrzehntelange Verdienstmöglichkeit.

Im Jahre 1955 begann die Territoriallegislatur von Alaska mit ihren Vorbereitungen, um endlich einen gleichberechtigten Status in der Union zu erlangen. Die gewählten Delegierten trafen sich in November in Fairbanks und arbeiteten einen Text der alaskanischen Verfassung aus, der einer der besten oder sogar der beste der Union ist. Nachdem die Alaskaner in einer freien Wahl sowohl der neuen Verfassung als auch dem sogenannten "Tennesse Plan", der die Anbindung an die Vereinigten Staaten von Amerika festlegte, zugestimmt hatten, folgten zwei Jahre intensiver Überzeugungsarbeit in Washington. Erst dann gaben Kongreß und Senat dem Gesuch statt. Präsident Eisenhower unterschrieb das Dekret über den Eintritt Alaskas in die Union. Am dritten Januar 1959 trat Alaska offiziell als 49. Staat den Vereinigten Staaten von Amerika bei.

Ein großer Teil des alaskanischen Gebietes, besonders die Alaska Peninsula, die angrenzenden Inseln und die Küstenregionen in Süd – und Südostalaska, gehören zu den tektonisch aktivsten Regionen unserer Erde. Zahlreiche aktive Vulkane auf den Aleuteninseln und auf der alaskanischen Halbinsel sind dafür ein überzeugender Beweis. Erdbebenerschütterungen sind dort nicht ungewöhnlich. Zum Glück sind ihre Folgen in den meisten Fällen harmlos. Anders war es aber am 27. März 1964 morgens, als ein dreiminutiges Erdbeben der Stärke 8,6 auf der Richterskala die südliche Küste Alaskas erschütterte. Die Auswirkungen des Bebens waren verheerend. Trotz des dünnbesiedelten Gebietes starben an seinen Folgen 115 Menschen. Am stärksten wurden die Städte Anchorage, Valdez, Kodiak und Homer betroffen. Ein Tsunami, eine riesige Welle von ungeheurem Ausmaß und unvorstellbarer Energie, die durch die Erschütterung des Meeresgrundes entstand, verwüstete die Küste und die am Meer liegende Ortschaften. Sie lief durch den gesamten Pazifik und ihre Auswirkungen wurden sogar an der antarktischen Küste beobachtet. Es war das stärkste Erdbeben, das jemals auf der nördlichen Halbkugel gemessen wurde. Die Alaskaner haben sich gegenseitig geholfen und nicht über ihr Schicksal gejammert. Sie zollen der schöpferischen Natur und ihren unbändigen Kräften einen hohen Respekt und beggenen ihr mit Demut, weil sie sich mit ihr tagtäglich in einem ständigen, untrennbaren Kontakt befinden.

Für die alaskanischen Ureinwohner war das Jahr 1971 von aller größter Bedeutung. Nach jahrzehntelangen zähen Verhandlungen zwischen der US-Regierung und den verschiedenen Organisationen der Ureinwohner Alaskas über das Bodeneigentum und die aus ihm resultierenden Bodenrechte wurde endlich ein Abschluß erzielt. In Dezember unterschrieb der amerikanische Präsident Richard M. Nixon ein Gesetz, mit dem für immer die gerechten Eigentumsforderungen der Ureinwohner auf das Land geregelt wurden. Es ist bekannt unter der unverständlichen Abkürzung

ANCSA, was ausgeschrieben Alaska Native Claims Settlement Act bedeutet.

Darin wurde fest geschrieben, daß den Eskimos, Indianern und Aleuten, also den Ureinwohnern Alaskas einhundertsechsundsiebzigtausend Quadratkilometer Land gehören. Zusätzlich erhielten sie noch eine Milliarde US Dollar in bar. Dreizehn Regionalgesellschaften und zweihundertzwanzig Ortsgenossenschaften verwalten seitdem das riesige Eigentum. Wie sich es auch in einer kapitalistischen Gesellschaftsordnung gehört, versuchen sie natürlich daraus den größtmöglichen Gewinn zu erwirtschaften. Heute sind diese Unternehmen im Ölgeschäft, in der Fischerei, in der Holzgewinnung, sowie in der Touristikindustrie, was für ein treffliches Wort, tätig. Der ursprüngliche Sinn des Gesetzes, nämlich eine gesicherte Grundlage für die Erhaltung ihrer traditionellen Lebensweise zu schaffen, hat sich längst überlebt. Leider kollidieren die Auswirkungen ihrer Unternehmungen sehr oft mit der Erhaltung der Umwelt, dem wertvollsten Kapital, das ihre Vorfahren jahrtausendelang so rücksichtsvoll verwaltet hatten.

Zum Glück hat ein anderer Präsident, nämlich Jimmy Carter, im Dezember 1980 den Alaska National Interest Lands Conservation Act unterschrieben. Das Gesetz hat eine Fläche von fünfhunderttausend Quadratkilometern alaskanischer Wildnis unter Schutz gestellt und jegliche Besiedlung, gewerbliche, industrielle oder sonstige Tätigkeit dort verboten. Es wurden Nationalparks, wilderness areas, monuments und sonstige geschützte Gebiete mit einer respektablen Fläche errichtet, die es auch unseren Nachkommen ermöglichen werden, die wunderbare Schönheit der einmaligen alaskanischen Urnatur kennen zu lernen und zu schätzen.

Um die immer größere Abhängigkeit der Vereinigten Staaten vom Ölimport zu verringern, wurde natürlich auch in Alaska nach diesem flüssigen Gold der Industriegesellschaft gesucht. Die ersten Ölvorkommen wurden schon Anfang der sechziger Jahre bei Eureka auf der Kenai-Halbinsel und auch im Cook-Inlet angezapft. Aber erst die Entdeckung der ergiebigen Ölquellen an der Küste des Nordmeeres bei Prudhoe Bay durch die Atlantic Richfield Company im Jahre 1968 startete das wahre Ölfieber, das Alaska sehr viel Geld aber auch viele neue Probleme bescherte. Um die tägliche Ausbeute von rund einundeinhalb Millionen Barrel Öl zu den Raffinerien zu bringen, mußte eine Pipeline quer durch Alaska von der im Norden liegenden Prudhoe Bay bis zum eisfreien Hafenterminal Valdez im Süden gebaut werden. Unbestritten, es war eine hervorragende Ingenieurleistung. Der Permafrost erlaubte nicht, die Rohrleitung einfach in der Erde zu vergraben. Aus diesem Grund wurde der überwiegende Teil der 1300 Kilometer langen Ölleitung auf Stelzen gestellt. Der Bau dauerte nur drei Jahre und wurde unter schwierigen logistischen Bedingungen und vielen Umweltschutzauflagen 1977 in Betrieb genommen.

Es war nicht die Ölpipeline, welche die schlimmste ökologische Katastrophe in Alaska verursachte. Im März 1989 fuhr der vollgeladene Öltanker Exon Valdez im märchenhaft schönen Prince William Sound auf ein Riff und schlitzte sich den Bauch auf. 40000 Tonnen Öl sind ins Meer ausgetreten und verschmutzten die Küste bis nach Kodiak. Es wurden enorme Anstrengungen unternommen, um den Ölschlamm zu entfernen, aber das lebhafte Meer und die wild zerklüftete Küste setzten allen Anstrengungen enge Grenzen. Schließlich mußte sich die Natur mit der klebrigen Masse selber helfen. Und sie hat es erstaunlich gut und schnell getan. Es bleibt nur zu hoffen, daß sich in Zukunft ein ähnliches Desaster nicht wiederholen wird. Es scheint so, als wenn uns Menschen nur der Optimismus und die Hoffnung übriggeblieben sind. Wir alle sind nämlich durch unseren Lebensstil, der Eine ein bißchen mehr, der Andere ein bißchen weniger, an den vielseitigen Schäden, die wir der Natur unbewußt zufügen, beteiligt. Manchmal handeln wir so, als ob wir ganz vergessen hätten, daß wir selber nur ein ganz bescheidener Teil der Natur sind. Die Natur kann auch ohne uns existieren, wir aber ohne sie kaum. Dieser zeigt die junge Geschichte Alaskas ebenso wie die Geschichte des alten Europa.

SHEENJEK RIVER

Der Sheenjek River wird aus den Gletschern der Brooks Range hoch im Norden Alaskas gespeist. Nicht weit von der flachen Küste der Beaufort Sea, nur etwa sechzig Kilometer südlicher, verbinden sich kleine Gebirgsbäche, die aus den Gletschern und Schneefeldern der Romanzof Mountains entspringen, zu einem zierlichen Fluß. Sein frisches Wasser fließt den Globus vierhundert Kilometer gen Süden hinunter und erst wenn es den Polarkreis überschreitet, verbindet es sich mit dem müden Wasser des Porcupine River.

Die Berge der Brooks Range bilden einen riesigen Gebirgszug. Sie sind infolge ihrer Abgeschiedenheit und extremen Wetterbedingungen kaum je mit der Zivilisation des weißen Mannes in Berührung gekommen. Es ist kaum zu glauben, aber es gibt dort immer noch Höhen, die noch auf ihre Erstbesteigung warten. Der Gebirgszug entstand aus mehreren Gebirgen. Im Westen sind es die Endicott Mountains, weiter zum Osten dann die Philip Smith Mountains, Romanzof und Davidson Mountains, die die Grenze zu Kanada berühren. Sie breiten sich ungefähr sechshundert Kilometer von Westen nach Osten und zweihundert Kilometer von Norden nach Süden aus. Der höchste Berg ist der Mount Isto in den Romanzof Mountains, der sich auf eine Höhe von 2761 Metern emporhebt. Die wilden unberührten Täler wurden, in der geologischen Zeitskala gesprochen, erst unlängst durch die sich zurückziehenden Gletscher gebildet. Die Landschaft ist durch die harte nördliche Witterung, durch den extremen Frost während des langen Winters und die Blizzards gekennzeichnet. Diese für die Menschen feindliche Umgebung und die dadurch harten Lebensbedingungen haben es verhindert, daß sich dort bis heute diese seltsame Spezie Mensch nicht eingenistet hat und sofort Straßen, Häuser und neuerdings auch Tankstellen und Supermärkte errichtete.

Der ungeheure Hunger der Amerikaner nach Energie hat leider aber auch dort eine Narbe hinterlassen. Quer durch die einmalig erhabene Bergwelt hat der Bau der Ölpipeline von Prudhoe Bay an der Eismeerküste zum Hafen Valdez eine Wunde himterlassen. Sie führt durch die schönen Täler der Flüsse Koyukuk und Dietrich und was noch viel schlimmer ist, sie wird durch eine staubige Straße, die parallel zu ihr verläuft und den Namen James Dalton Highway trägt, begleitet. Dieser Weg wurde ursprünglich für den Bau der Pipeline benötigt und sollte natürlich auch für die notwendige Wartung zur Verfügung stehen. Dann aber wurde sie für Touristen freigegeben und zieht seitdem jedes Jahr während des kurzen Sommers Tausende von Abenteurern der neuen Art an. In ihren klimatisierten Jeeps oder in Bussen fahren sie diese Straße bis zum Eismeer und später zu Hause erzählen sie beim wöchentlichen Autowaschen ihrem Nachbar Erlebnisse aus dem hohen alaskanischen Norden. Den Fortschritt kann man nicht verhindern. Wo eine Straße ist, ist auch der Mensch und umgekehrt.

Als Anfang dieses Jahrhunderts die sommerliche Energiekrise an der amerikanischen Westküste ausbrach, mußte die amerikanische Regierung unter Präsident Bush schnell einen Plan für die zukünftige Sicherung des Lebenselixiers Energie ausarbeiten. Neben der Planung von Hunderten von neuen Kraftwerken und Kernkraftwerken wurde auch die Anzapfung der Ölreserven in der sogenannten Area 1002 vorgeschlagen. Es handelt sich dabei um das Gebiet zwischen dem Eismeer und den nördlichen Hängen der Romanzof Mountains.

Man schätzt, daß dort unter der arktischen Tundra an die zehn Milliarden Barel Öl liegen. Mit der Erschließung der Lagerstätten würde man aber die Abhängigkeit der USA vom Ölimport nur um neun Prozent, und das für die Dauer von nur dreißig Jahren, reduzieren. Aus rein wirtschaftlichen Gründen bejahte die Mehrheit der Alaskaner, Inuits eingeschlossen, diese Pläne der Regierung. Bei der Abstimmung im Kongreß wurden sie jedoch nicht angenommen und so bleibt nur zu hoffen, daß dieses unversehrte Laboratorium der Mutter Natur noch den nächsten Generationen erhalten bleibt. Wie lange noch, das ist die eigentliche Rätselfrage.

Die erste Beschreibung und teilweise auch die erste Kartographierung der mittleren Brooks Range wurde Mitte der dreißiger Jahre des vergangenen Jahrhunderts von Robert Marshall erstellt. In seiner Notizsammlung, die erst im Jahre 1956 von der kalifornischen Universität in Berkeley unter dem Titel „Alaska wilderness" herausgegeben wurde, schildert er mit einer überzeugenden Begeisterung die Schönheit und die Erhabenheit der unberührten Landschaft der Brooks Range.

Robert Marshall war ein Großstadtkind. Er wurde im Jahre 1901 in New York geboren, aber schon in seiner Jugend hatte er sich entschlossen, Förster zu werden. Nach seinem Studium der Forstwirtschaft an der Harvard Universität, setzte er seine Ausbildung an John Hopkins Laboratory of Plant Physiology fort. Dort schloß er im Jahre 1930 auch seine Doktorarbeit ab. Er trat in die Dienste des U.S. Forest Services und widmete sich der Erforschung des Wachstums von Bäumen unter verschiedenen klimatischen Bedingungen. Diese Arbeit führte ihn auch nach Alaska. Viermal besuchte er die Brooks Range, wo er Expeditionen in völlig unbekannte Gebiete unternahm. Er lebte längere Zeit mit Eskimos zusammen und studierte ihre Kunst des Überlebens unter extremen klimatischen Bedingungen. Zurück in seinem washingtoner Büro verfaßte er Berichte und plante neue Studienreisen in die einmalige Naturwelt bis zu seinem plötzlichen Tode im Alter von nur achtunddreißig Jahren.

Seine Überlegungen über die Einzigartigkeit der unversehrten Natur und die

Notwendigkeit ihrer Erhaltung für die kommenden Generationen waren in der Zeit originell, und weil er sie auch überzeugend darlegen konnte, fielen sie auf fruchtbaren Boden. Erst heute sind wir fähig, die wahre Bedeutung seiner Bemühungen zu verstehen, denn die Inseln dieser Paradiese schmelzen noch schneller als das ewige Eis der Polarkappen.

Es ist interessant festzustellen, daß seine enthusiastischen Berichte an und für sich kontra-produktiv sind. Sie haben tausende von Lesern, so wie auch mich, begeistert und erst auf diese reine Natur aufmerksam gemacht. Es wird deshalb immer unsere Pflicht sein, sie so zu verlassen, wie wir sie auch vorgefunden haben. Ihre Schönheit, die man Gott sei Dank nicht kaufen kann, ist äußerst zerbrechlich und gleichzeitig scheu. Sie verträgt nicht viele herbe menschliche Berührungen. Sonst besteht die Gefahr, daß sie zerfließt wie die sanften Nebelschwaden über einem See.

Wir sind Mitte Juli 1997 zu unserer vierwöchigen Sheenjek Tour aufgebrochen. An und für sich war es eine Tour zu drei Flüssen Alaskas. Zuerst fuhren wir vierhundert Kilometer den Sheenjek bis zu seiner Mündung in den Porcupine River. Nach sechzig Kilometern, bei der historischen Ortschaft Fort Yukon, haben wir uns dem mächtigen Vater Yukon anvertraut. Unser Ziel lag dann ungefähr dreihundert Kilometer stromabwärts an der einzigen Brücke, welche den Strom überspannt. Sie war infolge des Ölpipelinebaus errichtet worden, und heute führt über sie der schon erwähnte Dalton Highway.

Außer meiner Frau Irene und meinen zwei ältesten Söhnen Martin und Peter hat sich uns in Fairbanks mein guter Freund Mark Wumkes angeschlossen. Mark habe ich vor mehr als zwanzig Jahren auf dem gewaltigen Mackenzie getroffen. Damals fuhr er mit seinem Freund Rick im Kanadier die gleiche Route wie ich und mein Freund Joe. Über Mackenzie, Bell- und Porcupine River paddelten wir damals gute 2500 Kilometer vom Großen Sklavensee aus bis nach Alaska. Dort angekommen, blieb dort Mark für immer. Alaska ist seine neue Heimat geworden. Von dort bricht er regelmäßig in die Antarktis oder nach Grönland auf, um dort mit seiner eigenhändig konstruierten und hergestellten Bohreinrichtung tief in das ewige Eis zu bohren und den Wissenschaftlern geeignete Eisproben aus der Vergangenheit unserer Erde heraufzuholen. Aus den entsprechenden Konzentrationen im Eis eingeschlossener Gase werden dann Rückschlüsse auf die Veränderung der Atmosphäre über die vergangenen Jahrtausende gezogen. Es wird akribisch untersucht und bewiesen, wie intensiv wir Menschen in der letzten Zeit gesündigt haben und es wird hoch gerechnet, wie lange es wahrscheinlich noch dauern kann, bis unsere Erde einen Infarkt erleiden wird.

Auf dem Flughafen in Fairbanks angekommen, wurden wir schon von Mark erwartet. Die Begrüßung fand in wahrhaft freundschaftlichen Atmosphäre statt. Einen

Blumenstrauß hatte er uns zwar nicht überreicht, aber herzlich umarmten wir uns schon. Es sind nämlich lange acht Jahre vergangen seitdem wir zusammen unsere letzte Tour in Alaska unternahmen. Damals, auf den Seen des Wood River Lakes Systems war Peter erst neun Jahre alt. Mark konnte und konnte nicht begreifen, daß der kleine Junge von damals mit dem er dort in den Bergen den Drachen zum Himmel steigen ließ, jetzt vor ihm steht und einen Meter und vierundachtzig Zentimeter groß ist.

Nachdem wir unser Gepäck auf die Ladefläche des Chevy Pick-ups aus dem Jahre 1958 aufgeladen hatten, fuhren wir zu Marks Anwesen. Es liegt am Rande der Stadt. Das zwei Hektar große Grundstück ist praktisch ein Wald, ein Birkenwald. Strahlend weiße Stämme säumen auch den Weg zu seiner „cabin", wie er sein Haus, das in der Mitte des wunderschönen Birkenhains steht, nennt. Seine „cabin" ist nach unserem Empfinden spartanisch eingerichtet. Sie ist aus Holz gebaut mit einer großen Glaswand, durch die man das Wachsen der Birken beobachten kann. Die Wände sind voll mit Büchern verkleidet, so daß man den Eindruck gewinnt, daß sie das schiefe Dach tragen. Auf dem langen Tisch befindet sich neben verschiedenen Steinen und ausgebleichten Knochen aus aller Herren Länder ein Computer, mit dem er mit dem Rest der Welt in Verbindung steht.

Outhouse befindet sich außerhalb. Es hat eine sechseckige Form und man vermutet zuerst, daß es sich um eine Art Gartenlaube handelt. Auch dort sind alle Wände mit Literatur, diesmal nur über das Bergsteigen, verschönert. Und wahrscheinlich, weil die Aussicht in den Wald so schön ist, fehlt die Tür.

Fünfzig Meter abseits des Hauses entfernt, befindet sich eine Art geräumiger Garage. Es handelt sich dabei um seinen „shop". Auf ihn ist er besonders stolz. Dort befindet sich alles, was eine Werkstatt heute ausmacht; Drehbank, Fräse, Bohrwerk und Schweißanlage, eine ganze Menge Werkzeuge und große, selbst gebaute Boxen, die davon zeugen, daß seine heilige Halle nicht nur der Entwicklung seiner Bohranlagen dient, sondern daß sie auch für kulturelle Zwecke mißbraucht wird. Jeden Donnerstag abend trifft sich dort seine "band", die sich aus einer Truppe seiner Bergsteigerkameraden zusammensetzt. Dann wird geprobt und gespielt was das Zeug hält. Sie stören Keinen, und niemand stört sie.

Mark erzählte uns mit Begeisterung von den neuesten technischen Verbesserungen seiner Eisbohranlage. Er war stolz auf seine Firma Glacier Data und ich konnte mir ihn gut vorstellen, wie er in seinem „shop" bis in die tiefe Nacht grübelt, umgeben von der Stille und der Dunkelheit des alaskanischen Winters.

Wie aus heiterem Himmel stand er plötzlich vor uns. Doug, Marks guter Freund. Beide haben zusammen viele alaskanische Gipfel bestiegen und über Jahre hin den bekannten Fairbanks Mountainering Club geleitet. Vor einigen Jahren habe ich die beiden bei einer Kajaktour im Prince William Sound begleitet und so habe ich mich sehr gefreut, Doug wiederzusehen.

Er hatte sich seitdem nicht wesentlich verändert. Seine lässige Kleidung und sein langer Bart zeugten davon, daß er in Alaska tiefe Wurzeln geschlagen hatte. Ein echter alaskanischer Sourdough war aus ihm geworden. Doug erlebte zwei Tragödien in seinem Leben, die ihn für immer gezeichnet haben. Er diente längere Zeit als Hubschrauberpilot im Vietnamkrieg. Seitdem blieben ihm traumatische Erinnerungen im Kopf hängen, über die er zwar nicht spricht, aber sein verändertes Verhalten nach seiner Rückkehr aus Vietnam deutet darauf hin. Eines Tages reichte es. Er quittierte sofort seinen Militärdienst, verzichtete auf jegliche spätere Pensionsansprüche sowie auf andere Vorteile, mit denen der Staat den Dienst für das Vaterland zu versüßen versucht, und reiste sofort nach Alaska ab. Er trachtete nach Ruhe. Dort angekommen, begann er in die Berge zu gehen. In der stillen weißen Welt fand er, wonach er suchte.

Wenn er in „town" ist, kämpft er unermüdlich gegen die Bürokratie und gegen die Einschränkung von Freiheiten in Alaska. Er ist gegen fast alles, was die Regierung beschließt. Er protestiert und organisiert Widerstand gegen die Diskriminierung von Rauchern und dabei geht es ihm ums Prinzip. Er selbst ist Nichtraucher. Er ist gegen die Einschränkung des Waffenbesitzes, gegen die Einstellung von Rangern in den Nationalparks, gegen das Militär, gegen die Jagdbeschränkungen, gegen hunderte von anderen Gesetzen und Verordnungen, mit denen in der Tat das Leben immer komplizierter wird und es ist gut möglich, daß sie sich eines Tages selbst negieren werden. Er kämpft wie Don Quichote gegen die Windmühlen der Bürokratie mit einer erstaunlichen Vitalität und Ausdauer und das seit etlichen Jahren.

Sein zweites traumatisches Erlebnis hatte er in den Bergen. Es war Winter als er und sein Freund sich den Mount Hayes, einen 4400 Meter hohen Berg in der Alaska Range, vorgenommen hatten. In der Nacht mußte er unbedingt aus dem Schlafsack heraus. Als er unweit des Zeltes stand und seine Notdurft verrichtete, brach aus der Wand über dem Zelt ein großer Eisbrocken heraus und fiel direkt auf das Zelt. Er stand draußen, mäßig bekleidet und mit nur einem Handschuh auf der Hand. Alles geschah so schnell, daß er glaubte zu träumen. Aber er träumte nicht. Sein Freund im Zelt hatte überhaupt keine Chance. Er wurde unter dem Eisbrocken begraben und wahrscheinlich wachte er nicht einmal auf.

Doug stand dort in dreitausend Metern Höhe, ratlos und hätte sich lieber gewünscht neben seinem Freund im Zelt zu liegen. Der kürzeste Weg zur Straße hin war vierzig Kilometer lang. Wie im Traum ist er die vierzig Kilometer im Schnee gegangen, gekrochen. Er kämpfte um sein Leben. Und er hat den Kampf gewonnen. Mit schweren Erfrierungen erreichte er die Straße und wurde gerettet.

Am Abend unseres Wiedersehens brutzelten hausgemachte Würstchen aus

Elchfleisch auf dem Grill und auf dem Rande einige rote Lachsfilets. Pilsner Urquell ist auch in Fairbanks ein durchaus erreichbarer Luxus und so wurde diskutiert, gegessen, getrunken und erzählt bis tief in die helle Nacht. Dann endlich haben wir unsere Zelte an der hundertfünfzigsten Birke rechts aufgeschlagen und es dauerte nicht lange bis sich die Ruhe des Birkenwaldes über uns Schlafende legte.

Als die Sonnenstrahlen unser Zelt fanden, stand die Sonne schon hoch über uns. Es war höchste Zeit endlich aufzustehen, denn am letzten Tag vor Aufbruch in die Wildnis ist immer sehr viel zu erledigen. Es muß eingekauft und umgepackt werden, die Karten müssen besorgt werden und die letzten Grüße an Bekannte und Freunde abgeschickt werden. Schöne, kitschige Bilder von Tieren, Bergen und Blumen, so farbig und so alaskanisch. Früher wurden viel mehr Postkarten geschrieben, Stapel von Postkarten, gewöhnlich mit dem banalen Wunsch eines schönen Sommers. Heute gehört es sich, eine E-mail zu schicken. Mir kommt eine E-mail aber unpersönlich vor, so bleibe ich lieber bei den altmodischen Postkarten, auch wenn ich weiß, daß sie vor der Reise abgeschickt zu früh und nach der Rückkehr aus der Wildnis abgeschickt zu spät ankommen.

Mit dem Ein – und Umpacken war es nicht so kritisch. Wir verfügten über relativ viel Platz, weil wir diesmal zwei geräumige Trekkingkanus, ein Metzeler und ein Palava mit uns hatten. Palava ist ein tschechisches Boot der Firma Gumotex, ebenso mit drei Luftkammern und überraschend guten Eigenschaften. Mark packte seinen Lieblingskajak, einen faltbaren Klepper, in die Säcke ein.

Am nächsten Morgen ging es endlich los. Die ganze Bagage wurde aufgeladen und wir fuhren mit Mark zusammen zu einem kleinen Flughafen am Rande von Fairbanks. Dort wartete auf uns schon Jim mit seinem kleinen roten Flugzeug. Mark hatte sich die logistisch anspruchsvolle Aktion ausgedacht und auch organisiert. So warteten wir gespannt, was uns erwarten würde.

Zuerst wurde das kleine Flugzeug mit den Booten und anderem Gepäck beladen. Dann, bevor Mark neben dem Bushpiloten Platz nahm, lüftete er seinen Geheimplan, der folgendermaßen aussah. Er flog mit dem überwiegenden Teil des Gepäcks direkt die 600 Kilometer zum Norden in das Tal des Double Mountain, wo der Sheenjek sein Ursprung hat. Wir sollten dann in einer Stunde mit einem achtsitzigen Flugzeug nach Arctic Village fliegen, dem nördlichsten Indianerdorf und dort auf das kleine rote Flugzeug warten.

„Wir werden uns hoffentlich nicht verlieren", rief er uns noch zu und stieg ein. Der Propeller wirbelte den Staub der Schotterpiste auf und das Flugzeug setzte sich in Bewegung. Es brauchte nur eine kurze Strecke und war „airborne". Wie eine kleine Fliege sah das bemerkenswerte Flugzeug gegen den blauen Himmel aus, als es sich zum Norden ausrichtete. Helio Currier hieß es und wurde speziell für kurze schwierige Landebahnen im vietnamesischen Dschungel konstruiert.

Arctic Village ist nicht nur ein irgendein Dorf, es ist gleichzeitig ein Ministaat. Es ist der Staat der Gwich'in Indianer mit einer eigenen Regierung. Sie verwaltet ihr Land und verfügt über eigene Gesetze, die allerdings im Einklang mit der amerikanischen Constitution sein müssen. Sie erhebt auch eigene Steuer und Gebühren, so daß sie unabhängig von der Unterstützung aus dem amerikanischen und dem alaskanischen Regierungshaushalt ist. An der einzigen, halb verfallenen Hütte am Rande der planierten Landepiste des Flughafens Arctic Village International war eine Holzvitriene befestigt in der ein Plakat in roter Farbe leuchtete. Auf dem Plakat stand:

NATIVE VILLAGE OF VENETIE TRIBAL GOVERNMENT

Preisliste für Touristen

$5.00 für Besucher, die auf dem Gebiet des Stammes Venetie ein Flugzeug wechseln
$15.00 für ein Essen
$20.00 für einen Dorfbesuch mit Führer
$100.00 für eine Übernachtung im Haus, 3 Essen
$100.00 für eine Übernachtung, Kanu, Begleiter, Angeln oder Wandern

Ausflüge mit Kanu über Nacht müssen von einem Führer begleitet werden.

Wir hatten einige Stunden Zeit, diese originelle Bekanntmachung zu studieren. Alleine saßen wir am Rande der Rollbahn und über uns spannte sich der blaue nördliche Himmel wie ein Baldachin. Während der ganzen Zeit, die wir auf unseren Piloten Jim warteten, landete kein einziges Flugzeug. An diesem Tag machte die Regierung kein ertragreiches Geschäft. Wir blieben auch sparsam und gingen nicht ins Dorf, weil wir Angst hatten, daß wir unser Flugzeug verpassen könnten und dann uns nichts anderes bleiben würde als für ganze hundert Dollar dort zu übernachten und dazu noch drei Essen vertilgen zu müssen. Nein, wir haben die uns umgebende Ruhe und die Einsamkeit in dem menschenleeren Raum, der bis zum Nordpol und dahinter reichte, mit vollen Zügen genossen.

Es war Mittag. Endlich brummte etwas in der Ferne. Es sah zuerst wie ein Moskito aus, dann wurde es größer und größer und plötzlich fiel das rote Flugzeug buchstäblich vom Himmel, direkt zu unseren Füßen. Jim sprang heraus, streckte sich genüßlich, und dann streichelte er die Motorabdeckung so liebevoll, als wenn das glatte Blech der Rücken seines treuen Mustangs wäre. Danach verschwand er kurz hinter der schiefen Bude und rollte von dort aus ein Benzinfass zum Flugzeug hin. Mit der Handpumpe ging es dann los. Langsam füllte sich der Tank. Er mußte ziemlich leer gewesen sein, denn er schluckte und schluckte. Der erschöpfte Peter hat schließlich den Pumpenhebel Martin überlassen müssen, weil er außer Atem war.

„In zwei Stunden bin ich wieder da", verabschiedete sich Jim und klappte sein Fensterchen zu. Der Motor dröhnte und der Propeller wirbelte die staubige Piste auf. Dann hob der rote Vogel gemütlich langsam ab und wurde kleiner und kleiner. Zu uns Verwaisten kehrte langsam die sommerliche Stille des hohen Nordens zurück. Ich habe mich mit Peter auf den duftenden Tundraboden hingelegt um zu lesen. Wie sich aber später zeigte, überwältigte uns beide die noch nicht verdaute Müdigkeit und wir schliefen auf dem weichen Moosbett sorglos wie Babies.

Erst das Brummen des Flugzeugs weckte uns auf. Jim flog eine sanfte Schleife gegen den Wind und dann kam er zum Boden herunter wie Superman. Danach ging alles Schlag auf Schlag. Wir hatten noch nicht ganz unsere Beine in der Enge der Kabine geordnet und unsere Gurte angelegt, als sich das Flugzeug schon in Bewegung setzte und nach ein paar Sekunden fühlten wir seine letzte Berührung mit dem Boden des indianischen Ministaates Arctic Village.

Wir flogen sehr niedrig über dem Boden. Hundert, vielleicht zweihundert Meter hoch in der Luft folgten wir zuerst einem, dann einem anderen Tal. Unter uns befand sich die typisch nördliche Tundra mit einigen wenigen Bäumen und Sträuchern entlang den schmalen Strömen, die das Wasser in der Tundra sammelten um es irgendwo in weiter Ferne einem Fluß zu übergeben. Nach einer halben Stunde hüpften wir über einen Paß. Plötzlich eröffnete sich vor uns das breite Tal des Sheenjeks.

Es verschlug uns den Atem. Jim hatte sein Flugzeug zum Norden ausgerichtet, und wir sahen die glitzernde Oberfläche des Flusses, seine Windungen und kleine Inseln, Schneefelder in schattigen Ecken des Tales, das sich weit vor uns in hohen felsigen Bergen verlor. Nach einer Weile konnten wir erkennen, daß sich dem Tal ein riesiger Berg in den Weg stellte und es in zwei schmale Täler teilte. Es mußte sich um die Double Mountains handeln, den Bergen, an dessen Hängen das erste Wasser des Sheenjeks herunter fließt.

Wir flogen gut eine halbe Stunde lang, bis wir dem riesigen Berg ganz nahe kamen. Jim bog in das östliche Tal ein. Es dauerte nicht lange und wir sichteten vor uns etwas, was bestimmt in die unberührte Natur der Romanzof Mountains nicht gehörte. Drei kleine blaue Flecken verrieten sofort den Menschen. Sie störten die Landschaft ein wenig. Kurz danach entpuppten sie sich als Marks

Klepper und unsere zwei blauen Tonnen, die uns als wasserdichte Behältnisse für die Aufbewahrung von Lebensmitteln während der Fahrt dienen sollten.

Jim nahm Gas weg. Allmählich begannen wir an Höhe zu verlieren. Unter uns sahen wir einen Elchkadaver. Man konnte noch die Blutlachen ringsherum sehen. Offenbar hat ihn dort unlängst ein Bär oder sogar ein hungriges Wolfsrudel getötet. Jim drehte über dem Tatort eine Runde um vielleicht festzustellen, wer der Mörder sein konnte. Es war aber schwer auszumachen. Wahrscheinlich handelte es sich um einen kranken Elch, weil normalerweise ein gesunder Elch im Sommer in der Lage ist, sich Angriffen seiner Feinde erfolgreich zu wehren.

Als wir unsere Augen wieder nach vorne richteten, sahen wir kleine Leute, die uns zuwinkten. Wir rasten direkt auf sie zu. Ein paar Sekunden später setzte Jim sein Flugzeug auf eine steinige, mit Moos bewachsene, schiefe Ebene gleich neben einem Schneefeld auf. Die dicken Gummiräder haben alle Unebenheiten erstaunlich gut verschluckt und wir erlebten eine wortwörtlich weiche Landung.

Endlich waren wir alle wieder zusammen. Jim hat Marks Klepper inspiziert und man sah ihm an, daß er am liebsten mit uns gefahren wäre. Das kann sich aber ein selbständiger Unternehmer wie Jim es war in Alaska nicht leisten. Er muß im Sommer schaffen. Gerade für einen Buschpiloten ist der Sommer die Jahreszeit, in der er für den Winter ausreichend Geld verdienen muß. Er kann praktisch 24 Stunden am Tag fliegen, weil es Tag und Nacht hell ist.

Wir verabschiedeten uns von Jim. Er warf den Propeller an. Als er bald darauf in der Luft uns mit den Tragflächen zuwinkte, wußten wir, daß wir wahrscheinlich in den nächsten drei oder vier Wochen keiner Menschenseele begegnen würden.

Auf einmal umgab uns eine heilsame Stille, die nur durch das leise Surren der Moskitos gestört wurde. Nein, es war keine Stille, es war eine heilsame Ruhe und die Vorstellung der unendlichen Freiheit versetzte uns in eine euphorische Stimmung. Wir waren in einer anderen Welt gelandet, in einem der letzten Naturparadiese dieser unserer Erde. Wir waren in uns gekehrt und betrachteten schweigend die Berge ringsherum. Auf vielen von ihnen hatte noch kein menschlicher Fuß gestanden. Es war stark.

Bevor wir eingeflogen worden waren, hatten Mark und Martin schon die Bagage hundert Meter weit zu einem kleinen Rinnsal, das sich durch das Tal hin und her wand, herunter getragen. Es war einer von mehreren Strömen, die sich dann zum Sheenjek vereinigten. Sie hatten dort einen Zeltplatz zwischen einsam stehenden Tannen ausgesucht, von wo aus sich ein herrlicher Ausblick in die Landschaft bot. Alles, was nur die Natur bieten kann, hatten wir direkt vor unserer Nase. Sauberes Wasser, Holz und einen duftenden Garten. Es war ein purer Luxus.

Nachdem wir uns eingerichtet hatten, fingen wir an zu kochen und zu erzählen. Kochen in der Wildnis macht immer Spaß, besonders in den ersten Tagen, wenn die Vorräte noch reichlich vorhanden sind. Man begründet die Kochorgien oft damit, daß es schier unmöglich sein würde, all die Leckereien in den Booten zu verstauen. Man kocht und redet über Gott und die Welt, über die gemeinsamen Touren, über Bekannte und Freunde und natürlich auch über die bevorstehende Tour.

Diesmal hatten wir besonders viel zu erzählen, weil wir uns so lange nicht gesehen hatten. Mark trennte sich unlängst von seiner Frau Barbara, die er während seines mehrjährigen Aufenthaltes in Grönland kennen gelernt hatte. Er war es, der ein Gespräch brauchte, um seine Wunden, die nach jeder Trennung dort innen in der Seele bleiben, ein bißchen auszukurieren.

Am nächsten Morgen gingen wir in die Berge. Wir packten schnell unsere Regensachen, warme Pullover, Schokolade und eine Tüte mit Nüssen zusammen und schon waren wir unterwegs. Wir befanden uns hoch im Norden, wo die Vegetation spärlich ist und selbst die überall in Alaska sonst anzutreffenden Sträucher der wilden Weide sich nicht halten können. Wir konnten deshalb relativ bequem gehen und folgten zuerst dem kleinen Sheenjek bis sich das Tal weiter öffnete. Dort sind wir entlang eines sprudelnden Baches in die ersten Hänge der Gebirgskette abgebogen. Wir stiegen und stiegen, sprangen von einem Stein auf den nächsten und immer wieder haben wir uns mit dem glasklaren Wasser des Gebirgsbaches erfrischt. Je höher wir aber kamen, um so weniger Wasser führte der Bach mit sich, bis er schließlich unter den Steinen ganz verschwand. Kurz danach erreichten wir einen steilen Hang, welcher nur aus gebrochenem Steingeröll bestand.

Die Bruchkanten der Steine waren scharf wie ein Messer. Wir traversierten hin und her. Nach etwa zwei Stunden erreichten wir endlich den Kamm und stellten fest, daß unsere Schuhe offensichtlich nicht viele solcher Aufstiege aushalten würden. Das war aber augenblicklich nicht so wichtig, denn wir waren oben angelangt, und unsere lang genährte Neugierde trieb uns auf die abgewandte Kammseite. Dort wurden wir mit einem, für uns neuen Ausblick auf ein Bergkettenpanorama belohnt, der uns wortwörtlich die Sprache verschlug. Wir haben uns hingesetzt und jeder von uns, in sich gekehrt, geschwiegen. Jetzt konnte ich erst richtig die Begeisterung von Robert Marschall verstehen. Ich war so glücklich, daß ich zu den wenigen Auserwählten gehörte, denen es vergönnt war, dieses unberührte nördliche Naturparadies zu sehen.

Wir wanderten am Kamm entlang und erst spät abends, müde aber glücklich, fanden wir schließlich den Weg zu unserem Lager zurück.

Und weil es so schön war, wiederholten wir unsere Touren auch am nächsten, übernächsten und dem folgenden Tag. Unsere Schuhe waren dann endgültig fix und fertig und wir stellten fest, daß auch unser Proviant sich inzwischen bedenklich

Der erste Lager am Turquoise Lake.

Die ersten Stromschnellen.

Karibu.

Die Fahrt auf der Mulchatna.

Vor dem Start.

Das Tal der Mulchatna.

Badende Bären.

Alaska – Teppich.

reduziert hatte. Es war an der Zeit, sich dem Fluß anzuvertrauen.

Die ersten Kilometer hatten wir unsere Boote mehr gezogen als gepaddelt. Allmählich nahm der junge Sheenjek mehr und mehr Wasser auf und wir konnten es uns endlich in unseren Booten gemütlich machen. Die sanfte Strömung trug uns langsam stromabwärts und wir saßen im Boot wie im Kino. Vor unseren Augen, auf der riesigen blauen Leinwand des wolkenlosen Himmels, lief ein stummer Naturfilm über die Romanzof Berge ab. Je nach der Flußrichtung zeigten sich die Berge von verschiedenen Seiten. Unter immer anderem Licht wechselten sie ihre Kleider. Unsere Augen wurden dieser Modeschau nicht müde. Die weiße Farbe der schneebedeckten Nordhänge wechselte sich mit der rostigen Metallfarbe des Steingerölls ab, und überall dort, wo sich schon Moos oder sogar Rasen halten konnten, erhielten die Berge einen frischen grünen Anstrich.

Die Fahrt auf dem Fluß war ziemlich ruhig. Hin und wieder fuhren wir in eine Andeutung von Stromschnellen hinein, die sich aber schnell wieder beruhigten. Zu der Jahreszeit war auch nicht ernsthaft mit Aufeis zu rechnen und mit toten Bäumen im Fluß sowieso nicht, weil nur wenige niedrige, sturmgeschädigte Bäume den Flußlauf säumten. Einige Enten versuchten vor uns zu fliehen. Aber wir holten sie in Kürze wieder ein. Erneut liefen sie auf dem Wasser nach vorne und schlugen dabei mit ihren Flügeln auf die Wasseroberfläche, als ob sie paddeln wollten. Höchstwahrscheinlich wechselten sie gerade ihr Gefieder und konnten deshalb nicht fliegen. Auf dem Hang in einer Flußbiegung war ein hellbrauner Grizzly mit einem vermoderten Baustamm beschäftigt. Er versuchte ihn umzudrehen, um an die Würmer heranzukommen, die sich dort versteckt hielten. Wir legten an dem gegenüberliegenden Ufer an und beobachteten ihn bei seiner schweren Arbeit. Er war aber so intensiv beschäftigt, daß er uns nicht witterte. Es flogen richtig Baumfetzen durch die Luft, aber der Baum war offensichtlich noch stark verwurzelt, so daß er sich nicht rollen ließ. Dann plötzlich hat er unseren Odeur aufgenommen. Er hob die Nase in den Wind und das gleich mehrmals hintereinander, als ob er sich versichern wollte, daß er richtig rieche. Dann hat er sich auf seine Hinterbeine aufgerichtet und schaute uns ein paar Sekunden an. Zurück auf allen Vieren entschied er sich blitzschnell zur Flucht und weiter nicht die neugierigen Touristen zu unterhalten. Mit zwei eleganten Sprüngen verschwand er aus unseren Augen und wir sahen ihn nie wieder. Wer weiß, ob er vorher jemals Menschen gesehen hatte. Falls nicht und das war wahrscheinlich, hatte er an dem Tage eine interessante Beobachtung gemacht. Hoffentlich sind wir ihm in guter Erinnerung geblieben.

Auch am nächsten Tag begleiteten uns die Berge. Das Tal wurde aber breiter und die Flußströmung erlahmte. Ein sattgrüner Grasbewuchs auf beiden Flußseiten deutete auf ein Feuchtgebiet hin. Da wußten wir, daß wir mit baldigem

Moskitobesuch rechnen mußten. Und so war es auch. Diese schlauen Tierchen haben gegenüber Touristen die erfolgreiche Strategie der kollektiven Abschreckung gewählt und sie wenden sie mit einem Erfolg an, der sich sehen lassen kann. Die erprobten Touristen auf der ganzen Welt ertragen vieles, nur wenn sie das Wort Moskito hören, wissen sie, daß sie machtlos sind und deshalb umgehen sie lieber ihr Territorium in einem großen Bogen.

Wir mußten aber durch ihr Reich hindurch. Paddeln und paddeln war die beste Lösung und das auch deswegen, weil an dem Tag ein Regenschauer nach dem anderen sich über uns ergoß und wie jeder Paddler weiß, es am trockensten immer noch im Boot ist. Windböen peitschten uns die Regentropfen direkt ins Gesicht, aber dann kam immer wieder eine erlösende Pause. Man dachte schon, daß die Sonne uns bald anschauen, aufwärmen und trocknen würde, aber leider war dem nicht so.

Endlich ließen wir den Sumpf hinter uns. Es war schon später Nachmittag. Wir hielten nach einem geeigneten Zeltplatz Ausschau, als wir am Ufer graue Wölfe sahen. Sieben Stück liefen uns entgegen. Erst als sie auf unserer Höhe waren, haben sie uns und die schwimmenden seltsamen Gummibäume im Fluß, bemerkt. Dann aber, alle gleichzeitig, verschwanden sie lautlos in den niedrigen Büschen wie ein weißer Dampfschwaden über einem Teekessel.

Wenn man Wölfe so nahe antrifft, ist es ein Zeichen dafür, daß es sich um eine wirklich unberührte, entlegene Landschaft handelt und daß sich die Natur dort in einem gesunden Gleichgewicht befindet.

Auch am abendlichen Feuer beherrschten unsere Begegnungen mit dem fleißigen Grizzly und dem Wolfsrudel die Gespräche. Wir beugten uns in den Feuerrauch hinein, um uns vor den Moskitos zu verstecken und erzählten uns verschiedene Geschichten über die bösen Wölfe und die blutdurstigen Bären. Es kann sehr gut gewesen sein, daß deswegen der eine oder andere von uns trotz der gesunden Müdigkeit, die wir alle nach dem ersten Paddeltag verspürten, eine unruhige Nacht verbracht hat.

Am nächsten Morgen waren wir noch gar nicht so lange auf dem Wasser, als wir eine stärkere Strömung wahrnahmen und kurz danach zeigten sich auch die ersten Stromschnellen. Es war eine wohltuende Abwechslung. Wir genossen sie in vollen Zügen. Flußpassagen mit Stromschnellen wechselten mit Flußstrecken, in denen sich das Wasser erholte. Die Landschaft öffnete sich mehr und mehr und die felsigen Berge wurden ersetzt durch runde, mit Flechten, Moos und Gras bewachsene Hügel. Bäume kehrten zu den Flußbänken zurück und wuchsen immer dichter aneinander. Es war eine erholsame Fahrt. Als wir zum East Fork, dem östlichen Arm des Sheenjeks kamen, mußten wir uns schnell entscheiden, ob wir weiter fahren oder lieber in dem kristallklaren Wasser unsere ersten

Angelversuche unternehmen wollten.

Wir entschieden uns fürs Angeln. Kurz nachdem wir ausgestiegen waren und unsere Boote gesichert hatten, schossen die Angelschnüre durch die Lüfte in das sich bildende Kehrwasser.

Silbrige Äschen mit einer wunderschönen, in leicht hellblauem Ton verfärbten, großen Rückenflosse stritten sich sofort um den kleinen, gemeinen Kunstköder. So erledigte sich das schwierige Alltagsthema "was essen wir heute" von allein und wir fingen unser köstliches Abendmenü aus den Fluten des East Fork River. Und weil es dort auch sonst gemütlich war, sind wir dort über Nacht geblieben. Wir hatten genügend Zeit, das leckere Fischmahl in dem einmaligen Ambiente des Nobelrestaurants, vierhundert Kilometer von der nächsten Siedlung entfernt, ausgiebig zu genießen und den wunderschönen Tag an dem einmaligen Fluß mit einem oder sogar mit zwei „drinks" abzuschließen.

Den ganzen nächsten Tag setzten wir unsere Reise auf dem immer noch lebhaften Fluß fort. Erst spät abends erreichten wir den größten Zufluß des Sheenjeks. Der Koness River lief mit einer ungewöhnlichen Wucht ein und bildete beachtliche Wirbel. Sein Wasser war ebenfalls glasklar und so versprach er reichlich Fisch. Unsere Gaumen trachteten jedoch nach Abwechslung. Aus diesem Grund rührte ich schnell Pfannkuchenteig an und holte eine vorzügliche kanadische Himbeermarmelade aus der Vorratstonne. Dann begannen wir zu backen. Es ist eine beliebte Gewohnheit, daß die Pfanne die Runde macht und jeder für sich seinen eigenen Pfannkuchen auf dem Feuer zubereitet. Dabei werden die Fladen in die Höhe geworfen und jede gelungene Kür von den Zuschauern mit Anerkennung quittiert. Wir hatten dabei viel Spaß. Auch die süße Speise mundete uns vorzüglich, so wie alles Süße in der Wildnis hervorragend schmeckt.

Eine unerwartete Wende erfuhr unser Arbeitsdinner, als bei einem anspruchsvollen Wurf dem Martin der Pfannenstiel in der Hand blieb und die Pfanne mitsamt ihrem Inhalt die Gravitationskraft der Erde zu überwinden versuchte, was ihr übrigens zum Glück nicht gelungen ist. Die Show war damit vorbei, aber wir sind alle an dem Abend trotzdem satt geworden.

Der Koness River begradigt im Frühjahr, wenn er das Schmelzwasser aus den Bergen führt, ein breites Delta, das jetzt trocken lag und auf dessen Grund zahlreiche Baumleichen geduldig auf das nächste Hochwasser warteten, um ihre Reise ins Unbekannte fortzusetzen. Uns gefiel der weite, freie Raum, wo eine schwache Brise uns vor Moskitos schützte. Wir entschieden, daß wir uns ein Tag zum Faulenzen gönnen sollten und blieben deshalb in unseren Betten so lange bis uns der Hunger zum Aufstehen nötigte.

Jeder von uns beschäftigte sich nach eigenem Gusto. Es wurden kleine Reparaturen der Ausrüstung vorgenommen, Martin arbeitete an der Pfanne und sonst wurde Wäsche gewaschen, geangelt, gelesen, viel über Grönland erzählt sowie die nahe Umgebung in Augenschein genommen.

Ich lese in der Wildnis am liebsten irgendein Buch über die Geheimnisse des Universums. Damals las ich gerade das Buch „The Universe" von Isaac Asimov. Es ist für mich immer wieder erstaunlich, wie empfänglich man in der unverfälschten Natur für die wirklich grundlegenden Fragen unseres Lebens ist. Man begreift dann sehr schnell was für ein ungeheureres Glück Einem begegnet. Man sitzt auf einem unbedeutenden Planeten wie die Erde, wo so etwas Unbegreifliches wie das Leben entstanden ist und liest. Man ist in der Lage die Natur wahrzunehmen und sogar ihre Gesetze, die im gesamten unendlichen Universum ihre Gültigkeit haben, zu verstehen. Man versteht sie nicht nur, man weiß auch, daß es unmöglich ist, sie zu verändern, obwohl es gerade diese Gesetze sind, die den Planeten und das Leben auf ihm, irgendwann vernichten werden.

Abends saß ich mit Mark auf einer sauber gewaschenen, ausgebleichten Baumleiche. Wir zogen jeder an einer dicken Zigarre und diskutierten über die Vergänglichkeit des Universums. Es war sehr spät als wir feststellten, daß das Universum noch ein paar Tage aushalten wird und es sich deshalb lohnt, schlafen zu gehen.

Jeder Morgen ist schön und gleichzeitig grausam; schön, weil alles frisch und duftig ist, grausam weil man gezwungen wird, den mit eigener Wärme aufgeheizten Schlafsack zu verlassen. Das Knistern des Feuers hatte mich ermutigt. Langsam wagte ich mich aus dem Bett in die Wildnis. Ich wurde belohnt mit einer Brise exotischen Kaffeeduftes, der nur in der Wildnis so intensiv wahrnehmbar ist. Die schrägen Sonnenstrahlen wärmten mich zur Begrüßung. Martin war schon dabei, das Frühstück vorzubereiten. Es war offensichtlich, daß ihm der Hunger dazu den Anstoß gab. Die köstlichen Pfannkuchen von gestern waren zwar eine Delikatesse, aber der Magen meldete sich trotzdem am Morgen laut und ungeduldig. Er verlangte nach einem energiereichen, mit zahlreichen Kalorien garnierten Bissen, der dem geforderten Körper die Batterie ausgiebig aufladen würde. Es dauerte nicht sehr lange und die gesamte Mannschaft versammelte sich in der Küche an der Feuerstelle, um mit Haferflocken, Trockenmilch, Zucker und Zimt den Hunger zu stillen. Nur Peter fehlte, was ein verläßliches Zeichen dafür war, daß er sich bester Gesundheit erfreute und daß er zuerst nur von einem reichlichen Frühstück träumte.

Endlich hatte sich beim Packen die notwendige Routine eingestellt. Jeder von uns wußte allmählich genau in welchem Packsack dies und jenes zu finden war und welche Bagage in welches Boot verstaut werden mußte. Und so geschah es, daß wir diesmal ungewöhnlich früh auf dem Wasser waren. Eine lebendige Strömung trug uns vorwärts, was angesichts der Tatsache der schwindenden Berge und Hügel erfreulich war und hoffen ließ. Der blaue, typisch nördliche Himmel, mit einigen weißen Wolken, die wie leichte Gardinen im Winde schwebend das riesige Fenster ins All schmückten, war ein Garant für gutes Wetter. Nicht nur deswegen, verspürten wir wieder Lust auf eine Wanderung, denn dieser Tag war dafür wie geschaffen.

Vom Ufer aus mußten wir uns zuerst durch dichtes Unterholz und dann noch durch ein Feuchtgebiet, das mit wilden Weiden und anderen Sträuchern bewachsen war, regelrecht durchkämpfen, bevor wir den ersten Hang erreichten. Dann war der Weg wesentlich bequemer. Wir begannen einen sandigen Hang hochzusteigen, der direkt in der Sonne lag und wo es von Insekten nur so wimmelte. Hummeln, Schmetterlinge und Libellen, alle waren unterwegs und beschäftigt mit wichtigen Besorgungen. Der Duft verschiedener Kräuter füllte die warme Luft.

An diesem Tag hatten wir eine außergewöhnliche Sicht. Je höher wir aufstiegen, desto plastischer konnten wir die zauberhafte, wilde Naturlandschaft sehen. Nach einem einstündigen Marsch erreichten wir den Gipfel des Hügels und setzten uns auf den trockenen Flechtenteppich.

Im Norden erhoben sich bewaldete Gebirgsketten, die dann in kahle Berge übergingen. Im Sheenjek spiegelte sich die Sonne und versilberte seine Oberfläche. Wir verfolgten den herrlichen Strom und streichelten ihm mit unseren Augen bis weit in die flache Ebene im Süden. Dort verlor er sich in einer unendlichen Waldlandschaft, in der einige Seen verrieten, daß dort die Yukon Flats liegen.

Wir saßen stumm wie in der Kirche. Es war ein atemberaubender Anblick, der uns durchaus suggerieren konnte, daß wir die einzigen lebenden Menschen auf der ganzen Erde sind. Hundert, zweihundert oder mehr Kilometer um uns herum kein einziges Anzeichen der menschlichen Existenz.

Weit, weit im Westen, fast am Horizont, konnte man eine dunkle Rauchfahne erkennen. Dort mußte Wald brennen, ein in der Natur völlig normales Ereignis, das regelmäßig alle hundert oder mehr Jahre den alten Waldbewuchs vernichtet, um wieder einem jungen Wald Platz zu machen. Es war dort oben zu schön um aufzustehen und in die flache, zweidimensionale Welt am Fluß hinabzusteigen. Dann endlich ging Mark los und kurz danach, wie auf Befehl, folgte ihm auch die ganze restliche Mannschaft.

Unser Lager schlugen wir diesmal auf der Spitze einer langgezogenen Insel auf. Das Frühlingshochwasser hatte dort eine riesige Halde von Bäumen aufgestapelt. Blanke Baustämme und ineinander verflochtene Wurzeln bildeten eine riesige Skulptur von einzigartiger Schönheit und wir Kunstbanausen brachen Teile der Komposition ab und fütterten mit ihnen das hungrige Feuer. Im Fluß direkt vor unseren Augen schwamm ein fleißiger Biber hin und her. Bei jedem Abtauchen schlug er mit seiner Schwanzkelle auf die Wasseroberfläche mit einer enormen

Wucht, als ob er uns ärgern wollte. Jeder Schlag hörte sich nämlich an, als wenn man einen Gewehrschuß abgefeuert hätte. Wir trachteten schon danach, schlafen zu gehen. Deshalb redeten wir ihm geduldig zu, er möge auch schlafen gehen, aber offenbar hat er uns nicht verstanden. Denn als ich versuchte einzuschlafen, hatte ich das Gefühl, daß in Alaska der Krieg ausgebrochen war.

Die nächsten Tage verbrachten wir auf dem Fluß. Die Strömung hatte sich merklich verlangsamt und so wurde unsere Muskelkraft gefordert. Wir näherten uns unausweichlich den riesigen Yukon Flats, einem einzigartigen Labyrinth von mehr als 40 000 Seen, Flüssen, Sümpfen und Tümpeln, die alle in einen schier unendlichen Urwald eingebettet, den Lebensraum für die größte Wasservogelkolonie in Nordamerika bilden. Sie bieten auch Lebensraum für zahlreiche Schwarzbären und Elche, die dort dank der ausgezeichneten Lebensbedingungen zu den größten Exemplaren ihrer Art auf Erden heranwachsen.

Zum Schutz der Tiere und der einzigartigen Naturlandschaft wurde ein Schutzgebiet mit dem langen Namen Yukon Flats Nature Wildlife Refuge eingerichtet. Es hat eine Fläche von 35 000 Quadratkilometern. Das ist ein Gebiet fast so groß wie die Hälfte des Freistaates Bayern.

Wenn wir leise paddelten und nicht miteinander sprachen, wurden wir meistens reichlich belohnt. An einem einzigen Tag sichteten wir am Ufer acht Bären, drei Wölfe, zwei Elche und einen wunderschönen Otter. Auf einer trockenen, sandigen Halbinsel sonnten sich Mama Grizzly und ihre zwei Kinder und, was sehr ungewöhnlich war, dreißig Meter von ihnen entfernt spazierten am Ufer drei Wölfe. Es hatte überhaupt nicht den Anschein, daß sie sich gegenseitig beäugten, oder daß sie sich gestört fühlten, auch nicht durch unsere Präsenz, als wir uns an ihnen vorbei treiben ließen. Ein für mich ungewöhnliches Verhalten, das man nicht sehr oft erlebt.

An einer anderen Stelle ragte aus der grünen Buschwand die vordere Hälfte eines männlichen Elchs heraus. Das urwüchsige Tier, das uns mit seinen kleinen Augen wie versteinert anschaute und seine riesige, schwere, noch teilweise blutige Schaufeln aus dem Weidenbusch hielt, als ob sie dort nicht hineinpassen würden, war ein merkwürdiger Anblick. Wir landeten keine zwanzig Meter von ihm entfernt an und schauten uns gegenseitig gut zehn Minuten an. Es war ein Blick auf ein lebendiges Naturwunder. Solch ein enorm starkes Tier, das unter den harten klimatischen Bedingungen der nördlichen Wildnis aufwuchs und den Gesetzen des Dschungels getrotzt hatte, schaute uns an und wußte nicht, was es mit uns anfangen sollte. Mit größter Wahrscheinlichkeit hatte es in seinem einsamen Leben noch keine Menschen gesehen und ich würde eine Stange Geld dafür geben, wenn ich erfahren dürfte, was für Gedanken in seinem großen Kopf damals abliefen.

Überraschend trat der Elch aus dem Busch hervor und zeigte sich uns in seiner vollen Schönheit und Größe. Er schritt am Ufer entlang und entfernte sich von uns langsam, man kann sagen majestätisch. So, wie es sich für die größten auf der Erde lebenden Hirsche auch gehört.

In der Vergangenheit diente der Sheenjek den Gwich´in Athabascan Indianern im Süden als der schnellste Weg zu den Inuit im Norden, mit denen sie neben regen Handelsbeziehungen öfter auch kriegerische Auseinandersetzungen ausgetragen haben. Geschäft ist Geschäft und Schnaps ist Schnaps, diese einfache Regel galt schon damals auch im hohen Norden, genauso wie auch anderswo in der Welt. Es war aber schon sehr lange her, als sich das letzte indianische Kanu gegen die Flußströmung in Richtung Norden schob. Der Sheenjek vereinsamte und wie wir beurteilen konnten, es hat ihm in keiner Weise geschadet.

Der einzige Versuch einer Ansiedlung am Sheenjek war die Gründung von Sheenjek Village in den dreißiger Jahren des vergangenen Jahrhunderts. Die kleine Ansiedlung wurde durch einige Familien, ungefähr hundert Kilometer von der Mündung mit dem Porcupine River stromaufwärts, gegründet. Das Leben dort pulsierte aber nur zehn oder höchstens zwanzig Jahre, danach wurden die Blockhütten nach und nach wieder verlassen. Wir fanden zwei vermoderte „cabins", teilweise schon mit Busch überwachsen. Es wird nicht sehr lange dauern und die Natur beseitigt dort die menschlichen Spuren vollständig und erobert sich ihren Lebensraum zurück.

Als sich vor uns der Wald lichtete, wußten wir mit Gewißheit, daß wir uns der Mündung des Sheenjeks in den Porcupine River näherten. Kurz danach ergossen sich in den sauberen Sheenjek seitliche graue Ströme, welche aus mit Sand verwirbelten Wasser entstanden waren. Es war eindeutig Porcupinewasser. Wir hatten kaum noch Zeit, uns von dem edlen Sheenjek zu verabschieden, von einem herrlichen Fluß, der uns so hätschelte, der uns mit Fisch, sauberem Wasser, einmaligen Naturerlebnissen und einer einmaligen Ruhe und Frieden beschenkte.

Noch bevor wir uns richtig umsehen konnten, bemächtigte sich uns schon der breite Porcupine. In meinem Kopf wurden die Erinnerungen auf die erste Kanufahrt, die ich mit meinem guten Freund Joe vor neunzehn Jahren unternommen habe, wach. Damals waren wir schon drei Monate mit dem Kanu unterwegs. Über den majestätischen Mackenzie River, die Flüsse Bell und Porcupine kamen wir zum ersten Male von Kanada aus nach Alaska. Als wir damals die Sheenjekmündung passierten, sprachen wir darüber, wie es schön gewesen wäre, einmal den Sheenjek von der Quelle aus herunterzufahren. Und das Einmal dauerte ganze neunzehn Jahre, einen nicht meßbaren Moment für den Sheenjek, eine Ewigkeit für mich. Ich bedauerte sehr, daß diesmal Joe nicht mit von der Partie war. Wir sind damals kurz vor unserem Ziel in Fort Yukon gewesen. Es herrschte wortwörtlich ein goldener September und die trockene, kalte Luft sowie die verfärbten Blätter an den Birken und Pappeln stimmten uns damals so melancholisch ein, daß wir die letzten drei Tage auf dem Wasser besonders intensiv erlebten. Plötzlich war alles so vergänglich. Wir waren in den Monaten mit der Natur so fest verwachsen, daß uns die Rückkehr in die Zivilisation, in den Beruf und in den Komfort des normalen Lebens gar nicht so richtig erfreuen konnte.

Nach zwei Tagen auf dem Stachelschweinfluß, wie man Porcupine River ins Deutsche übersetzen würde, sind wir der bekannten Siedlung Fort Yukon ziemlich nahe gekommen. Ein Beweis dafür war ein Motorboot, das auf der anderen Seite des Flusses irgendwohin eilte und die Luft verpestete. Der sonnige Tag lud zum Faulenzen ein und wir ließen uns nicht zweimal bitten. Schon am frühen Nachmittag hatten wir uns eine schöne, saubere Kiesbank ausgesucht und waren dort gelandet. Wir wollten noch den letzten Abend zusammen verbringen, weil Mark leider von Fort Yukon aus nach Hause fliegen mußte, um zu schaffen, weil, wie er uns sagte, der Winter schon „behind the corner" war. Wir hatten uns vorgenommen den Yukon dreihundert Kilometer über die aufregenden Yukon Flats weiterzufahren und zwar bis zu der einzigen Yukonbrücke, die über den mächtigen Strom im Zuge des Ölpipelinebaus gebaut worden war.

An dem Abend diskutierten wir noch ein letztes Mal über Gott und die Welt ausgiebig diskutiert und haben dabei alles aufgegessen, was uns unsere Provianttonne offenbarte. Es war nicht sehr viel, aber es mußte reichen. Besser sah es schon mit unserer Notmedizin aus, die wir unterwegs gottlob nicht anzutasten brauchten und die unserer Abschiedsparty den richtigen Spirit einhauchte.

Irene machte an dem Nachmittag eine wirklich schwerwiegende Entdeckung. Sie fand am Strand eine Menge interessanter Steine, deren Form, Farbe und Beschaffenheit sie zu einmaligen Kunstwerken machten. Sie wollte sie alle am liebsten nach Hause mitnehmen. Es war so schwierig, sich zu entscheiden. Sie waren in der Tat schön, aber sie alle mitzunehmen kam nicht in Frage, weil wie jeder weiß: Steine sind verdammt schwer. Und so versuchte ich in geheimer Mission so viele Steine wie nur möglich aus unserem Gepäck wieder zu entfernen und trotzdem hatte ich am nächsten Morgen das ungute Gefühl, daß unsere Boote viel schwerer waren als zu Beginn unserer Reise.

Die Boote warteten schon im Wasser, aber wir hatten es nicht eilig. Schließlich starteten wir und nach einer knappen einstündigen Fahrt bogen wir in einen Flußarm ein. Wir waren der felsenfesten Überzeugung, daß es sich dabei um den Sucker Creek handelte, von dem aus man bequem das Dorf zu Fuß erreichen könnte. Unseren Irrtum bemerkten wir nach einer weiteren Stunde, als wir uns zwischen mehreren Biberdämmen eingefunden hatten und feststellen mußten, daß wir viel zu früh den Porcupine verlassen hatten. Es handelte sich bei diesem Wasserlabyrinth mit Sicherheit nicht um den Sucker Creek.

Es blieb uns nichts anderes übrig als umzudrehen und zurück zu fahren. Zurück am Porcupine, fanden wir bald darauf den wirklichen Sucker Creek sowie den schmalen Fußweg in das berühmte Dorf am Polarkreis. Mark hatte seinen Klepper im Nu zusammengepackt. Gemeinsam begaben wir uns auf den Weg. Es war sehr warm, und der blaue Himmel versprach auch weiterhin ein stabiles Hochdruckwetter. Das Gras, der Wald sowie die Natur insgesamt waren sehr trocken und je mehr wir uns vom Wasser entfernten, desto mehr spürten wir diese für Alaska ungewöhnliche Hitze. So hatten wir uns den Spaziergang am Polarkreis nicht vorgestellt. Erstaunlich war, daß trotz der Trockenheit am Wegrand herrliche, gesunde Rotkappen standen. In einer dreiviertel Stunde erreichten wir die ersten Häuser.

Bald wurde mir klar, welche riesigen Veränderungen Fort Yukon in den letzten neunzehn Jahren durchgemacht hat. In meiner Erinnerung war es ein überschaubares Dorf mit Blockhäusern, die nur kleine putzige Fensterchen hatten und ein Dach, auf dem Gras wuchs. Das einzige Geschäft damals war ein Hudson Bay Store, vor welchem sich das ganze Dorfleben abspielte.

Jetzt sah aber alles anders aus. Wir standen vor großen Häusern, deren Wände aus riesigen Spanplatten lieblos zusammen gezimmert waren. Mehrere große Geschäfte, die in einem primitiven Fabrikhallenstil gebaut waren, konnten zwar fast jeden Kaufwunsch erfüllen, aber es war alles so stinklangweilig. So langweilig wie die coolen Jugendlichen, die mit ihren Autos von einem Geschäft zum anderen hin-und herfuhren und uns Fremde mit unfreundlichen Blicken begrüßten.

Nur zwei Sachen konnte man dort nicht kaufen: Karten vom Gebiet der Yukon Flats und eine oder von mir aus auch zwei Dosen Bier. Das strikte Verbot alkoholischer Getränke, das auch für Bier zutraf, war momentan für uns ein schwerer Schlag. Wir mußten uns in Alaska, in einem Land, wo sicherlich das beste Wasser dieser Erde zu finden ist, mit Mineralwasser aus dem schönen Frankreich, welches um die Hälfte des Erdballs transportiert werden mußte, begnügen.

"Landkarten gab es nicht," wurde mir erklärt, "weil es keinen Sinn hätte, sie zu drucken." So schnell wie sich einzelne Inseln und Halbinseln sowie die Flußläufe in den Flats ändern, so schnell kann man gar nicht die Karten zeichnen. Und das Argument hörte sich sogar vernünftig an. "Ich soll in der Strömung bleiben, dann kann ich nicht verloren gehen," wurde mir gesagt. Rechtzeitig vor der Brücke vereinigen sich alle Seitenarme zum mächtigen Vater Yukon, so daß in der Tat jeder Arm, in dem das Wasser fließt, letztendlich zum Ziel führt. Deshalb braucht man keine Karten, so einfach war das.

Fort Yukon hat heute ungefähr 600 Einwohner. Er wurde im Jahre 1847 auf der strategisch wichtigen Stelle am Zusammenfluß der beiden großen Flüsse Yukon und Porcupine von der ehrwürdigen Hudson Bay Company gegründet. Damals gehörte Alaska noch den Russen und sie hatten keine Ahnung, bis wohin Russisch-Amerika überhaupt reichte. Weil damals die Grenze mit Kanada noch nicht verbindlich vereinbart worden war, bauten die geschäftstüchtigen Schotten der Hudson Bay Company einfach ihren Fort dort, wo es ihnen lieb war. Das waren noch Zeiten!

Seinen größten Boom erlebte aber Fort Yukon in der fiebrigen Zeit des Yukongoldes. In dieser Zeit diente es als Stützpunkt der gesamten Yukonschifffahrt sowie als wichtiges Handelszentrum. Von dort aus wurden die Goldgräber in den verschiedensten Lokalitäten am Yukon und seinen Nebenflüssen mit allen lebensnotwendigen Geräten und Lebensmitteln beliefert. Ein für Fort Yukon bedeutendes Jahr war bestimmt auch das Jahr 1952.

Damals baute man in der unmittelbaren Nähe von Fort Yukon eine riesige Radarstation auf. Sie war ein Teil der sogenannten DEW Line, genau gesagt der Distant Early Warning Line, welche den Stab der amerikanischen Armee vor einem Angriff der russischen Bomber rechtzeitig warnen sollte. Heute ist diese Radartechnik veraltet und auch das Feindbild hat sich grundlegend geändert. So hat daß das rostige Ungetüm heute keine Bedeutung mehr. Es verschandelt nur die herrliche Landschaft.

Zusammen mit Mark besuchten wir seinen Freund, der von Fairbanks aus nach Fort Yukon umgezogen war. Bei dem in Alaska obligatorischen Kaffee erzählte er uns vom Leben in Fort Yukon. Als wir gehen wollten, gab er uns ein Stück Königslachs mit auf den Weg.

Wir verabschiedeten uns auch von Mark, kauften noch Kleinigkeiten ein und eilten zu unseren Booten. Es war schon später Nachmittag und wir wollten noch bis zum Yukon fahren und dort übernachten. Wie sich bald zeigte, war es dorthin nicht weit. Als wir die ersten dunkelbraunen Strähnen des Yukonwassers sichteten, steuerten wir sofort zu einer Kiesbank, wo wir unseren Lager aufschlugen.

Dort angekommen, wartete auf uns Arbeit eine angenehme Arbeit. Zuerst wurden die leckeren Pilze in der Butter gedünstet und als Vorspeise gegessen. Dann kam der Hecht an die Reihe, den Peter in Sucker Creek während des Wartens auf Mark gefangen hatte. Zum Schluß probierten wir noch ein Stück vom geschenkten Lachs. Das war eindeutig die Krönung des Mahls. Reichlich gestärkt und müde von der ganztägigen Sonne, der Kocherei und dem Essen, suchten wir bald unsere Schlafsäcke auf, um am nächsten Morgen für den wirklich großen Fluß fit zu sein.

Der Start am nächsten Morgen begann aufregend. Noch bevor wir es uns im Boot gemütlich gemacht hatten, packte uns schon die Yukonströmung. Von jetzt an führte kein Weg zurück. Der Yukon hatte dort eine beachtliche Geschwindigkeit. Durch die großen Wassermassen, die er mit sich führte, machte er auf uns einen respektablen Eindruck. Er teilte sich in zahlreiche Ströme auf, welche sich bald wieder mit Wucht mit anderen vereinigten. Dabei bildeten sich mächtige Wirbel, die Sand und Schlamm zur Wasseroberfläche hochtrugen. Die kleinen Sandpartikel schwebten im Wasser und die trübe Flüßigkeit war so dispers, daß sie sich im Topf selbst über die ganze Nacht nicht absetzten.

Für uns war der Yukon gewöhnungsbedürftig. Doch nach einer Stunde fühlten wir uns auf ihm wohl. Yukon Flats, dachte ich mir, isind eine Ausdehnung in welcher der Fluß kaum kriechen wird, so wie ich es aus dem Mackenzie Delta gewohnt war. Aber es war nicht so, und wir waren nicht traurig darüber. Die Strömung trug unsere Boote verläßlich und meine Befürchtungen, in ein Labyrinth von toten Nebenarmen einzulaufen und sich dort zu verirren, zerstreuten sich bald.

Das Wasser bestimmte die Landschaft. Überall waren große und kleine Inseln. Je nach ihrem Alter entweder nur mit Gras oder mit Büschen, sonst mit kleinen, dicht aneinander gewachsenen Bäumchen oder sogar mit stattlichen Tannen, Birken oder Pappeln überwachsen. Die Ufer waren meistens unterspült und die schief über dem Wasser geneigten Bäume deuteten darauf hin, daß ihnen das Wasser bald den Lebensraum entziehen würde, um ihn anderswo wieder aufzubauen. So wird der ewige Kreislauf des Lebens in den Yukon Flats aufrechterhalten.

Wie viele Kilometer wir an dem Tag genau geschafft hatten, wußten wir nicht. Wir schätzten unsere durchschnittliche Geschwindigkeit auf sechs bis acht Kilometer pro Stunde und so waren wir grob gerechnet etwa fünfzig Kilometer hinter Fort Yukon. Ich wunderte mich, daß uns tagsüber kein Wind bremste, aber das sollte sich ändern. Am Abend saßen wir am Feuer und tranken Tee. Wir waren müde, und es plagte uns der typische Paddelschmerz im Nacken, den nur ein gesunder Schlaf heilen kann.

Unsere Blicke waren auf den mächtigen Strom gerichtet, der dicht an uns vorbei zur Bering See eilte. Dann wurde unsere Aufmerksamkeit durch einen dunklen Baumstamm gefesselt, der in der Ferne im Fluß schwamm. So weit wir gegen die abendliche Sonne beurteilen konnten, bewegte er sich ein bißchen quer zur Strömungsrichtung. Ein Baum im Fluß ist nichts ungewöhnliches. Es passiert sehr oft, daß ein örtliches Unwetter das Wasser im Fluß steigen läßt. Es befreit dann zahlreiche Baumleichen und nimmt sie ins Unbekannte mit.

Doch dieser Stamm trieb direkt auf uns zu. Bevor wir unsere Verwunderung aussprechen konnten, kam er fünf oder sechs Meter vor uns zum Ufer und verwandelte sich plötzlich in einen stattlichen Schwarzbären. Als er auf allen Vieren stand, schüttelte er sich das Wasser aus seinem Pelz wie ein Hund. Dann bemerkte er uns. Einige Sekunden schauten wir uns gegenseitig an. Wir hatten die Sprache vollkommen verloren. Es ging alles so schnell. Plötzlich machte er einen Satz und war wieder im Wasser. Er schwamm, als wenn es ihm um sein Leben ging. Wir standen auf und verfolgten ihn mit einer ehrlichen Dankbarkeit dafür, daß er die prekäre Situation so intelligent gelöst hatte. Nach etwa hundert Metern erreichte er den Zipfel einer Insel. Aus dem Wasser heraus sprang er auf das zwei Meter hohe Ufer. Mit seinen Pranken verschaffte er sich in dem dichten Baumbewuchs Platz, als ob es sich um Grashalme handelte, und verschwand für immer aus unseren Augen. So endete ein Erlebnis, das man das ganze Leben nicht vergißt.

Wir waren uns einig. Dieser Bär mußte bestimmt schon mit den Menschen Erfahrungen gesammelt haben. Seinem Verhalten nach zu beurteilen, waren seine Erfahrungen wahrscheinlich nicht die besten. Unsere Müdigkeit war auf einmal wie verflogen. Sofort gaben wir dem Feuer neue Nahrung und erzählten uns bis tief in die Nacht alle Bärengeschichten, die wir auf unseren Fahrten je erlebt hatten. An dem Abend wurde meine Sammlung um eine sehr nette Geschichte reicher.

Noch im Schlafsack liegend, hörte ich am nächsten Morgen die typischen Rufe der Kraniche. Zuerst dachte ich, sie fliegen zufällig über unser Lager hinweg. Doch die Intensität ihres Knatterns änderte sich mit der Zeit nicht. Da wurde ich aber richtig wach. Sie mußten sich nicht weit von unseren Zelten aufhalten. Es gelingt sehr selten, Kraniche in der freien Natur am Boden zu beobachten. Sie suchen sich immer eine schwer zugängliche, am liebsten trockene, sandige Stelle mit Gras, wo sie sich sicher fühlen können.

Als ich vor meinem Zelt halbnackt stand, stellte ich fest, daß ihre Rufe von dem ungefähr fünfzig Meter entfernten sandigen Plateau kamen, das dort der Yukon aufgetragen hatte. Ich nutzte einen trockenen Graben, der dorthin führte und kroch langsam nach vorn. Versteckt hinter einer Sanddüne wagte ich endlich einen Blick auf das Plateau. Zehn Meter vor meinen Augen spazierten unbekümmert schätzungsweise dreißig Kraniche. Sie gingen hin und her, einige versuchten ihre Flügel auszubreiten und auszuschütteln um sie dann wieder elegant an ihre schlanke Körper anzulegen. Andere sprangen in die Luft, als ob sie tanzen wollten, aber dann beruhigten sie sich wieder und streckten ihren langen Hals nach oben. Stolz trugen sie ihren kleinen Kopf, den ein roter Hut schmückte. Sie erzählten sich ständig etwas in ihrer holprigen Sprache und waren offensichtlich mit sich zufrieden. Ich schätze, daß ich dort schon gute zehn Minuten lag und kaum atmete, als plötzlich, wie auf Kommando, sie alle ein paar Schritte nach vorne liefen, ihre Flügel ausbreiteten und wie ein Flugzeuggeschwader starteten.

Ihre Rufe wurden schwächer und schwächer und ich bummelte langsam zum Zelt zurück. Der Tag hatte gut angefangen, jetzt fehlte nur noch der Kaffee.

Sobald wir wieder auf dem Fluß waren, fühlten wir, daß der Wind, das himmlische Kind, aufwachte. Nach einer Stunde Fahrt bildeten sich auf den Flußwellen weiße Mützchen. Da wußten wir, daß es wenig Sinn macht, an diesem Tag weiterzufahren. Man kann solche Gewässer zwar fahren, aber man kommt nicht besonders weit. Deswegen suchten wir uns eine günstige Anlegestelle, um den Abend abzuwarten. Wir haben gelesen, gekocht und später versuchten wir, ein bißchen zu schlafen, was nur dem Peter gut gelang.

Abends, gegen acht Uhr, fuhren wir wieder los und schon kurze Zeit später war der Yukon glatt wie ein Spiegel. Das Paddeln machte uns einen riesigen Spaß. Unsere Boote rasten mit der lebhaften Strömung und je später der Abend wurde, desto romantischer wurde unsere Fahrt. Die Sonne streifte den Horizont, der Himmel färbte sich langsam ins Rot und gegen Mitternacht brannte er wie der Eingang in die Hölle. Es war unwirklich schön. Der Fluß spiegelte dieses Inferno und multiplizierte so seine Wirkung. Für uns stand fest, daß morgen wieder mit Wind gerechnet werden mußte. Aus diesem Grund paddelten wir bis vier Uhr in der Frühe. Als wir uns am Feuer wärmten und den heißen Tee schlürften, wurde es heller und ein neuer Tag erwachte. Jeder von uns war müde aber glücklich. Es war eine Fahrt der besonderen Klasse und Romantik, die man sein ganzes Leben nicht vergessen wird. Der achtstündige Aufenthalt im Boot wirkte auf uns alle besser als zwei Schlaftabletten. So herrschte im Lager für die nächsten Stunden eine absolute Ruhe.

Am vierten Tag auf dem Yukon passierten wir die kleine Eskimosiedlung Beaver. Endlich konnten wir uns orientieren. Wir hatten nicht ganz die Hälfte der Strecke des Yukons hinter uns. An dem Tag bildeten sich auf dem Fluß keine größeren Wellen. Es war ungewöhnlich heiß. Wir konnten nicht im Zelt schlafen. Darum sind wir schon gegen Mittag losgefahren.

Beaver ist ein kleines, schönes, altes Dorf mit einer sauberen Minikirche und noch gut erhaltenen Blockhäusern aus der guten alten Zeit. Als wir dort ankamen, lebten dort nur noch einige wenige Ureinwohner, überwiegend in einem fortgeschrittenen Alter. Wahrscheinlich haben sie sich vor der Hitze in ihren Häusern versteckt. Das Dorf wirkte auf uns wie ausgestorben, als wir über seine kurze Straße schlenderten. Hinter einem Fenster konnten wir am Thermometer neunundzwanzig Grad im Schatten ablesen, Celsius, versteht sich, und das in Beaver, von wo aus im Winter oft die tiefsten Temperaturen ganz Alaskas gemeldet werden.

Nach weiteren drei Tagen in dem Wasserlabyrinth der Yukon Flats liefen vor den ersten Erhebungen alle Flußströme zusammen. Es entstand ein etwa ein Kilometer breiter Fluß. Vater Yukon hatte sich wieder gefangen und eilte in majestätischer Breite dem Pazifik entgegen. Wir wußten, daß uns noch etwa zwanzig Kilometer bis zur Brücke erwarteten. Ein letztes Mal schlugen wir unser Lager auf einer hohen Sandböschung auf und aßen die bescheidenen Proviantreste mit großem Appetit.

Am nächsten Tag regnete es. Das war für uns nach den letzten heißen Tagen eine durchaus angenehme Abwechslung. Im Regen zu paddeln hat einen besonderen Reiz. Es ist bekannt, daß der Regen des Paddlers Sonnenschein ist. Ohne Regen heute kein Paddeln, das stand fest.

Als sich in der Ferne eine schlangenartige, silbrige Ölpipeline auf den langgezogenen Hügeln zeigte, wurde sie mit freundlichen Rufen begrüßt. Die Brücke war „just behind the corner". Die Fahrt durch die Yukon Flats näherte sich ihrem Ende. Es überraschte uns, daß wir in den sieben Tagen die wir auf dem Yukon verbrachten, keinem einzigen Boot begegneten, obwohl der Yukon heute immer noch der wichtigste Transportweg ins Innere von Alaska sein soll. Genauso haben wir keine einzige Blockhütte oder sonstigen Reste alter Besiedlungen gesehen. Die Natur mit ihrer selbst reinigenden Kraft hat beseitigt alle Spuren des menschlichen Tuns gründlich.

Als wir auf der rechten Seite des Flusses unter der Brücke anlegten, hatten wir alle nur einen sehnlichsten Wunsch. Wir alle trachteten nach einer heißen Dusche. Aber zuerst mußten wir unsere Boote, die uns die fast achthundert Kilometer so hervorragend gedient hatten, versorgen. Wir reinigten und verpackten sie, wie auch unsere Ausrüstung. Dann gingen wir zur Tankstelle, die sich unweit der Brücke am staubigen Dalton Highway befand und tatsächlich, in ein paar Minuten schrubbte sich jeder von uns unter einer wahrlich heißen Dusche, die mehr Dampf als Wasser zu spenden schien, den Staub vom Körper.

Unsere Reinigung sowie alle sonstige Vorbereitung für die Zivilisation dauerten bestimmt zwei Stunden. Dann waren wir aber hygienisch rein und wir fühlten uns um mindestens zehn Jahre jünger. So, als wenn wir die letzten vier Wochen nicht in der rauhen alaskanischen Wildnis, sondern in einem gepflegten Kurhaus mit allen raffinierten Verjüngungs- und Wellnessbehandlungen verbracht hätten.

Aus dem Fenster des menschenleeren Tankstellenrestaurants schauten wir auf die Straße und überlegten, beziehungsweise dachten darüber nach, wie und wann es uns gelingen dürfte, in die einhundertundachtzig Kilometer entfernte Stadt Fairbanks zu gelangen. Die Jungs stopften in sich schon den zweiten Hamburger hinein, als das erste Auto vorbeiraste. Es war ein riesiger Lastwagen, der so viel Staub aufwirbelte, daß es wie bei einer Sonnenfinsternis plötzlich dunkel wurde. Als sich der Staub gesetzt hatte und die schrägen Sonnenstrahlen wieder die langen Schatten der verstaubten Bäume auf die Straße zeichneten, verfestigte sich bei uns langsam aber sicher die Meinung, daß sich diese Straße nicht besonders gut zum Reisen per Anhalter eignete. Nach einer Weile beschlossen wir, daß der Morgen klüger als der Abend ist und kehrten deshalb zu unserer Bagage zurück, wo wir unsere Zelte brav am Ufer aufbauten und die Zeit bis zum Morgen angenehm nutzten.

Der kluge Morgen kam und wir schleppten unsere Bagage zu der Tankstelle, immer noch nicht wissend, wie wir von dort aus wegkommen sollten. Nach dem Frühstück lauerten wir am Straßenrand und hofften auf ein Wunder. Nach einer Weile kam auch ein Auto, leider aus der verkehrten Richtung. Es war ein großer roter Pick-up mit der Aufschrift Alyeska. Seine auffällige Farbe deutete darauf hin, daß es sich um ein Servicefahrzeug der Pipelinegesellschaft handelte.

Als er langsam an uns vorbeifuhr, öffnete sich das Fenster und jemand rief: „Miro!"

Im Auto saß Mike Linden, ein sehr guter Freund von Mark. Ich wußte, daß er bei Alyeska beschäftigt war, aber daß ich ihn hier am Ende der Welt treffen könnte, daran hatte ich nie gedacht. Zu diesem Zufall gesellte sich noch ein anderer. Mark und Mike sind sich zufälligerweise auch genau an der gleichen Stelle zum ersten Male begegnet. Vor neunzehn Jahren, als Mark mit seinem Freund Rick über Mackenzie-, Bell-, Porcupine- und Yukon- River im Kanu zum ersten Male nach Alaska kamen und an der Brücke jemanden suchten, der sie nach Fairbanks mitnehmen würde. Da war es damals auch Mike, der anhielt. Unterwegs erzählte ihm Mark von den tollen Erlebnissen während der langen Kanufahrt und von seiner festen Absicht, für immer in Alaska zu bleiben. Es war schon Ende September und der Winter war auch „just behind the corner". Noch bevor sie Fairbanks erreichten, erlaubte ihnen Mike, auf seinem Grundstück ein Blockhaus zu bauen. Das haben sie auch in nur drei Wochen geschafft. Sie überwinterten und wohnten dort noch einige Jahre, bevor sie in Alaska richtig Fuß gefaßt hatten.

Es war eine sehr angenehme Begegnung und wir hatten uns viel zu erzählen. Dabei erfuhren wir, daß Mike auf der Pumpstation etwa acht Kilometer vor der Brücke zur Zeit Dienst hatte. Dorthin fuhr er dann auch zurück, um festzustellen, ob an dem Tage vielleicht jemand nach Fairbanks fahren würde, der uns mitnehmen könnte. Als er zurückkam, deuteten schon seine Gesichtszüge darauf hin, daß das nicht der Fall war. Mike brachte uns aber eine große Papiertüte mit Obst und anderen leckeren Sachen, die uns die Langeweile versüßen sollten. Wir verabredeten, daß er Mark anrufen und bitten sollte uns mit seinem alten Chevy abzuholen, wenn wir noch abends an der Pumpstation sein sollten.

Nicht sehr lange Zeit danach, hielt an der Tankstelle ein weißer Jeep, der reichlich mit Reklamen aller Art beklebt war. Auf seiner Ladefläche trug er mit einem gewissen Stolz vier dicke Reifen. Endlich, die erste Möglichkeit, dachte ich mir und sprach den Fahrer an. Fünf Minuten später war ich schon auf dem Weg nach Fairbanks.

Ich entschloß mich blitzschnell, alleine mit nach Fairbanks zu fahren und von dort aus mit einem Leihwagen den Rest meiner Familie abzuholen.

Unterwegs erfuhr ich, daß Senor Fernando Sola aus Buenos Aires zusammen mit seiner Freundin unterwegs war, um von Prudhoe Bay den ganzen amerikanischen Kontinent bis nach Ushuaia im südlichsten Süden Argentiniens zu überqueren oder man könnte auch sagen zu überfahren. Sie planten ihre Expedition so, daß sie Weihnachten schon in Ushuaia feiern wollten. Wir haben uns unterwegs angenehm unterhalten, aber ganz habe ich den Sinn des Unternehmens nicht verstanden. Fahren, fahren und fahren auf guten, schlechten und miserablen Straßen von Nord-, Mittel- und Südamerika. So interessant konnte es nicht sein.

Von Fairbanks aus ging es dann recht schnell mit dem Leihwagen zurück zur Brücke. Ein paar mal begegnete ich rasenden Lastern, die ihre Überlegenheit ohne Skrupel demonstrierten und überhaupt nicht daran dachten, ihre Geschwindigkeit zu reduzieren. Wie aus dem Maschinengewehr schossen von ihren Reifen Steine in alle Richtungen, und nur einem Wunder war es zuzuschreiben, daß ich die Brücke mit heiler Windschutzscheibe erreichte.

Es war schon reichlich spät und dunkel, als wir in den Birkenwald bei Mark einkehrten. Die Dunkelheit erinnerte uns daran, daß wir uns jetzt südlicher befanden und daß die Jahreszeit inzwischen fortgeschritten war. Der Sommer in Alaska war vorbei und so auch unsere diesjährige Alaskafahrt in die wunderschöne Gegend nördlich des Polarkreises, wo nur die Wölfe gute Nacht sagen.

Kulik Lake.

Das Feuer.

Peter und Peter.

Lachsflug.

Im Angelparadies.

Rotlachs von oben gesehen.

Grizzly eilt zum Fischen.

Lake Nerka.

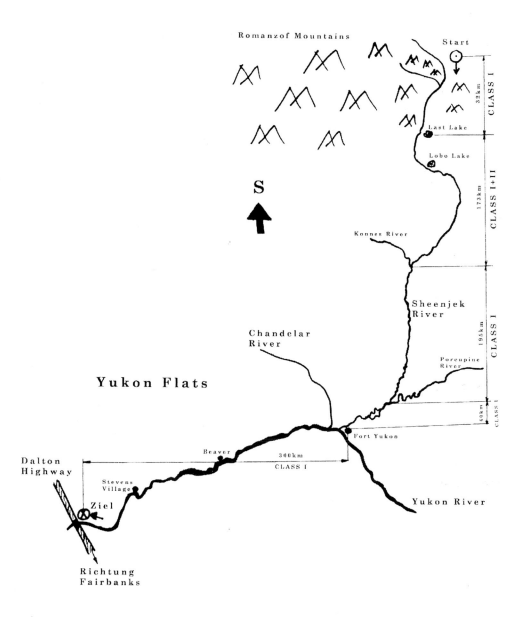

Sheenjek River

Schwierigkeiten:

Alle drei Flüsse, Sheenjek, Porcupine und Yukon sind Ströme ohne schwere Stromschnellen. Nach der Klassifizierung ist nur der obere Sheenjek Klasse II. Trotzdem sollte man nicht die Gefahren unterschätzen, die auf den Reisenden in diesen abgelegenen Gegenden lauern können. Eine solche Gefahr sind zum Beispiel Baumleichen, die quer über den Strom oberhalb oder auch unterhalb der Wasseroberfläche liegen. Das Hineinfahren in solche Baumleichen ist lebensgefährlich, weil die Strömung das Boot unter den Baum mit Leichtigkeit pressen kann. Deshalb ist insbesondere in schnellen, unübersichtlichen Strecken Vorsicht geboten. In den oberen Passagen des Sheenjeks kann man auch im Sommer Aufeis antreffen. Die Gefahr eines schnellen Wasseranstiegs ist existent. Eine gute körperliche Kondition und Wildniserfahrung sind absolut notwendig.

Boote:

In Anbetracht der Tatsache, daß die Anreise zum Sheenjek nur mit einem kleinen Flugzeug möglich ist, kommen nur Boote in Betracht, die zusammengebaut oder aufgepumpt werden können, wie zum Beispiel der Klepper-Kajak oder das Trekking-Kanu.

Transport:

Der obere Sheenjek kann nur mit einem gecharterten Kleinflugzeug von Fairbanks oder Fort Yukon aus erreicht werden. Pro Person muß mit etwa fünfhundert Dollar gerechnet werden. Es lohnt sich deswegen, verschiedene Alternativen durchzurechnen, denn der Preis berechnet sich nach der optimalen Auslastung des Flugzeugs. Dabei muß natürlich auch das Gepäck mit berücksichtigt werden. Die Reise kann in Fort Yukon beendet werden, von dort existiert nämlich eine regelmäßige Flugverbindung nach Fairbanks. Falls man noch den Yukon bis zur Brücke herunterfährt, kann man sich dort entweder abholen lassen, oder man versucht per Anhalter herauszukommen.

Karten:

Table Mountain A-4, B-4, B-5, C-5, D-5. Cooleen C-6, D-5, D-6. Christian A-1, B-1, C-1. Fort Yukon C-2, C-3, D-1, D-2.

Die Karten kann man direkt bei U.S. Geological Survey kaufen, 101 12th Avenue No.12, Fairbanks, Alaska 99701 oder in guten Buchhandlungen und Sportgeschäften in Anchorage oder Fairbanks.

Informationen über den Kartenerwerb können auch unter:www.store.usgs.gov abgefragt werden.

Zeitplanung:

Für die Tour von oberem Sheenjek bis nach Fort Yukon braucht man zwei Wochen. Falls Wanderungen geplant werden, wird entsprechend mehr Zeit benötigt. Von Fort Yukon bis zur Brücke ist zusätzlich mindestens eine Woche einzuplanen. Einen oder auch zwei Tage sollte man in Reserve haben. Für den Transport von und nach Fairbanks sind weitere zwei bis drei Tage erforderlich.

Fische:

Äsche, Hecht, Königslachs, Silberlachs, Hundslachs.

Tiere und Vögel:

Grizzlybär, Schwarzbär, Elch, Karibu, Wolf, Fuchs, Lux, Vielfraß, Dallschaf, Otter, Biber, Stachelschwein, Hase.

Die Yukon Flats sind ein idealer Lebensraum für die meisten Wasservogelarten, für fast alle Entenarten sowie für Gänse, Kraniche und wilde Schwäne.

STONY RIVER UND KUSKOKWIM RIVER

Die Quelle des Stony Rivers befindet sich in der Tiefe des gleichnamigen Gletschers, der unter seinem enormen Gewicht einen Gletscherbach ausschwitzt, dem man den schönen Namen Stony gab. Sein Ursprung liegt in den unberührten Revelation Mountains, in Bergen, die den südlichen Teil des riesigen Gebirgsmassivs Alaska Range bilden. Der bekannteste Berg der Alaska Range und gleichzeitig der höchste Berg Nordamerikas ist der Mount McKinley/Denali, der sich mit 6194 Metern wahrhaftig bis in den Himmel erhebt.

Nach einer zweihundertfünfzig Kilometer langen, flotten Fahrt mündet der Stony, so wie ihn der liebe Herrgott geschaffen hat, sauber und unberührt, in den Kuskokwim River. Kuskokwim River ist der zweitgrößte Fluß Alaskas. Er sammelt sein Wasser aus einer Fläche von 128000 Quadratkilometern, was ungefähr zweimal der Gesamtfläche des Freistaates Bayern entspricht. Sein südlicher Arm kommt unweit vom Stony zur Welt. Nur fünfzehn Kilometer östlich, im benachbarten Tal liegt seine Quelle. Er fließt aber zuerst gen Norden, dann dreht er sich in einem sanften Bogen nach Südwesten, durchschneidet später die Kuskokwim Mountains und gibt gehorsam seine gesammelte Wasserfracht in das Beringmeer ab.

Das Tal des Stony Rivers war niemals dauerhaft besiedelt. Sowohl von den ursprünglichen Einwohnern Alaskas nicht, als auch später von weißen Trappern oder Prospektoren und das aus einem ganz einfachen Grund. Der Weg durch den Canyon war nämlich zu beschwerlich und es dauerte einfach zu lange, die dreißig Kilometer lange Strecke gegen die reißende Flußströmung zu überwinden. Erst das Flugzeug in den dreißiger Jahren des vergangenen Jahrhunderts ermöglichte den bequemen Zugang zu den Naturschönheiten, die sich wie Juwele hinter der Gebirgsbarriere verstecken.

Unsere Fahrt unternahmen wir im Juli und August des Jahres 1998. Nach der Landung in Anchorage mußten wir nur die Straße überqueren, um in die kleinen Wasserflugzeuge, die auf dem Hood Lake auf uns warteten, umzusteigen. Dann ging es los.

Wir flogen über das fjordähnliche Cook Inlet gen Westen. Dann tauchten wir in die sagenhafte Bergwelt der Alaska Range und folgten einem Tal, in das unzählige Gletscher ihre weißen Zungen ausstreckten. Nach einem gut eine Stunde dauernden Flug landeten wir auf einem kleinen See, der durch seine Krümmung verriet, daß er irgendwann das Flußbett des Stony River war.

Als der Pilot eine Schleife über dem See flog, um herauszufinden wo er landen könnte, erblickten wir einen starken Elchbullen, der im Wasser stand und genüßlich an den Wasserpflanzen äste. Es schien so, als ob ihn der Lärm des Flugzeugs nicht störte und wir waren sehr froh, daß er nicht auf den Gedanken kam, über den See zu schwimmen und uns so während der Landung in die Quere zu kommen. Es war eine nette Begrüßung.

Kurz danach, als die beiden Flugzeuge sich in die Luft erhoben, näherte sich ein neugieriger Schwarzbär, um uns zu inspizieren. Er kam über eine vom Wasser überflutete Wiese auf etwa fünfzig Meter an uns heran. Dann mußte er sich fürchterlich erschreckt haben. er drehte plötzlich um und suchte mit riesigen Sprüngen durch das Wasser das Weite. Es spritzte einige Meter hoch und als er verschwand, waren wir plötzlich alleine. Der Elch hat sich ebenfalls in den Uferbewuchs zurückgezogen und wir saßen auf den Bootssäcken und fühlten uns wie Schiffbrüchige auf einer unbekannten Insel. Es war einmalig schön!

Auf dem grünen Kleppersack saß mein Freund Mark aus Fairbanks, neben ihm Joe und Wilhelm, auf der Proviantonne meine liebe Frau Irene und auf dem Boden ruhten dann meine Söhne Peter und Roman. Ich lag im Gras und kostete die ersten Augenblicke der grenzenlosen Freiheit genüßlich aus.

Wir hatten uns vorgenommen den Stony River und weiter den Kuskokwim River bis Aniak, einer relativ großen Siedlung, von wo eine regelmäßige Flugverbindung nach Anchorage existiert, zu paddeln. Fünf hundert Kilometer warteten auf uns und wir hatten viel Zeit. Noch.

Es war inzwischen schon acht Uhr abends geworden und uns erreichte erbarmungslos die Müdigkeit der langen Anreise. Kein Wunder, denn wir waren schon mehr als vierundzwanzig Stunden unterwegs. Als der Himmel auf uns noch einen sanften Nieselregen versprühte, hatten wir nur einen einzigen Wunsch. Wir trachteten danach so schnell wie nur möglich in die trockenen Schlafsäcke zu kriechen. In solchen Situationen überlegt man nicht lange. Wir suchten uns die Plätze für die Zelte aus. Unsere Bagage deckten wir mit einer Plane zu.

Irgendwann am nächsten Morgen zogen uns der Hunger und die Neugierde nach dem ersehnten Fluß mit sanfter Kraft aus den Zelten heraus. Groß war zuerst unsere Überraschung, als wir feststellten, daß nur hundert Meter von unserem Lager entfernt eine offenbar überflutete Wiese auf ihrer von uns entgegengesetzten Seite eine Verbindung zum Fluß hatte. Es fiel uns auf, daß sich überall um uns herum auffällig viel Wasser befand und Mark bestätigte, daß vor ungefähr einer Woche über Überflutungen am Kuskokwim River infolge von lang andauerndem Regen auf der westlichen Seite der Alaska Range im Radio berichtet wurde.

Zunächst nahmen wir das Hochwasser mit einer gewissen Zufriedenheit zur Kenntnis. Denn so brauchten wir unsere Boote und unsere Ausrüstung nicht weit zu schleppen. Die Wahrscheinlichkeit, daß sich der Regen in den letzten Wochen ausgiebig ausgetobt hatte und uns eine Schönwetterperiode bevorstehen würde, war groß. Aber so ist es eben mit der Wahrscheinlichkeit. Sie ist eine unsichere Größe und so mußten wir uns später jeden Tag auf zwei oder drei Regengüsse einstellen. Wie sich später auch zeigen sollte, hatte das Hochwasser eine verheerende Auswirkung auf unser Angelglück. Der Fischfang war nämlich sehr bescheiden und Joe hat uns auch aufgeklärt warum.

„Vermengt man eine gegebene Fischmenge mit einer gegebenen Wassermenge", predigte er und zeigte dabei mit seiner Hand in weitem Bogen über die wasserreiche Landschaft, „ist es ungefähr so, als wenn man einen Einlitertopf Gulasch mit zehn Litern Wasser verlängert. Man bekommt eine dünne Soße auf den Teller, aber kein Fleisch". Obwohl die Gulaschtheorie, so wie es mir schien, alle verstanden hatten, hat er damit eine breite Diskussion los getreten, die über mehrere Tage andauerte und in einigen Zügen an die Aussprachen in unserem höchsten Haus erinnerte. Aber das war erst später und deshalb zurück zum Geschehen.

Es war Zeit die Boote vorzubereiten. Nach dem ameisenähnlichen Schleppen und Tun dauerte es nicht lange und schon freuten wir uns über die ersten Paddelschläge. Mark fuhr in seinem geliebten Einerklepper, Joe mit Wilhelm im Zweierklepper und Peter mit Roman sowie Irene und ich in zwei aufblasbaren Trekkingkanus. Wir paddelten über die überflutete Senke die vom Wald begrenzt war und erreichten eine Öffnung, hinter welcher wir den Fluß erwarteten. Es war genau so, wie wir es vermutet hatten. Als wir die Enge passierten, wurden wir vom Strom erfaßt und der Stony River bemächtigte sich unser.

Wir wurden von einem vielleicht fünfzig Meter breiten Fluß getragen. Das war für uns eine Überraschung, denn nach unseren Recherchen erwarteten wir mehr einen Bach als einen erwachsenen Fluß. Aber nach den letzten Eindrücken und Informationen war es so unverständlich auch nicht. Das Flußbett war zum Bersten voll mit Wasser. Sogar die Bäume am Ufer wurden vom Wasser umspült. Eben Hochwasser.

Zum ersten Mal eröffnete sich uns die Aussicht auf das mächtige Bergmassiv der Alaska Range. Es war überwältigend. Die dunkelblauen Berge mit ihren weißen Gipfeln gingen in den bewölkten, leichtgrauen Himmel nahtlos über. Es ist bei mir meistens so, daß sich die ersten Bilder der wilden und gleichzeitig majestätischen Natur Alaskas tief in meine Erinnerung einprägen und ich habe diese Bilder immer vor meinen Augen, wenn ich über die eine oder die andere Alaskafahrt nachdenke. Die Bilder der Alaska Range aus dem Boot, nachdem wir den Fluß erreicht haben, sind meine beliebtesten Postkarten vom Stony bis heute geblieben.

Weil die Ufer überflutet waren, war es schwierig anzulanden. Endlich sahen wir eine kleine Bucht auf der rechten Flußseite. Dort eingekehrt, gelang es uns an der Böschung anzuhalten und nach und nach auszusteigen.

Wir hatten Glück. Unweit von unserem Landeplatz entfernt, fanden wir eine trockene Stelle unter hohen Tannen, die sich hervorragend für unser Lager eignete. Und so wurde schnell beschlossen, daß wir dort ein paar Tage bleiben und abwarten, bis das Wasser fallen würde. Natürlich animierten uns die nahen Berge zu Ausflügen. Außerdem erwartete uns noch eine Geburtstagsparty. Peter wurde achtzehn Jahre jung, und die Mama hatte die aus Anchorage mitgebrachte Schwarzwälder Torte alaskanischer Art, die unter besonderem Schutz in einer Pappkartonkiste im Boot lag, zum Verzehr freigegeben. Als Joe noch eine Flasche spanischen Rioja Reserva 92 aus dem Bootssack zauberte, konnte die Party beginnen.

Am nächsten Morgen packten wir Regensachen und Pullover ein und schon ging es los in die Berge. Das Terrain war zuerst feucht und entsprechend langsam war unser Fortkommen. Als wir aber die erste Erhebung erreicht hatten, wurde es bedeutend besser. Nach vier Stunden standen wir auf dem Kamm der Bergkette, von wo aus wir auch das benachbarte Tal gut einsehen konnten. Dort glänzte in der Sonne ein Wasserlauf und die Karte verriet uns, daß es sich um den Fluß mit dem romantischen Namen Kristin Creek handelte. Gerne wären wir zu ihm hinunter gelaufen, aber wir hätten es nicht geschafft, noch am gleichen Tage wieder zum Lager zurückzukehren. Als Mark jedoch vorschlug, am nächsten Tag Kristin Creek ins Visier zu nehmen und auch unsere Angelruten sowie einen großen Sack für die zu fangenden Fische mitzunehmen, waren wir alle begeistert. "Ich habe dort schon Lachse springen gesehen," meinte Joe, als er endlich sein Fernglas ablegte und keiner von uns hat ihm widersprochen. In so einem wunderschönen Fluß müssen sich doch die größten und schönsten Fische Alaskas nur so tummeln, war unsere einhellige Meinung.

Auf der gegenüberliegenden Seite des Kammes erwartete uns eine weitere atemberaubende Aussicht. Wie auf einer Karte konnten wir den großen Telaquana Lake und den aus ihm ausströmenden Telaquana River verfolgen. Der Himmel über den Bergen klärte sich auf. Plötzlich waren sie so nahe, daß man am liebsten dorthin gelaufen wäre. Wir folgten dem Kamm, auf dem sich hervorragend gehen ließ und fühlten uns wie die ersten Menschen auf unserer Erde. Hunderte von Kilometern um uns herum konnte man kein Zeichen der menschlichen Zivilisation erblicken. Es war ein Ort der Seligkeit, ein wahres Naturparadies.

Wie gewöhnlich, blieb Peter zurück, weil er ständig Blümchen und Steine suchte und sammelte. Als ich mich nach ihm umdrehte, sah ich in einer Vertiefung zwischen ihm und uns eine Elchkuh mit ihrem Kalb. Sie wechselten gerade von einem Tal ins andere. Es war das erste Mal, daß ich einen Elch so hoch in den Bergen antraf. Es war beeindruckend, die Tiere in der baumlosen Landschaft zu beobachten. Inzwischen verschwand Peter in einer anderen sanften Vertiefung.

Als er uns eingeholt hatte, war die Elchkuh längst von den dichten Büschen am Hang verdeckt. Er hatte sie nicht gesehen, obwohl es sich nur um eine Entfernung zwischen ihm und uns von vielleicht zweihundert Metern gehandelt hatte. Ich hatte schon mehrmals solche Fälle erlebt und es ist immer wieder erstaunlich, wie einfach es ist, in einer offenen Landschaft große Tiere, geschweige dann kleine, zu übersehen.

Am Tag darauf standen wir recht früh auf. Mit jugendlichem Elan und voller Erwartung, welche Fischarten uns der Kristin Creek schenken würde, begannen wir den Aufstieg. Wir nahmen den kürzesten Weg und freuten uns riesig, als wir nach drei Stunden den schönen Fluß einsehen konnten. Im Tal, auf einer grünen feuchten Wiese machten wir einen Schwarzbären aus, der dort wie ein schwarzes Schaf graste. Wir stiegen ins Tal herab und wollten ihn vom Waldrand aus beobachten. Doch als wir die Senke erreichten, war der liebe Bär wie vom Erdboden verschwunden. Wir sahen ihn nie wieder.

In der Nähe erreichten wir einen See, der aus Gründen, die nur den fleißigen Bibern bekannt sein dürften, durch einen Biberdamm in zwei Hälften geteilt war. Es handelte sich wahrhaftig um ein meisterliches Bau. Aus tausenden von Ästen geflochten, in eine sanfte, vielleicht fünfzig Meter lange Kurve gekrümmt, erinnerte er an moderne große Staudämme, mit denen der Mensch die Flüsse zähmt. Wir blieben stehen und staunten. Einer nach dem Anderen ging über den Biberdamm auf die andere Seite des Sees hinüber und obwohl bestimmt keine Berechnung des Tragwerkes je erstellt und vom TÜV geprüft wurde, trug uns dieses erstaunliche Bauwerk sicher. Hut ab!

Unser Ziel, der Kristin Creek war einfach herrlich. Glasklares Wasser eilte an uns vorbei und streichelte sanft die hellen runden Steine. Wilhelm und Joe steckten ihre Spinnruten zusammen und schon zischten die ersten Blinker durch die Lüfte. Ihre Erwartung war hoch, und sie wollten uns nicht enttäuschen. Aber wie es eben im Leben oft ist, folgen hohen Erwartungen meistens tiefe Enttäuschungen. So ist es an der Börse, im Freundeskreis, im Beruf und in der Familie. Das Gleichgewicht der Gerechtigkeit würde sonst aus den Fugen geraten. Nach einer halben Stunde wußten wir, daß wir unseren Fischsack leer nach Hause tragen werden müssen. Und so war es auch.

Wilhelm war besonders hartnäckig. Er lief am Ufer hin und her und suchte „die Stelle". Seiner Meinung nach und er ist wahrlich kein Anfänger, lagen dort für Fische die idealen Voraussetzungen für einen hohen Lebensstandard vor, sprich, sie mußten dort genug zu fressen haben. Aber sie hatten anscheinend keinen Appetit. Enttäuscht gab er auf, taufte den Kristin Creek in „Fishless Creek" um und packte seine High-tech Rute ein.

Als wir abends müde ins Lager zurückkehrten, waren wir uns einig, daß es ein unvergeßlich schöner Ausflug war. Vielleicht gerade deshalb, weil wir keinen Fisch gefangen hatten. Und so gab es zum Abendessen den so „geliebten" Grießbrei, den Mark immer als „cream of punishment" zu nennen pflegte.

Das Wasser im Fluß war auch am nächsten Morgen kaum gefallen. Es ebnete weiter alle Unebenheiten, die uns sonst bei einem niedrigeren Wasserstand als Stromschnellen begegnet wären. So saßen wir bequem in unseren Booten und eine großartige Landschaft lief an uns vorbei. In der Ferne schwamm ein Bär über den Fluß und suchte eiligst ein Versteck im Busch. Die hohen Berge hinter uns wollten und wollten nicht zurücktreten und wir waren nicht böse darum. Ab und zu schickten sie uns einen Gruß in Form eines Schauers. Vielleicht waren es ihre Tränen zum Abschied. Uns fiel der Abschied auch nicht leicht, aber wir mußten uns sputen, denn bis Aniak waren es noch fünfhundert Kilometer.

Am nächsten Tag abends kamen wir zur Mündung des Telaquana River. Er führte klares Wasser und versprach eine gute Angelgelegenheit. Tatsächlich wurden sofort zwei kleinere Salmoniden gefangen. Weil es aber schon sehr spät war und wir auf der gegenüberliegenden Seite des Flusses einen Premiumzeltplatz georted hatten, unterbrachen wir das Angeln und sorgten zuerst für unser Quartier. "Fische schwimmen doch nicht weg," kommentierte Joe weise unseren Entschluß. "Der Fisch muß doch frisch sein." Wir bauten unsere Zelte auf feinem Kies und beschlossen, auch am nächsten Tag dort zu bleiben, zu angeln und die Berge zu besteigen.

Bei dem morgendlichen Kaffee teilten wir uns in zwei Gruppen auf. Irene, Mark, Roman und ich hatten uns vorgenommen, einen scheinbar nahe liegenden Berg mit dem seltsamen Namen Only anzugehen. Der Rest der Truppe wollte in der Mündung des Telaquana angeln. So wurde es beschlossen und so auch ausgeführt.

Beim Start zum Only dachten wir, daß es nur ein Spaziergang wie durch den Rosengarten sein würde. Aber schon bald wurden wir eines Besseren belehrt. Bis wir die ersten Hänge des Berges erreichten, mußten wir durch unzählige Sümpfe und mehrere Bäche waten und zwischendurch breite grüne Flächen, die mit kopfsalatartigen Grasbüscheln gepflastert waren, überqueren. Es war eine Tortur. Unsere Beine rutschten bei jedem Schritt ab und versanken knietief zwischen den Grasbüscheln im Morast. Endlich kamen wir am Fuß des Berges an. Dort erwartete uns jedoch die nächste unangenehme Überraschung. Ein ausgedehntes Feld von hohen dichten Sträuchern war eine Barriere, welche wir nur nach Affenart, das heißt durch das Klettern von einem Ast auf den nächsten, überwinden konnten. Als wir nach einer Stunde aus dem Dickicht herauskamen, sahen wir ziemlich fertig aus. Aber zum Glück ging es zwar steil aber bequem weiter. Einen Blumenteppich hatte jemand vor unseren Füßen ausgerollt und der

Duft der verschiedenster Kräuter begleitete uns über die Wiesen zum Gipfel. Dort wurden wir, wie in einem richtigen Märchen, für alle die Strapazen und Prüfungen mit einem Riesenpanorama fürstlich belohnt.

Vor uns lag eine atemberaubende Aussicht auf die Alaska Range und seine Vorgebirgslandschaft sowie auf die Flüsse Telaquana und Stony. An dem Tage herrschte eine besonders gute Sicht. Es ist schwierig einen Vergleich mit anderen Tagen zu ziehen. Aber wie auch immer, wir haben mit Hilfe von Karten die transparente Sicht auf mindestens dreihundert Kilometer geschätzt. Überwältigt saßen wir im weichen Moos und betrachteten die zahlreichen örtlichen Schauer, die als Wolkenwirbel mit einem dunklen Regenschleier aus den Tälern der Alaska Range nacheinander herauskamen und deren Kraft auf ihrem Weg über die abgeflachte Landschaft langsam nachließ, bis sie sich gänzlich auflösten. Es war ein wahres Naturschauspiel besonderer Güte. Es fesselte uns so sehr, daß wir die großen blauen Beeren, die um uns ringsherum darauf warteten gepflückt zu werden, überhaupt nicht wahr genommen hatten.

Erst Roman entdeckte sie. Gierig sammelten wir die reifen Früchte und füllten unseren dezimierten Vitaminspiegel auf. Wir folgten dem Kamm des Only zur gegenüberliegende Seite. Von dort aus traten wir den Rückweg an. Unterwegs freuten wir uns auf leckeren Fisch, der unseren enormen Hunger stillen sollte. Doch die Enttäuschung war wieder groß. Mit einem einzigen kleinen Fisch, den die Angelexperten mit viel Mühe dem Fluß entlocken konnten, wurden sieben hungrige Leute nicht satt. Zwei tausend Jahre sind es her, als diese interessante Kunst der Fischvermehrung von einem berühmten israelischen Prediger beherrscht wurde. Der Mensch fliegt zwar heute zum Mond, aber ein Fischlein ist immer noch nur ein Fischlein, und ich fürchte, dabei wird es bleiben.

Die folgenden Tage trug uns der Fluß langsam zum Westen fort und wir freuten uns auf den Canyon, der ein wenig Aktion bringen sollte. Wir sehnten uns nach einer Abwechslung und nach der angenehmen Aufregung, die jeder Kanute in den weißen Stromschnellen sucht. Als sich der Fluß verengte und ein hoher Felsen sich ihm in den Weg stellte, wußten wir, daß wir ihn erreicht hatten. Wir landeten an und ich ging um den Felsen herum, um auszukundschaften, was uns dort erwartete. Mit dem Paddel in der Hand bahnte ich mir den Weg durch den Busch. Plötzlich hörte ich ein unfreundliches Knurren. Ich blieb stehen und spitzte meine Ohren. Es kam eindeutig von oben. Ich drehte meinen Kopf zum Himmel und dort sah ich einen Vielfraß, der den Baum unter dem ich stand, wie ein Affe umklammerte und zornig mir seine furchterregenden Zähne zeigte.

Ich trat einige Schritte zurück und wir betrachteten uns eine Weile gegenseitig mit Respekt. Ich bedauerte sehr, daß ich meinen Fotoapparat nicht dabei hatte. Es ist äußerst selten, daß man einem Vielfraß in der freien Natur so nahe kommt. Mir ist es zum ersten und bis jetzt auch zum letzten Mal passiert.

Nach Taxierung der Schwierigkeiten fuhren wir in die weißen Wellen des Canyons hinein. Starke Strömung, vereinzelt verstreute Gesteinsbrocken und regelrechte Felstreppen, unter denen sich ansehnliche Walzen bildeten, verlangten eine präzise Navigation. Es machte uns Spaß. Die Gischt der Wellen kühlte intensiv unseren aufgeregten Kopf. Endlich hatte sich eine für die Landung geeignete kleine Bucht gezeigt. Sofort steuerte ich mein Boot dorthin, um uns eine Verschnaufpause zu gönnen. Und wie sich bald zeigte, war diese Entscheidung sehr weise.

Als ich in ruhiges Wasser einlief, drehte ich mich instinktiv um und sah Mark, wie er im Wasser verzweifelt mit seinem verdächtig kurzen Klepper kämpfte. Er war gekentert, versuchte auf sein Boot heraufzuklettern um seinen Körper aus dem eiskalten Wasser zu bringen. Ich lief in den Fluß hinein um Mark zu helfen. Roman kam auch zu Hilfe. Glücklicherweise wurde der Unglücksrabe durch die Strömung in unsere Richtung gespült und so konnten wir ihn zusammen mit seinem Klepper auffischen.

Nachdem wir Marks Klepper ans Ufer gebracht hatten, befreiten wir ihn zuerst von der Bagage und entleerten ihn so weit es nur ging. Dabei kam erst das ganze Malheur zum Vorschein. Die Diagnose war niederschmetternd: Gebrochener Rückgrad und Längsrippen auf beiden Seiten des Körpers. Der Patient hatte zwar starke Schmerzen, aber er lebte noch.

Mark zog sich zuerst trockene Kleidung an und kam dann sofort zurück, um das Boot zu begutachten. Er ist ein begeisterter Klepperfahrer und durchquerte mit ihm die Fjorde vom Grönland, Prince William Sound und Südostalaska. Auch befuhr er unzählige alaskanische Flüsse und Seen. Er tat mir leid. Es war hart für ihn, seinen traktierten Liebling zu betrachten. Er streichelte ihn wie ein guter Arzt seinen Patienten vor einer schweren Operation streichelt um ihm Mut und Optimismus einzuflößen. Dann sprach er zu ihm entschlossen: „Darling, we have to fix it". Er meinte lapidar, daß er noch vor einer Stunde nicht wußte, warum der Fluß eigentlich Stony River heißt.

Was war eigentlich passiert? Joe und Wilhelm blieben in der Felstreppe an einem Stein hängen und es sah nicht gut für sie aus. Mark wollte ihnen helfen. Obwohl es undenkbar war, sie zu befreien versuchte er an sie heranzukommen. Die flotte Strömung stellte seinen Klepper quer und drückte ihn gegen zwei Steine. Dann ging es schnell und nach den Regeln der Physik. Obwohl er sofort ins Wasser ausgestiegen war, kam das Boot nicht mehr frei. Die Wucht des Wassers brach die Klepperkonstruktion durch, und erst dann wurde der gebrochene Klepper aus der tödlichen Falle befreit. Fazit: Im Stony River sind eine Menge Steine, gefährliche Steine.

Damit war unsere Canyonfahrt unfreiwillig unterbrochen. Wir bauten unsere

Zelte verstreut zwischen einzelnen Tannen auf. Am nächsten Morgen sturzten sich alle in kleinere Reparaturen an Booten und Ausrüstung. Mark eher in eine große. Zuerst bereitete er lange, gerade Stangen aus Weidenzweigen vor. Dann legte er eine von ihnen entlang der jeweiligen Bruchstelle und umwickelte sie und das gebrochene Klepperteil sorgfältig mit einer dünnen aber festen Schnur. Als er am Nachmittag mit seiner Arbeit fertig war und die inneren Luftpolster aufblies, sah sein Klepper wieder ordentlich aus. Die Operation war sichtbar gelungen. Sein Klepper trug ihm den Rest der Reise ohne Probleme.

Mit gebührendem Respekt sind wir durch den Canyon weiter gefahren. Es ist ein herrlicher Flußabschnitt, in dem das Wasser durch hohe Felsufer eingeengt wird. Es lohnt sich, die Felsen heraufzuklettern, weil sich dort ein wunderschöner Mischwald befindet, in dem man tausende von gesunden Rotkappen finden kann. Auch kann man von dort aus den Fluß gut einzusehen, was ich nur empfehlen kann, weil er an einigen Stellen über gefährliche Felsplatten strömt.

Hinter dem Canyon wird der Fluß breiter und seine Strömung verlangsamt sich merklich. Es war eine bequeme Fahrt, weil das Hochwasser dafür sorgte, daß die angespülten Sandzungen mit Wasser überflutet wurden und somit die Gefahr des Auffahrens nicht bestand. Wir ließen uns ab und zu treiben und beobachteten dabei die Gegend und das Ufer. Binnen zwei Stunden sahen wir einige Bären, zwei Elche und ein Wolfsrudel. Die Natur war offenbar in bester Ordnung.

Lime Village ist ein kleines indianisches Dorf, welches ungefähr in der Mitte der gesamten Flußlänge liegt. Als wir vorbei fuhren, war es schon spät abends, es regnete und wir fühlten kein Bedürfnis es zu besuchen. Es fehlte uns an keinen weltlichen Gütern, der Fluß schenkte uns ab und zu einen Fisch und im Wald konnten wir jederzeit Blaubeeren pflücken oder wunderbare Pilze sammeln. Täglich holten uns einige Gewitter ein. Der Himmel verdunkelte sich furchterregend, kippte seine Wasserladung auf uns herunter und dann erschien gleich die neugierige Sonne um zu schauen, wie es uns geht. Dabei spannte sie kitschige Regenbögen über die himmlische Decke, eine, zwei und einmal sogar drei gleichzeitig. Die Strömung war mäßig und wir paddelten einige Tage bis sich vor uns die Landschaft öffnete. Da wußten wir, daß wir den mächtigen Kuskokwim erreicht hatten.

Der gut hundert Meter breite Kuskokwim schluckte den Stony River und uns mit ihm. Wir paddelten auf die gegenüberliegende Seite und legten neben zwei Booten an. Auf dem Ufer fanden wir eine schmale, schottrige Landebahn. Dahinter lag der Ort Stony Village, eine kleine Ortschaft mit nur fünfzig Einwohnern. Vom Ufer aus war nur ein Blockhaus zu sehen aus dem ein älterer Indianer herauskam und uns freundlich begrüßte. Mark freute sich über die Landebahn am Wasser besonders, weil er uns leider am nächsten Tag verlassen mußte, um in Fairbanks dringende Aufträge zu erledigen. Er folgte dem freundlichen Indianer in sein

Haus, um über Funk ein Airtaxi zu bestellen. Mit einem Lachs kehrte er zurück, welcher eine willkommene Menübereicherung unserer Abschiedsparty war. Am Rande der Piste schlugen wir unser Lager auf und Mark packte vorsichtig seinen lädierten Klepper zusammen.

Halb im Schlaf hörte ich plötzlich das typische Geräusch einer Cessna. Ich krabbelte aus dem Zelt heraus und sah ein kleines Flugzeug im Landeanflug. In wenigen Minuten landete es und rollte bis zu unseren Zelten. Das Taxi war da.

Mark packte seine sieben Sachen zusammen, brachte sie in den Flieger und kurz danach war er schon in der Luft. Wir standen am Rande der Runway im Spalier wie bei einer Verabschiedung eines Staatsbesuches, winkten mit unseren Mützen, bis das Flugzeug in der Unendlichkeit des Nordens verschwand.

Es wurde stiller in unserer Gruppe aber auch auf dem Fluß. Die Strömung erinnerte uns daran, daß die Zeit nicht stehen geblieben war, aber daß sie läuft wie das Wasser zum Meer. Zwei Wochen waren wir auf dem Stony und vor uns lagen immer noch 260 Kilometer bis nach Aniak. Trotzdem wollten wir an diesem Morgen nicht aufstehen und die Boote vorbereiten. Ich saß mit Joe am Ufer und nostalgische Erinnerungen an unsere gemeinsame Fahrt auf dem Kuskokwim vor achtzehn Jahren ließen sich nicht vertreiben. Sie sprudelten aus uns heraus und Peter mit Roman hörten aufmerksam zu. Peter war vor achtzehn Jahren einen Monat alt und Roman mußte noch zwei Jahre warten, bis er das Licht der Welt erblickten sollte.

Damals startete Joe im Klepper alleine von der kleinen Ortschaft Nikolai am Kuskokwim South Fork gelegen. Wir hatten uns in McGrath, wohin eine direkte Flugverbindung von Anchorage aus existiert, verabredet. Leider hatte ich mich verspätet, nicht nur um einige Stunden, nein, um einige Tage. Joe, mein guter Freund, hat dort auf mich gewartet. Er schlief am Flughafen in einem Aluminiumcontainer, der für die Luftfracht bestimmt war und kannte inzwischen fast alle Einwohner von McGrath.

Deshalb benötigte er einen vollen Tag, bis er sich von allen seinen Freunden und Bekannten verabschiedet hatte. Dann erst fuhren wir los. Der August ging langsam zu Ende und die Landschaft färbte sich direkt vor unseren Augen. Wir haben damals fünf wunderschöne Wochen auf dem Fluß und in den Kuskokwim Mountains verbracht, wo wir wanderten und Bären jagten. Der 31. August 1980 war der letzte Tag, an dem ein Ausländer in Alaska letztmalig, alleine und ohne Jagdführer einen Bären schießen durfte. An dem Tag erlebte ich zum ersten und zum letzten Mal in meinem Leben was es bedeutet, sich vom Jagdfieber anzustecken. Ich schoß einen Schwarzbären und als er da lag, war ich ein bißchen traurig. Ich knipste ihm den, im Hardwaregeschäft gekauften, „tag" ins Ohr und das war es. Nie wieder, schwor ich mir damals und seitdem nahm ich keine Flinte mehr in die Hand. Heute bin ich darüber froh, daß ich mich damals so entschieden habe.

Damals war Alkohol, besonders dann in Kombination mit dem legalen Zugang zu Handfeuerwaffen, ein ernstes Problem. Während Joes Aufenthalt in McGrath endete eine Sauferei für einen Indianer tödlich. Ein Monat später, als Joe nach unserer Fahrt nach Mc Grath zurückkehrte, beklagte man wieder einen Toten, sogar in einer Familie, die er gut kannte. Die Quelle des Teufelszeugs war ein großer „liquor store" in der Ortschaft mit dem passenden Namen Red Devil. Dieser versorgte den gesamten oberen Kuskokwim mit Alkohol.

Zum Glück hatten die Leute am Kuskokwim selbst erkannt, daß der Alkohol sie ins Verderben treiben würde. Sie entschieden sich für „dry" Ortschaften, in denen ein strenges Alkoholverbot besteht. Der „liquor store" in Red Devil wurde geschlossen. Heute wird man am Kuskokwim kaum einem Betrunkenen begegnen. Überall ist deutlich zu sehen, wie sich die Lebensqualität der Menschen dort verbessert hat. Aber den Devil hat man anscheinend nicht ganz vertrieben, denn eine neue Gefahr lauert auf die Menschen, vorwiegend auf die Jugend. Es sind die Drogen.

Im September sammelten sich am Fluß tausende und aber tausende Kanadagänse, um ihren Flug zum Süden vorzubereiten. Es war interessant zu beobachten, daß wir sie in großer Anzahl auch oben in den Kuskokwim Mountains antrafen. Sie fraßen eifrig die süßen, nach europäischen Maßstäben megagroßen Blaubeeren, so wie wir und die Bären auch.

Im Fluß stiegen die letzten Lachse, und so war unsere Menükarte ungewöhnlich abwechslungsreich. Neben Fisch, Pfannkuchen mit Blaubeeren oder Pilzen gab es am Sonntag Gänsebraten. In Alufolie gebacken entwickelten wir eine solche Perfektion in der Zubereitung, daß die Gans wie zu Hause gebacken aussah und wie am Kuskokwim schmeckte. Unvergeßlich gut.

Als ich immer wieder Hunderte von Rotkappen um mich sah, kam ich eines Tages auf die glorreiche Idee, sie zu trocknen und zur Verbesserung der winterlichen Kartoffelsuppe mit nach Hause zu nehmen. Joe hat mein Vorhaben sehr kritisch kommentiert, aber ich war nicht zu überzeugen. Den ganzen Abend habe ich Pilze gesäubert und fein geschnitten, so daß sie gut in der Sonne trocknen konnten. Und tatsächlich. Das Wetter spielte mit und nach zwei Tagen wurden meine Pilze pulvertrocken. Sie dufteten so frisch und sie sahen so perfekt aus, daß ich mich entschied, sie einzupacken. Ich schüttete sie in eine Papiertüte, das war richtig, aber dann, um meinen Schatz vor Feuchtigkeit zu schützen, verklebte ich sie wasserdicht in einen Plastiksack. Das war nicht richtig, nein, das war verheerend. Am Flughafen in Aniak stellte ich nämlich fest, daß die Tüte lebt. Es war ein wahres Wunder. Inzwischen fand eine biologische Transformation von trockenen duftenden

Pilzen in eine lebendige scheußliche Würmermasse statt. Meine Pilze hatten sich in tausende von dicken weißen Wurmen verwandelt. Joe lachte und ich war sauer. Dann mußte ich auch lachen, weil ich endlich den Grund für den sonderbaren Gesichtsausdruck der Dame an dem Durchleuchtungsapparat verstanden hatte. Es war zum ersten und zum letzten Mal, daß ich in Alaska Pilze trocknete, um Würmer zu züchten.

Bevor wir an diesem Tag auf dem Wasser waren, war es schon Mittag. Sofort hinter der ersten Biegung sahen wir ein „fishwheel", eine geniale Maschine, welche durch die Flußströmung angetrieben wird. Es ist ein aus Zweigen gebautes Rad mit Speichen an denen mehrere geneigte, wasserdurchlässige Körbe aufgehängt sind. Die Strömung treibt das Rad ähnlich einem Mühlrad an und die Körbe tauchen in den Fluß ein und heben dann das Wasser und die Fische hoch. Das Wasser plätschert durch die Körbe herunter, und die Fische rutschen in ein Gefäß hinein, aus dem es kein Entkommen mehr gibt. Eine einfache, umweltfreundliche und geniale Konstruktion.

Bei seinem Spaziergang durch das Dorf hatte Wilhelm den Eigentümer des Fischrades getroffen. Er erlaubt ihm beim Vorbeifahren einige Fische zu entnehmen. Wir waren sehr gespannt, ob die Maschine tatsächlich Fische gefangen hatte und legten an. Im Sammelgefäß befanden sich mehrere Silberlachse, ein Königlachs und zwei lange Neunaugen. Wir packten zwei Silberlachse ein, bedankten uns und fuhren weiter. Die Ernährung der gesamten Mannschaft war für die nächsten zwei Tage gesichert.

Am späten Abend kamen wir zur Mündung von Holitna River. Aus purer Nostalgie paddelten wir einige Kilometer das glasklare Wasser des Holitna hinauf bis zu der Stelle, wo ich und Joe vor achtzehn Jahren gezeltet hatten. Es war beruhigend festzustellen, daß sich dort in der Zeit nicht viel verändert hatte. Auf dem abgebrochenen Baum gegenüber unserem damaligen Lager war immer noch das bewohnte Adlernest und wir konnten fünf kleine grauen Köpfe beobachten, die neugierig über den Rand herausschauten. Lange konnte ich nicht einschlafen. Achtzehn kurze Jahre waren vergangen, einfach so.

Auf der Weiterfahrt am nächsten Morgen legten wir zwei oder drei Kilometer flußabwärts bei Mellicks Trading Post an. Es handelte sich nicht um ein Einkaufszentrum nach unseren heutigen Maßstäben, sondern um zwei kleine Häuser, die auf einer Wiese unweit vom Ufer standen. Auf der großzügig angelegten Wiese wuchs ein sattgrüner englischer Rasen, der so perfekt gepflegt war, daß er nach Alaska gar nicht paßte. Am Ufer angebunden, schaukelten im Wasser zwei blitzblank polierte Cessnas. Herr und Frau Mellicks waren zu Hause. Sie kamen uns entgegen und luden uns ins Haus ein. Wir saßen an einem langen Tisch, tranken den obligatorischen Kaffee und aßen Gemüse aus eigenem Garten,

Flughafenhotel von Kotzebue.

Noatak im Festzustand.

Die Küche.

Grand Canyon of the Noatak.

Igichuk Hills.

Bärenfamilie beim Baden.

Kotzebue Sound.

Zurück in Kotzebue. Ada, Wilhelm, Joe, Manfred, Autor (von links).

dazu dann Streifen von geräuchertem Lachs.

An Joe und mich haben sie sich sofort erinnert und konnten nur nicht glauben, daß unser Besuch schon so lange her war. Herr Mellick eilte deshalb in sein Zimmer und kehrte mit einem im Leder gebundenen Gästebuch, blätterte es durch und tatsächlich, er fand dort unsere Eintragung datiert von September 1980. Herr Mellick hat das Geschäft wegen seiner Krankheit schon vor Jahren seinem Sohn übergeben und hatte deshalb viel Zeit zu plaudern.

Er erzählte uns, daß sein Großvater anno 1900 aus Jugoslawien nach Nome kam, um dort sein großes Glück zu versuchen. Er fand dort kaum Gold und enttäuscht trat er im Winter seinen Rückweg an. Am Kuskokwim angekommen, blieb er dort hängen, gründete an der Stelle, wo wir uns befanden, eine Trading Post und versorgte den oberen Kuskokwim mit allem, was man so brauchte. Das Geschäft lief auch in der dritten Generation gut, bis dann die stürmische Entwicklung der privaten Transportmöglichkeiten und der Mobilität in den sechziger Jahren einsetzte und als Folge davon das Ende der kleinen Trading Posten, nicht nur am Kuskokwim, sondern in ganz Alaska, herbeiführte.

Herr Mellick machte schließlich sein Hobby zum Beruf. Er fing an, vermögende Kunden aus der ganzen Welt zum Fliegenfischen an verschiedene Gewässer Alaskas auszufliegen. Fliegenfischen und Fliegen über Alaska, es ist nicht schwer sich vorzustellen, daß es ein wirklicher Traumberuf ist. Er zeigte uns wunderbare alte englische und schottische Fliegenruten und als er seine Köfferchen mit Hunderten von selbstgemachten Fliegen für verschiedene Salmoniden und Gewässer auspackte, war Wilhelm aus dem Häuschen.

Erst spät am Nachmittag haben wir uns von Mellicks verabschiedet. Sie haben uns ans Herz gelegt wieder vorbeizuschauen, aber diesmal nicht erst nach achtzehn Jahren.

Wir hatten uns vorgenommen, bis zu abendlichen Rast noch einmal eine größere Strecke zu paddeln, aber das Wetter veränderte sich schlagartig. Ein eisiger Wind blies uns ins Gesicht und die Wellen bremsten unser Fortkommen stark. Deshalb entschlossen wir uns, kurz hinter Sleetmute ans Ufer zu gehen und am nächsten morgen recht früh weiterzureisen. Der Blick am Folgemorgen aus dem Zelt zeigte, daß sich der Wind nicht gelegt hatte. Wir sind trotzdem losgefahren, aber schon nach einer Stunde mußten wir kapitulieren. Plötzlich regnete es auch noch in Strömen, weiße Wellen schwappten über unsere Boote und die niedrigen Wolken, die über unsere Köpfe sausten, verrieten nichts Gutes.

Es stürmte, einen Tag, zwei Tage und erst am dritten Abend zeigten sich die ersten Anzeichen einer möglichen Besserung. Wir begannen schon uns langsam Sorgen zu machen, ob wir in Aniak unser Flugzeug rechtzeitig erreichen würden. Wir mußten nüchtern festzustellen, daß es unmöglich war, die verbleibenden 200

Kilometer unter solchen widrigen Bedingungen zu paddeln.

Endlich am Morgen des vierten Tages regnete es nicht mehr. Der Fluß ähnelte einem Meer. Die dunkle Wasseroberfläche war aufgewühlt und die Wellen schlugen mit einer respektablen Wucht an die Uferböschung. Wir fuhren los und bewegten uns langsam am windgeschützten Ufer entlang. Es war sehr beschwerlich. Als wir abends erschöpft unsere Zelte bauten, ließ endlich der Wind, der sonst ununterbrochen vom Meer kam, nach. Bevor wir schlafen gingen, spiegelte sich die Landschaft zum ersten Mal nach vielen Tagen wieder wie gewohnt im Fluß.

Da wir viel Zeit verloren hatten, mußten wir unbedingt unseren Rhythmus ändern. Solange windig war schliefen wir. Abends und in der Nacht wurde gepaddelt. Für zwei, drei Stunden war es nach Mitternacht schon dunkel, aber unsere Augen hatten sich dem schwachen Licht angepaßt. Weil wir nicht mit Stromschnellen oder mit Baumleichen rechnen mußten, war unsere nächtliche Fahrt nicht wirklich gefährlich.

Den letzten Tag vor Aniak erlebten wir eine nette Geschichte. Nach unserer Nachtfahrt war es Mittag geworden und alle schliefen noch. Dann hörte ich Wilhelms Stimme. Er meinte, jemand klaut unsere Paddel. Tatsächlich, in dem Augenblick hörte ich auch die typischen Geräusche des Paddelklapperns. Wie ein Blitz stand ich vor meinem Zelt. Wilhelm war auch schon draußen. Auf einer kleinen Sandinsel unweit des Ufers lief ein Bär hin und her. Sein Verhalten war äußerst merkwürdig. Dann hörten wir wieder das Klappern von Paddeln, die hinter einem Busch versteckt waren. Wilhelm klatschte in die Hände. Plötzlich huschten zwei schwarze Flecken durch die kleine Buschöffnung. Wie zwei Spitzbuben nach ihrem Streich liefen die zwei Bärenkinder am Ufer stromabwärts. Die Bärenmutter sprang ins Wasser und folgte ihnen. Das Rätsel hatte sich aufgeklärt. Die kleinen Bären spielten mit unseren Paddeln und die Mutter ängstigte sich um ihre Kinder und war deshalb so unruhig. Warum den Bärenkindern unsere Paddel gefielen, ist schwer zu sagen, aber vielleicht ist es ein Indiz dafür, daß die alaskanischen Bären sich für den Wassersport begeistern würden, wenn sie nur die entsprechende Anleitung bekämen.

Als sich uns auf der rechten Seite des Flusses die Russian Mountains, wunderschöne, runde Hügel, die jeden Touristen direkt zur Wanderung einladen, zeigten, war es ein sicheres Zeichen dafür, daß wir uns Aniak näherten. Es war auch höchste Zeit, denn es fehlte nicht viel und wir hätten sonst unsere Maschine nach Europa verpaßt.

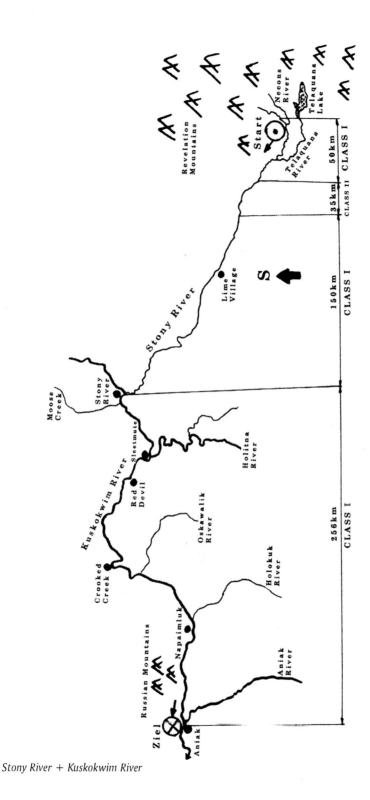

Stony River + Kuskokwim River

Informationen über die Fahrt in Kürze

Schwierigkeiten:

Der Stony River ist mit Ausnahme des Canyons ein einfacher Fluß mit einer moderaten Strömung. Die Geschwindigkeit bewegt sich zwischen drei und sechs Kilometern in der Stunde. In dem fünfunddreißig Kilometer langen Canyon ist jedoch eine gute Fähigkeit des Lesens von Stromschnellen sowie eine schnelle Orientierung absolut notwendig. Eine gute Abstimmung der Bootsbesatzung ist sehr wichtig.

Der Kuskokwim River ist der zweitgrößte Fluß Alaskas. In dem befahrenen Abschnitt trifft man keine schwierigen Passagen an. Die Navigation ist einfach. Infolge der Luftströmungen bilden sich, in der Regel tagsüber, ansehnliche Wellen, welche die Fahrt erschweren. Deshalb empfiehlt es sich, an stürmischen Tagen am Abend und in der Nacht zu fahren, wenn es noch ausreichend hell ist.

Boote:

In Anbetracht dessen, daß man an den Oberlauf des Stony Rivers nur mit einem Buschflugzeug gelangen kann, kommen nur ein aufblasbare Trekkingboote oder Faltboote in Frage. Auf dem Kuskokwim kann man mit allem fahren was schwimmt.

Transport:

Der schnellste und preiswerteste Transport zum Oberlauf des Stony River ist das Airtaxi von Anchorage aus. Bei einer guten Flugzeugauslastung kostet der Flug um die dreihundert Dollar pro Person. Nach Beendigung der Tour existieren mehrere Möglichkeiten ausgeflogen zu werden. Entweder kann ein Airtaxi von Lime Village, Stony Village oder Red Devil herbeigerufen werden, oder man paddelt bis nach Aniak, von wo täglich mehrere regelmäßige Flugverbindungen nach Anchorage unterhalten werden.

Karten:

Stony River: Lime Hills A-3, A-4, A-5, A-6, B-5, B-6, B-7, B-8. Sleetmute B-1, C-1, C-2, D-2.

Kuskokwim River: Sleetmute C-3, C-4, D-4, D-5, D-6, C-6, C-7, C-8. Russian

Mission: C-1, C-2.

Für den Kuskokwim River braucht man nicht unbedingt Karten im Maßstab 1:63 360. Es reichen die Karten Sleetmute und Russian Mission, die einen Maßstab von 1:250 000 aufweisen.

Die Karten kann man auf dem Campus der Alaska Pacific University, 4230 University Drive, Anchorage, AK kaufen, oder sie lassen sich bei USGS Map Sales, Box 25286, Denver, CO 80225, USA, bestellen. Informationen über den Kartenerwerb können auch unter: www.store.usgs.gov abgefragt werden.

Zeitplanung:

Für den Stony River sind zehn Tage angemessen. Die gleiche Zeit ist auch für den Kuskokwim River zwischen Stony Village und Aniak einzuplanen. Selbstverständlich können auch beide Strecken schneller gefahren werden. Es hängt nur davon ab, wie lange man täglich paddelt. Wer jedoch die Natur Alaskas wirklich erleben und genießen möchte, sollte sich allerdings mehr Zeit nehmen. Es lohnt sich.

Fische:

Äsche, Hecht, Arktischer Saibling, Dolly Varden, Königslachs, Silberlachs, Hundslachs.

Tiere und Vögel:

Grizzlybär, Schwarzbär, Elch, Wolf, Fuchs, Vielfraß, Biber, Adler und die meisten Arten der bekannten Wasservögel.

MULCHATNA RIVER

Dieser Fluß wird durch den Turquoise Lake gespeist, einem wahren Juwel, das aus der Truhe der Naturschätze irgendwann herausgefallen ist und durch prächtige Bergriesen mit weißen Kragen aus kaltem Eis behütet und geschützt wird.

Geographisch gesehen, befindet sich der Turquoise Lake zwischen den Bergketten Neacola a Chignit in der Alaska Range. Er liegt ungefähr achthundertfünfzig Meter oberhalb des Meerwasserspiegels und seine Farbe ist so türkis bis giftig grün, daß man kaum glauben kann, daß er nur mit purem Wasser gefüllt ist. Auch ein einfacher Test überzeugt nicht. Taucht man die eigene Hand in die grüne Flüssigkeit hinein, hat man das Gefühl, ihre Temperatur liegt tief unterhalb des Gefrierpunktes. Aber so ist es mit Gefühlen, sie können trügen. Natürlich ist es reines Wasser, Wasser von den umliegenden Gletschern.

Der Mulchatna fließt zuerst durch eine Bergtundra, welche im Sommer Abermillionen von Moskitos, Abertausende von Karibus und Aberhunderte von Bären, überwiegend der Marke Grizzly, beheimatet. Danach hat sie sich irgendwann einen, ziemlich unbequemen Weg quer durch die Bonanza Hills ertrotzt. Der Fluß drängt sich durch eine hohe Hügelkette, in der er wunderschöne Canyons eingemeißelt hat. Wenn er sich aus diesem Korsett befreit hat, läuft er unbekümmert und fröhlich in mehreren kleineren Flußarmen in die unendliche Weite des nördlichen Urwaldes hinein um bald festzustellen, daß seine Stärke in der Einheit liegt. Er verbindet sich wieder zu einem reizenden Fluß und eilt gen Süden. Nach insgesamt dreihundertfünfzig Kilometern verlobt er sich mit dem mächtigen Nushagak, einem Megafluß mit trübem Wasser, um sich nach einem hundert Kilometern langen gemeinsamen Pilgerweg in der schieren Unendlichkeit der Bristol Bay aufzulösen.

Der logische Grund dafür, daß diese einmalige Wildnis auch in der heutigen Zeit des Massentourismus absolut unberührt geblieben ist, liegt darin, daß östlich der Alaska Range keine Straßenanbindung an das alaskanische Straßennetz existiert. Der psychologische Grund, vielleicht der wichtigste von allen, hat aber wesentlich mit dem winzigen Tierchen namens Moskito zu tun. Es ist nicht die Angst vor den blutdürstigen Bären. Nein, gegen sie kann man sich verteidigen. Dafür gibt es doch wirksame Gewehre, Pistolen und auch, kein Witz, Spray. Gegen Moskito gibt es natürlich auch Sprays und verschiedene anderen Mittel, aber man kann sie nicht eliminieren, unschädlich machen, zur Strecke bringen. Einige oder zehn kann man den Garaus machen, aber ihre Stellen nehmen gleich neue Kämpfer ein. Sie brauchen gar nicht den gestreßten Touristen anzugreifen, gemeint ist zu stechen. Nein, es reicht völlig aus, wenn er stundenlang dem Summen der feinen Moskitoflügel ausgesetzt wird um in völlige Panik zu geraten. Das ist psychologische Kriegsführung par Excellence. Nicht die Kraft des Einzelnen, sondern die geballte Kraft der Masse ist entscheidend. Ein bekanntes Prinzip, das in diesem Falle für die Touristen eine abschreckende, für die Natur aber eine wohltuende Wirkung hat.

Es war Anfang Juli 1996 und die Welt schien in bester Ordnung zu sein. In Anchorage, auf dem Lake Hood hatten wir unser Gepäck so komprimiert, daß es endlich in die zwei kleinen Flugzeuge, die uns zum Turqoise Lake fliegen sollten, hineinpaßte. Endlich waren wir in der Luft. Wir überflogen den Flughafen von Anchorage und befanden uns bald über dem Cook Inlet. In einer Stunde und dreißig Minuten sollten wir den Turquoise Lake erreichen. Diesmal waren meine Frau Irene, mein guter Freund Joe und unsere drei Söhne Martin, Peter und Roman mit von der Partie.

Nachdem wir die Vorberge der Alaska Range erreicht haben, tauchten wir in ein Tal ein in dem wir langsam aber stetig aufstiegen, bis wir einen kahlen Paß in nur vielleicht dreißig Metern überflogen und uns in das östliche Tal begaben. Es war wortwörtlich atemberaubend. Starke Turbulenzen hatten uns anständig durchgeschüttelt und wir hatten wohl begriffen, warum alle Gepäckstücke sorgfältig angebunden werden mußten. Auf beiden Seiten erblickten wir Gletscher, die ihre schmutzigen Zungen bis ins Tal hinunterstreckten. Es war ein prägender Einblick tief hinein in die Seele der höchsten alaskanischen Bergkette.

Als sich das Tal langsam öffnete, überflogen wir den Telaquana Lake und bogen dann links ab. Wir folgten der Bergkette über eine hügelige baumlose Landschaft mit der typischen Vegetation einer Bergtundra. Ab und zu waren einzelne Karibu zu sehen wie sie zufrieden die Flechten abweideten.

Dann tauchte endlich aus der Ferne die fein geschliffene Fläche des Turquoise Lake auf. Eingesetzt in die schneeweiße Kette der umliegenden Berge ziert dieser Edelstein den nackten Bergrücken der Alaska Range. Aus dem See lief ein weißes, mit Sonnenlicht durchstrahltes Bändchen, das sich in der Weite der Landschaft verlor. Es war der Mulchatna. Der Pilot drehte das Flugzeug auf die Seite und zeigte herunter. Unter uns marschierte Mama Grizzly mit ihrem Nachwuchs. Nach kurzer Zeit zeigte er auf den Hang oberhalb des Sees. Wieder ein Grizzly, diesmal alleine und mit der Suche nach irgendwelchen Wurzeln beschäftigt. Es waren einfach zu viele Eindrücke auf einmal. Uns blieb kaum Zeit auf dumme Gedanken. Schon näherten wir uns der Wasseroberfläche. Die silbernen Pontons des Wasserflugzeuges zerschnitten die grüne Wasseroberfläche wie Butter und kurz danach kamen wir zum Stehen. In der Ferne senkte sich langsam das zweite Flugzeug vom Himmel in den See.

Zehn Meter teilten uns noch vom Festland, aber das Flugzeug hatte nicht genügend Wasser unter den Schwimmern. Mit unserem Gepäck auf den Rücken mußten wir durch das Wasser zum Ufer waten. Bis endlich unsere Bagage auf dem Ufer lag, fühlten wir unsere Beine nicht mehr. Wir hatten den Eindruck statt durch Wasser durch flüssigen Stickstoff zu waten, so kalt war es uns geworden. Schnell verabschiedeten wir uns von unseren Piloten und eilig suchten wir nach dicken Socken und Pullovern. Es war verdammt kalt.

Als sich die beiden Flugzeuge in der Luft befanden, winkten wir alle mit unseren Händen und sie mit ihren Flügeln. Bald darauf verschwanden sie am Horizont und uns überfiel die kalte Stille der alaskanischen Bergwelt.

Wir sahen uns um und fanden überall nur bis zu den Knien reichende Sträucher, die kein richtiges Brennholz versprachen. An ein wärmendes Feuer war nicht zu denken. Zur Aufwärmung begannen wir unsere drei Trekkingkanus aufzublasen. Dabei wurde uns endlich warm und das war auch nötig. Diesmal hatten wir ein "Metzeler" und zwei tschechischen Boote "Palava" der gleichen Bauart mitgenommen.

Als die Jungs mit dem Aufbau des ersten Kanu gerade fertig waren, bekamen wir einen unangemeldeten Besuch. Ein neugieriger Grizzly eilte zu uns um nachzuschauen, was wir in seinem Revier treiben. Er marschierte gerade aus auf uns zu und ignorierte völlig unser Pfeifkonzert, der zwar an Intensität, nicht aber an Wirkung zunahm. Die Situation wurde kontinuierlich mit dem schmelzenden Abstand zum Bär ungemütlicher. Da zeigte sich Peter als ein Mann der schnellen, in diesem Falle wohl Gott sei Dank, richtigen Entscheidung. Er stellte das aufgeblasene Boot senkrecht in die Luft und bewegte es hin und her. Dieses Ungeheuer hatte den Bären offensichtlich beeindruckt. Er blieb endlich stehen und stellte sich aufrecht auf seine Hinterbeine um die Lage besser überblicken zu können. Peter winkte fleißig mit seinem Gummiungeheuer und wir erzeugten einen Krach, den der Turqoise Lake noch nicht gehört hatte. Schließlich entschied sich der Bär zur Flucht. Er drehte sich um und lief eilig zurück zu seinem Berghang, wo wir ihm von Flugzeug aus schon beobachtet haben.

Nach drei Stunden tauchte er wieder auf. Er schien fest entschlossen unseren am Boden ausgebreiteten Proviant, den wir gerade wasserdicht verpacken wollten, aufzufressen. Diesmal hatten wir aber schon alle drei Boote bereit. Als er ungefähr dreißig Meter von uns entfernt war, stellten wir alle drei Boote senkrecht in die Luft auf. Die Wirkung war frappierend. Der arme Bär mußte einen furchtbaren Schock erlitten haben, sonst war sein Verhalten nicht zu erklären. Er sprang urplötzlich vom Ufer aus mit einem einzigen Satz in den See. Dort kühlte er wahrscheinlich schnell ab und suchte deshalb eiligst wieder das Ufer auf. Dabei spritzte das Wasser in beachtlichen Fontänen hoch. Er lief wieder zu seinen Hang hinüber. Seine Neugierde war offenbar ausreichend befriedigt, weil er nicht mehr stehen blieb und hinter dem Bergrücken verschwand. Um so größer war aber unsere Überraschung, als wir ihn am nächsten Morgen wieder an der gewohnten Stelle im Hang sehen konnten.

Wir verpackten unsere Habe in die Boote und verließen unseren Standort um dem Bären sein Lebensraum nicht weiter streitig zu machen. Es war sein Reich in das wir eingedrungen waren. Wir paddelten über den See und ergötzten uns an der Schönheit der uns umgebenden Naturkulisse. Als unsere Sinne gesättigt waren, richteten wir unsere Boote zum Fluß hin.

Der Mulchatna hat uns auf den Rücken genommen und trug uns am Anfang gemächlich bergab. Bald aber veränderte sich seine Farbe von türkis zu weiß und wir fuhren in die ersten Stromschnellen hinein. Weiße Wellen ondulierten den zehn Meter breiten Strom und nach dem ersten Kilometer wußten wir, daß der Fluß ideal für unsere Boote ist oder umgekehrt, daß wir die richtigen Boote für den Mulchatna gewählt hatten. Ungehemmte Freudenschreie wurden durch die Geräuschkulisse des Wildwassers gedämpft. Ab und zu waren allerdings auch verzweifelte Aufschreie zu hören. Sie wurden automatisch aus unseren Kehlen ausgestoßen, wenn sich eine unbändige Welle kalten Wassers über unsere Körper ergoß.

Es herrschte perfektes Sommerwetter und so stellte eine feuchte Erfrischung überhaupt kein Problem dar. Wir fuhren durch die Bergtundra ohne höhere Vegetation. Im Fluß befanden sich ab und zu große Felsbrocken hinter denen wir uns immer wieder verstecken konnten um neue Kräfte zu sammeln. Die Ufer waren steinig und teilweise von niedrigen Felsen und durchgehenden Felsformationen gesäumt. Wir sichteten in der Ferne die ersten Sträucher sowie einsame verkrüppelte Bäume, überwiegend Erlen. An dem ersten Gehölz hielten wir an um unser erstes Lager am Fluß aufzuschlagen. Wir waren müde, hungrig aber so glücklich, wie nur ein Mensch in der reinsten Natur ohne jegliche Zivilisationslast glücklich sein kann.

Wir entfachten ein kleines Feuer und freuten uns riesig über seine Wärme. Es ergänzte die romantische Bergkulisse perfekt und vermittelte uns gleichzeitig das angenehme Gefühl der Geborgenheit unter dem unendlichen alaskanischen Himmel. Auf dem Hang in unserer Sichtweite asten zufrieden zwei prächtige Karibus. Ihre unsinnig großen und verzweigten Geweihe bewegten sich hin und her und sahen aus wie trockene Äste, die durch den Wind bewegt werden.

Es fiel mir auf, daß in der Nähe der alte Talaquana Trail den Fluß überqueren mußte. Er wurde früher von den Indianer genutzt und verband den Lake Clark im Süden mit der indianischen Siedlung am Talaquana Lake im Norden, die aber schon seit etlichen Jahren verlassen war.

Gleich am nächsten Morgen entschlossen wir uns zu erkunden, ob wir vielleicht noch Reste finden würden.

Martin mit Peter sind im Lager geblieben und versprachen uns, sich um eine fischige Malzeit zu kümmern. Über die Tundra konnte man hervorragend gehen. Der elastische aber nicht zu weiche Untergrund dämpfte unsere Schritte wie ein persischer Teppich der besten Qualität. Wir hielten Ausschau nach Karibus und tatsächlich konnte man in der weiten Landschaft einige ausmachen. Vor dem Gipfel einer sanften Erhöhung zupfte Roman hektisch an meiner Hand und zeigte ohne ein Wort zu sagen nach vorn.

Drei braune Rücken bewegten sich in unsere Richtung. Zuerst dachte ich an Karibus. Karibus ohne Geweihe? Plötzlich tauchte schon der erste Grizzly auf. Er wackelte mit seinem riesigen Kopf hin und her im Rhythmus seines Ganges. Hinter ihm der Zweite und der Dritte, beide kaum kleiner als ihre Mutter. Wie drei Soldaten marschierten sie an uns hintereinander in fünfzehn Meter Entfernung vorbei. Wir standen wie versteinert. Bis heute weiß ich nicht, ob sie uns nicht gesehen und nicht gerochen haben, was sehr unwahrscheinlich wäre, oder ob sie uns einfach ignorierten.

Als sie vorbei waren, stellten wir mit Schrecken fest, daß sie direkt auf unser Lager zugingen. Es blieb uns keine Zeit übrig, lange zu überlegen. Gebückt wie eine Horde von Schimpansen rasten wir durch eine sanfte Mulde zum Lager hin. Wir hatten kaum anständig Luft geholt als wir alle drei Bärchen, auf ihre Hinterbeine aufgerichtet, vor uns sahen. Sie schauten uns von der Böschung neugierig an. Wieder standen wir da mit unseren Gummibooten bewaffnet und warteten was passieren würde. Es vergingen lange Sekunden mit einer drückenden Ungewißheit, was alles geschehen könnte.

Endlich stellte sich die Bärin wieder auf ihre vier Beine und genauso brav taten es auch ihre zwei großen Kinder. Als ob Nichts gewesen wäre, setzten sie ihre Wanderung in die Flußrichtung fort. Bald wurden sie von Sträuchern verdeckt und wir sahen sie nie mehr wieder. Ohne diese spannende Begegnung mit diesen faszinierenden Urbewohnern Alaskas wäre unsere Reise sicherlich um einiges ärmer gewesen.

Den Tag darauf erfreute uns wieder das herrliche Wasser des Mulchatna. Wir starteten in eine dreißig Kilometer lange Strecke mit frischen Stromschnellen, deren Schwierigkeit niemals die Grenze einer akuten Gefahr überschritt. Ein wahrer Leckerbissen für jeden Kanuten. Langsam näherten wir uns der Waldgrenze. Immer öfter erblickte man einzelne Tannen und in windgeschützten Ecken auch Baumgruppen bestehend aus Tannen, Erlen und Weiden. Die Ufer wurden höher und die brüchigen, aus verschiedenen farbigen Schichten gepreßten scharfkantigen Felsen verrieten, daß wir gut aufpassen sollten. Die schönen, runden Steine waren zwar nicht verschwunden, aber zwischen ihnen lauerten auf unsere Gummiboote zahlreiche scharfe Felsausläufe.

Ich fuhr mit Joe im Metzeler und einige Berührungen mit den Haifischzähnen hatten wir bereits heil überlebt. Überrascht bemerkten wir, daß unser Boden die Luft verlor und damit das Boot auch die notwendige Stabilität. Am Ufer entluden wir deshalb schnell das Gepäck, drehten das Kanu um und sahen der Wahrheit direkt in die Augen. Ein messerscharfer Stein hatte in den Boden ein dreißig Zentimeter langes Loch geschnitten, das exakt in der Fahrtrichtung verlief. Es war eine schöne Bescherung.

Gleich an der Anlandestelle schlugen wir unser Notlager auf. Das Metzlerboot ist aus einem robusten High-tech Material hergestellt, welches aber einen besonderen Kleber und eine erhöhte Sorgfalt bei der Reparatur verlangt. Die Bedingungen in der Wildnis sind aber nicht immer ideal und so machte ich mir Sorgen, ob mir die Reparatur eines so großen Risses gelingen würde. Die Haut unserer tschechischen Boote ist aus gewöhnlichem Gummi gefertigt und ist deshalb wesentlich elastischer als die des Metzlers. Sie läßt sich einfach wie ein Fahrradschlauch reparieren, was ich aber zum Glück noch nicht ausprobieren mußte.

Als die Haut getrocknet war, wagte ich mich an die Operation. Ich bin exakt nach der Vorschrift vorgegangen und alles sah vertrauensvoll aus. Jetzt konnten wir nur warten. Die Wunde mußte heilen. Am Feuer diskutierten wir den Notfall. Was werden wir wohl unternehmen, wenn es nicht gelingen sollte die Stelle abzudichten? Eines war sicher. Mit einer Hilfe vom Außen war dort bestimmt nicht zu rechnen.

Am nächsten Morgen eilte ich zuerst zum Boot. Es sah gut aus, denn der Flicken saß wie angegossen. Wir setzten die Kammer unter niedrigerem Luftdruck als gewöhnlich und setzten unsere Fahrt ohne weitere Probleme fort. Vor uns wuchsen die Berge des malerischen Gebirgszuges mit dem romantischen Namen Bonanza Hills. Sie stellten sich dem Mulchatna entschlossen in den Weg und ich konnte mir beim besten Willen nicht vorstellen, wie sie der Fluß überwinden könnte.

Das enge Flußtal schnitt sich tiefer und tiefer in die vorgelagerten Ausläufe des Gebirges ein. Wir nutzten eine der letzten Möglichkeiten zum Zelten und bauten sie auf einer Anhöhe auf. Es duftete dort so intensiv nach Kräutern, Moos und Flechten, daß wir uns fürchteten, während der Nacht betäubt zu werden und am nächsten Morgen nicht aus den Federn zu kommen.

Dem war aber nicht so. Schon gegen neun Uhr waren wir bereit zu neuen Taten. Wir stiegen zuerst den Hang hinauf auf eine platte Anhöhe, überquerten sie und setzten unsere Wanderung auf dem Kamm der Bonanza Hills fort. Eine atemberaubend schöne Landschaft öffnete sich unseren Augen als dreidimensionales Panoramabild. Weit zurück konnten wir die Alaska Range sehen. Als wir nach zwei

Stunden den Kamm erstiegen, sahen wir auf der anderen Seite des Gebirgszuges die unendliche, unberührte Wildnis in der die Seen glänzten wie verstreuten Edelsteine. Der Mulchatna zeigte sich uns als ein silberner Streifen, der sich in der Ferne im Waldbewuchs verlor.

Auf der Höhe war es frisch und windig gewesen und deswegen suchten wir bald den Windschutz in einer Vertiefung, die uns zu einem vielleicht dreihundert Meter tiefen Canyon führte. Wir schauten über die scharfe Kante herunter und sahen am Boden das grüne Mulchatnawasser mit weißen Stromschnellen durchsetzt. Dort hatte also Mulchatna seinen Weg durch die Bonanza Hills gefunden. Durch die hohen Felsen mußte er sich seinen Weg in tausenden von Jahren durchbeißen um weiterzukommen.

Wir studierten den Fluß mit dem Fernglas, weil wir wußten, daß wir am nächsten Tag die Schlucht befahren würden. Plötzlich zeigten sich dort drei Karibu, überquerten den Fluß und wanderten langsam gegen die Strömung hoch. Es war ein herrlicher Anblick auf die schmale Bühne unter uns, für den sich alleine schon die Strapaze dieser Alaskafahrt gelohnt hätte.

Auf unserem Rückweg bewunderten wir die Vielfalt der Flechten und der niedlichen kleinen Blumen, die überall verstreut wuchsen. Man muß sich zu ihnen bücken und sie ganz aus der Nähe betrachten, um ihre Schönheit wahrzunehmen. Leider habe ich während des Biologieunterrichtes in der Schule nicht aufgepaßt und so kenne ich ihre Namen nicht. Höchstwahrscheinlich haben wir sie aber gar nicht durchgenommen. Schade.

Die Fahrt durch den Canyon war unvergeßlich. Der schäumende Mulchatna bot uns das Beste was er hatte und wir wußten es zu schätzen. Einige Male blieben wir stehen und erfreuten uns über die spektakuläre Landschaft und die wilden Stromschnellen. Wir wußten, daß sich der Fluß hinter dem Canon beruhigt und wir die nächsten Rapids erst einige Tage später wieder antreffen würden.

An der Canyonausfahrt breitete sich der Himmel über uns langsam aus und die Stromschnellen wurden schwächer und schwächer bis sie völlig verschwanden und mit ihnen auch das weiche, angenehme Rauschen des Wassers. Es wurde plötzlich still und wir ließen uns auf einer grünen polierten Oberfläche des Flusses treiben. Die Bonanza Hills hatten wir jetzt im Rücken und vor uns lag der unberührte alaskanische Urwald, durch den uns nun der Mulchatna zum Meer führen konnte.

Ein Weißkopfadler kreiste über uns in der Luft. Als ob er uns zeigen wollte was er alles kann, produzierte er sich direkt vor unseren Augen. Ich hatte sogar den Eindruck gewonnen, er wollte uns neidisch machen. Nur deshalb schraubte er sich in die Höhe und dann ließ er sich elegant in der Luftströmung treiben, so, wie wir es im Element Wasser manchmal auch taten nur mit dem Unterschied, daß er dazu kein Boot brauchte. Ich mußte zugeben, daß ich ihn für seine Überlegenheit und Freiheit der Bewegung, für sein enormes Seevermögen und natürlich auch für sein tadelloses Image, das er als Wappentier im Tierreich genießt, beneidete. Aber dann fragte ich mich, was für eine Botschaft hat er uns vielleicht sonst bringen wollen und mir fiel spontan ein, daß er uns durch seine elegante Flugvorführung sagen wolte: „...im Fluß ziehen die Lachse, fangt sie und ich werde schon die Abfälle entsorgen". Es war eine gute Nachricht.

Nach dem Canyon teilte sich der Strom in mehrere Flußläufe auf und uns blieb kaum Zeit zu überlegen, welchen für einen wir auswählen sollten. Wir entschieden uns spontan für den, der unserer Meinung nach das meiste Wasser mit sich führte. Die Strömung war reißend und zu unserer Überraschung teilte sich der schmale Flußlauf immer wieder. Er nahm aber auch wieder andere Bäche auf. Wir waren von Walddickicht umgeben und die unterspülten, schräg hängenden Bäume in den scharfen Biegungen warnten uns eindringlich vor einer möglichen Gefahr durch tote Bäume im Fluß.

Es dauerte nicht lange, da lag der erste Baum quer über dem Fluß und blockierte uns vollständig den Weg. Zum Glück konnten wir noch rechtzeitig landen. Mit der Säge hatten wir uns die Durchfahrt verschafft, aber hundert Meter weiter lag im Wasser schon der nächste Baum. Auch den haben wir durchgesägt noch nicht wissend, daß unsere Freude nur von kurzer Dauer sein würde. Schon hinter der nächsten Biegung wartete auf uns das nächste Hindernis. Fleißige Biber hatten sich dort ihr Haus aufgestellt. Kein Häuschen, ein riesiges Vorratshaus haben sie uns in den Weg gestellt. Was sollten wir jetzt machen?

Nach einer Erkundung stellten wir fest, daß hinter dem Biberbau weitere Bäume im Strom lagen. So blieb uns nichts anderes übrig, unsere Boote gegen die Strömung bis zum letzten Abzweig heraufzuziehen und einen anderen Weg zu versuchen.

Obwohl es sich nur um einige hundert Meter handelte, dauerte unser Rückzug mehrere Stunden. Es war ein sehr schwieriges Unterfangen, die Boote an allen Hindernissen vorbei zu ziehen. Im Wasser konnten wir nicht stehen und das Ufer war bis zum Wasser hin von dichtem Baumbewuchs gesäumt, so daß es unmöglich war, am Fluß entlang zu gehen.

Zum Glück fanden wir ein leeres Flußbett dessen Grund so beschaffen war, daß man über ihm gut gehen konnte. Es war offensichtlich nur bei Hochwasser überflutet und führte zu einem anderen Strom in dem ungewöhnlich gespenstischen Irrgarten des Mulchatna. Mit gemischten Gefühlen entluden wir unsere Boote und legten eine unfreiwillige Portage ein.

Es lohnte sich. Wir konnten endlich unsere Fahrt fortsetzen. Wir rätselten, wie lange es noch dauern würde, bis wir aus dem Labyrinth herauskämen. Stunden oder sogar Tage? Keiner von uns wagte eine Prognose.

Erschöpft entschlossen wir uns, in dem Dschungel zu übernachten. Einen einigermaßen ebenen Zeltplatz im Busch zu finden ist schwierig. Aber wir hatten keine andere Wahl. Jeder von uns mußte sich sein Plätzchen so präparieren, daß er dort sein Zelt aufbauen konnte. Die Zelte waren im Wald verstreut wie Pilze. Wie zu erwarten war, dauerte es nicht lange und die ersten Moskitos erstatteten uns ihren Besuch. Die Nachricht über die komischen Kreaturen, die in ihr Reich eingedrungen waren, mußte sich im Lande mit Lichtgeschwindigkeit verbreitet haben. Scharen von Neugierigen besuchten uns, summten an unseren Ohren und ab und zu hatten sie auch eine beißende Bemerkung. Aber daß sie nach unserem Leben trachteten, so wie wir nach ihrem, das gab es zum Glück nicht. Die so oft praktizierte Regel des am weitesten entwickelten Lebewesens auf Erden „Auge um Auge, Zahn um Zahn" war für sie, Gott sei Dank, völlig unbekannt.

In der Nacht wurde ich ständig wach. Ich mußte feststellen, daß ich diesmal meine Handpflege sträflich vernachlässigt hatte. Meine nur an Schreibtischarbeit gewöhnten Hände wurden durch die Einwirkung vom Wasser, Sonne, Wind und Feuer so rissig, daß sie mir in der Nacht beißende Schmerzen verursachten. Ich sehnte mich nach dem Morgen in der trügerischen Vorstellung, daß es dann besser würde. Dem war aber nicht so. Ich war nicht in der Lage mein Hemd anzuziehen, wie sollte ich dann paddeln?

Wir mußten ein Tag Ruhe einlegen in der Hoffnung, daß meine Hände so weit heilen würden, daß wir am Tag darauf diesen dunklen, feuchten und moskitoverseuchten Urwald verlassen könnten. Die Jungs hatten nichts dagegen. Sie hatten festgestellt, daß im Strom tatsächlich Lachse zogen. Vereinzelt oder auch in kleinen Gruppen kämpften sie mit der Strömung unbeirrt ihrem Ziel folgend, an dem dann angekommen, sie laichen und sterben würden. Merkwürdig, aber so hat es die Mutter Natur eingerichtet.

Es waren Königslachse, von denen noch die letzten verspäteten Fische zu ihren Laichplätzen zogen. Normalerweise zieht er in den Monaten Mai und Juni, abhängig vom Gewässer und vom Jahr. Bei der Jagd auf den König der Salmoniden mußten die Angler feststellen, daß sich der Lachs um ihre Blinker und sonstigen Köder gar nicht kümmerte, weil er während seiner Wanderung zu den Laichgebieten gar keine Nahrung zu sich nimmt. Um so gieriger waren aber die Äschen. Sie kämpften wortwörtlich um jeden kleinen roten Blinker und konnten nicht ahnen, daß in ihm der gemeine Haken versteckt war. Joe fing an dieser Stelle einen besonderen Fisch, den wir nicht identifizieren konnten. Später lernten wir, daß es sich um Longnose Sucker, einen seltenen Weißfisch, welcher schnelles Wasser liebt, handelte.

Ich saß auf unserem Plastikbehälter, in dem wir den Proviant aufbewahrt haben, fettete meine Hände fleißig mit Handcreme und las. Auf dem Grillrost vor mir brieten drei Äschen. Plötzlich brachen auf der gegenüber liegenden Seite des schmalen Stromes einige Zweige und als ich meinen Kopf aufgerichtet hatte, sah ich zwei Grizzlybären, die mich im Visier hatten. Einer von ihnen hatte sich aufgestellt, dann laut gebellt, wahrscheinlich hatte er geschimpft, und verschwand er wieder mit einem Sprung im Busch. Der zweite, wahrscheinlich der Nachwuchs, folgte ihm. Alles ging so schnell, daß ich gar nicht reagieren, geschweige dann agieren, konnte. Als der Spuk vorbei war, fiel mir erst ein, daß die Bären gar nicht mich im Visier hatten, sondern die duftenden Fische auf dem Grill.

Joe hatte vorgeschlagen, daß wir die Fische sofort essen sollten. "Was könnte alles passieren, wenn sich das die Bären noch anders überlegen und zurückkommen würden," argumentierte er. "Und was erst passieren würde, wenn sie zurückkämen und die Fische nicht finden würden," fragte besorgt Irene. Ich suchte eine harmlose Antwort, aber Roman hat sich schon hören lassen mit der lapidaren Feststellung: „...dann wären wir dran, denn das ist ein ungeschriebenes Naturgesetz, fressen und gefressen zu werden."

Die Fische verschlungen wir in Eile und ihre Reste wurden sorgfältig im Feuer verbrannt. Die Jungs gingen dann sofort zum Wasser um sich ihre Hände mit Seife ordentlich zu waschen. Das gefiel natürlich der Mutter sehr. Joe und ich steckten uns einen dicken Torpedo an. Diesmal aber nicht so sehr gegen die bösen Moskitos mehr gegen die Bären. Moskitos hatten wir kaum vertrieben, Bären aber definitiv!

Am nächsten Morgen regnete es. Meine Hände hatten sich erstaunlich gut erholt, so gut, daß ich ohne Schmerzen paddeln konnte. Regen hin oder her, wir alle wollten raus aus dem ungemütlichen Busch. Als wir am Wasser waren, zeigte sich der Himmel versöhnlich. Der Regen hatte aufgehört. Einer Kurve folgte die nächste und so ging es ständig weiter. Dann aber kam die Schicksalskurve.

Ohne Vorwarnung fuhren wir in sie hinein und dann erblickten wir zwanzig Meter vor uns im Wasser eine stattliche Pappel. Die Strömung war so stark, daß wir keine Chance hatten, rechtzeitig zu landen. Alles spielte sich in ein paar Sekunden ab. Mit der Spitze des Bootes stießen wir auf den Baumstamm. Die Strömung drehte uns streng dem einfachen Physikgesetz folgend quer zur Strömung, dann hat sie uns klassisch umgekippt und zum Schluß mit brachialer Kraft unter den Baum gepreßt.

Als ich unter Wasser war, fühlte ich zuerst einen enormen Druck, der sich noch steigerte. Dann wurde ich plötzlich beschleunigt und zusammen mit dem Boot auf der anderen Seite des Baumes wie eine Rakete in die Luft katapultiert.

Vorschriftsmäßig hatte ich mich die ganze Zeit an das Boot geklammert und hatte sogar das Paddel fest in meiner Hand gehalten, so wie es in den schlauen Büchern geschrieben steht. Mein erster Blick in die Überwasserwelt erfreute mich.

Die langen Wellen des Pazifiks.

Die Ebbe.

Die Pazifikküste.

Die Mutter redet ihren Kindern zu.

Die Felsküste von Südostalaska.

White Sulphur Hot Springs.

Joan und der Wal in der Icy Strait.

Die Küste an der höchstwahrscheinlich Chirikov seine beiden Boote verlor.

Joe schwamm, Gott sei dank, wie ich in der Strömung und gemeinsam entfernten wir uns von dem verdammten Baum.

Die anderen Boote hatten zum Glück unsere verzweifelten Schreie gehört und landeten rechtzeitig an. Die Jungs eilten uns zur Hilfe und halfen uns aus dem Wasser. Erst als ich am Ufer stand, fühlte ich plötzlich die bissige Kälte, die meinen Körper lähmte.

Gebeugt standen wir am Ufer wie nasse Hühner. Irene holte uns trockne Kleidung. Wir befreiten uns von den nassen Sachen, trockneten uns und dann erst zogen wir die frischen Klamotten an. Langsam übertrug sich die wohltuende Wärme auf unsere Glieder. Es begann wieder zu regnen und wir mußten schnell unser Regendach aufspannen. Unter ihm begannen wir uns neu zu organisieren. Zuerst machten wir eine gründliche Schadensinventur. Dabei stellten wir fest, daß meinem Fotoapparat und meiner Videokamera die Nässe wahrhaft nicht gut getan hatte. Als Martin sie in den Händen hielt und das Wasser aus ihren Hohlräumen auskippte, war es ein trauriger Anblick. Die ausgetüftelte Technik, für die wie bekannt jedes Wasser, auch das saubere Mulchatnawasser, nicht bekömmlich ist, streikte. Ich war traurig, weil ich überzeugt war nicht mehr fotografieren zu können. Aber man sollte immer auf ein kleines Wunder hoffen. Martin trocknete beide Apparate, immer wenn es nur ging, in der Sonne und nach einer Woche erweckte er den Fotoapparat zu neuem Leben. Für die Videokamera brauchte er zwei Wochen.

Nach einer Stunde wurde es heller und über den Fluß spannte sich ein Regenbogen, den wir als Hoffnungszeichen auf bessere Zeiten deuteten. Peter stellte fest, daß unser Schicksalsbaum nicht der letzte im Fluß war, sondern daß gleich hinter der nächsten Biegung weitere Baumleichen unseren Weg versperrten. Wir mußten wieder einmal zurück.

Glücklicherweise konnte man das Ufer begehen und unsere Boote treideln. Wir nahmen gleich den ersten Abzweig und waren gespannt, ob wir durchkommen würden. Der Strom führte wenig Wasser und schlängelte sich kurvenreich durch das Gehölz. Man hatte den Eindruck bergauf zu fahren. Die Bonanza Hills sollten laut Karte an der linken Seite liegen, sie befanden sich aber eine lange, lange Zeit auf unseren rechten.

Hinter einer scharfen Biegung überraschten wir einen Bären beim Fischen. Er stand in der Strommitte und zum Glück erschrak er sich noch mehr und noch schneller als wir. Mit einem weiten Sprung erreichte er das Ufer und verschwand mit dem Geräusch der brechenden Äste und des Unterholzes im Busch. Die Strömung war dort ziemlich stark und von der Kollision mit dem Bären trennten uns nur einige Sekunden. Ich weiß es wirklich nicht was passiert wäre, wenn wir ihn gerammt hätten.

Es gibt Tage, die man das ganze Leben lang nicht vergessen kann. Dieser Tag war bestimmt so Einer. Aber alles hat ein Ende, nur die Wurst hat zwei. Nun hatte sich diese Volkswahrheit auch diesmal bestätigt. Aufatmend stellten wir nach einer Stunde fest, daß sich die zwei Flußarme wieder vereinigten, ja, sie nahmen sogar einen dritten und vierten dazu. Der Busch trat zurück und der Fluß eilte in sanften Bögen aus dem Irrgarten heraus. Wir schlugen unsere Zelte auf einem sonnigen Plätzchen auf und waren froh und glücklich. Alles war mal wieder gutgegangen. Ende gut, alles gut, wie das Sprichwort sagt.

Am nächsten Tag zeigte sich der Mulchatna von seiner Schokoladenseite. Als ob er sich mit uns versöhnen wollte, bot er uns eine etwa zwei Kilometer lange Strecke an, in der die weißen Stromschnellen ausreichend mit Sauerstoff versorgt wurden. Das kühle Spritzwasser des schäumenden Flusses war eine brutale Erfrischung, aber die Freudenschreie der Bootsbesatzungen zeugten davon, daß die Kanuten es genossen.

Großzügig beschenkte uns der Mulchatna auch mit Fischen. Neben prächtigen Äschen mit großen bläulig gefärbten Rückenflossen, von den Anglern auch Fahne gennant, schenkte er uns auch Regenbogenforellen und im seichten Wasser der kleinen Buchten Hechte. Am Morgen, als die Mannschaft noch schlief und eine leichte, kuschelige Nebeldecke den Fluß umhüllte, kam mir der Gedanke zum Frühstück einen Hecht zu fangen. Ich wählte einen roten Blinker aus und warf ihn ins ruhige Wasser einer kleinen Bucht. Er wurde sofort von einem größeren Fisch gefaßt. Die Schnur sauste durch die Rutenringe und die Bremse knarrte wild und laut. "Es muß ein großer Brocken sein," dachte ich mir und versuchte die abziehende Schnur zu stoppen. Endlich erreiche ich das Gleichgewicht der Kräfte und holte die Schnur langsam ein. Ich schwitzte und fürchtete, daß mir die dünne Schnur reißen könnte. Der Fisch kreuzte den Fluß und plötzlich zeigte er sich mit einem Sprung aus dem Wasser. Es war ein mächtiger Königslachs.

Warum und wieso er sich irgendwo im Pazifik so lange aufgehalten hatte und erst verspätet sein Laichgewässer aufsuchte, blieb sein Geheimnis. Ich fragte mich, warum er sich vergaß und seinem Jagdtrieb folgte. Nun hing er am Haken und kämpfte um sein Leben. Eine Viertelstunde maßen wir unsere Kräfte. Dann wurde er müde. Im Wasser stehend habe ich mit beiden Händen fest zugepackt und ihn an Land geholt. Es war ein Monster, ein wunderschönes Monster war es und gleichzeitig noch der König der Lachse.

Joe hatte mein Rufen gehört und war sofort, noch mit seinem Spezialpyjama bekleidet, zur Stelle. Er freute sich mit mir über den riesigen Fisch bis Irene kam und meinte, daß ich ihm lieber schwimmen lassen sollte. Sie hatte Recht. Zum Frühstück war er denkbar ungeeignet und sein Fleisch tagelang im Boot zu transportieren erschien uns zu schade. Wie bekannt, sollte der Fisch immer frisch sein. Langsam legte ich ihn ins Wasser und streifte über seinen festen Rücken wie bei einem treuen Gaul. Er verharrte zuerst und dann beschleunigte er wie ein Geschoß und verschwand in dem glasklarem Wasser zurück in sein nasses Reich, dort, wo ein König der Fische auch hingehört.

Zum Frühstück gab es danach Haferflocken mit Rosinen, wie so oft während der Reise. Schon nach dem zweiten Löffel bekam plötzlich Joe einen heftigen Schluckauf. Er entschuldigte sich vornehm und meinte mit ernster Mine, daß er den Hafer nicht so oft essen sollte, weil er davon möglicherweise anfängt, wie ein Pferd zu wiehern. Ein gesundes Gelächter ertönte aus unseren Kehlen und wurde mit Sicherheit im weiten Mulchatnaland von seinen vierbeinigen Bewohnern wahrgenommen.

Die Einmündung des Flusses Chilikadrotna ließ sich wahrlich nicht übersehen. Mit einer respektablen Wucht entleert er seine glasklare Wasserfracht in den Mulchatnastrom von der linken Seite und sorgt für respektable Turbulenzen und Wirbel. Er entwässert die Twin Lakes, zwei Seen, die unweit vom Turquoise Lake in den Ausläufern der Neacola Mountains eingebettet sind. Der Mulchatna durchquert die Bonanza Hills rechts der Chilikadrotna dann linksseitig.

Wir landeten im Kehrwasser und versuchten mit Geduld einen Fisch zu fangen. Aus uns ungeklärlichen Gründen hatte sich kein Fischlein geopfert. Ein paar Kilometer weiter machten wir eine bedeutsame Beobachtung. Auf dem mit Gras bewachsenem Ufer lagen einige Fischskelette mit erhaltenem Kopf. Die typischen Reste einer Bärenmahlzeit. Man konnte erkennen, daß es sich dabei um die Reste von Rotlachsen handelte.

Nicht weit entfernt, in einem Pool, konnten wir erstmalig einen ganzen Schwarm Rotlachse beobachten, wie sie langsam im Kreise schwammen und die Kraft für ihre weite, anstrengende Reise zu ihren Laichgründen irgendwo in den Bergen sammelten. Es war klar, der Zug der Rotlachse hat begonnen. Für uns war es eine gute Nachricht, weil wir uns jetzt keine Sorgen mehr um eine ausreichende Proteinzufuhr machen mußten.

Am liebsten hätten wir sofort die Angeln ausgepackt, aber der Blick auf die ausgelegenen "Bärennester" im hohen Gras dämpfte unsere Begeisterung für den Angelsport ziemlich. Es war offensichtlich, daß an dieser Stelle schon ein anderer Fischer zu Werke ging und eine Diskussion mit ihm über unsere gültige Angellizenz nicht sehr weit führen würde. "Der Vernünftige gibt immer nach," belehrte ich die Jungs. Aber anstatt ihrer Zustimmung habe ich nur lautes Gelächter geerntet.

Nach weiteren zwei Tagen auf dem Fluß kamen wir zu einem Blockhaus, das auf einem hohen sonnigen Ufer stand. Es schaute hinunter in die liebliche, hügelige Landschaft. Die Zivilisation hatte uns eingeholt, oder besser gesagt, wir hatten sie erreicht. Die „cabin" gehörte Herrn Gregory, der dort am Tisch einen sehr netten Brief an alle Wanderer hinterlassen hatte, die sich dorthin verirren sollten. Er grüßte alle Ankömmlinge herzlich und wünschte ihnen einen angenehmen Aufenthalt in seinem Blockhaus. Eine solche Gastfreundschaft erfährt man heutzutage nicht sehr oft. Selbst in Alaska nicht, wo es noch vor nicht zu langer Zeit eine Selbstverständlichkeit war, die Blockhütten in der Wildnis offen zu lassen für den Fall, daß jemand ein Dach über seinem Kopf benötigen würde. Die Türen hatten in der Regel kein Schloß. So angenehm einfach lebte man in der alaskanischen Wildnis.

Über dem Bettgestell hing ein Ikonenbild und ein Fläschchen mit Weihwasser. Es ist interessant zu beobachten wie tief immer noch der russisch-orthodoxe Glauben in der ursprünglichen Bevölkerung verwurzelt ist. Überall dort, wo die Russen und ihre Kirche während der relativ kurzen Herrschaft vorgedrungen waren, verbreiteten sie ihren Glauben. Er ist auch heute noch dort konkurrenzlos, obwohl sich in den Vereinigten Staaten hunderte von verschiedenen Kirchen und Glaubenssekten tummeln.

Die größte Freude bereitete uns Herr Gregory mit seiner Dampfsauna. In einem niedrigen Blockhaus stand ein einfacher Yukonofen, der mit einem Drahtgeflecht umhüllt war. Zwischen dem Geflecht und dem runden Ofenkörper waren zahlreichen Steine platziert, welche die Wärme speicherten. Nachdem man sie mit Wasser übergossen hatte, sorgten sie für eine ausreichende Menge Dampf. Auch das Kaminrohr war mit Steinen bedeckt.

Sobald wir unsere Zelte auf dem duftenden Moosteppich hinter der Hütte aufgestellt hatten, wurde der Yukonofen gefüttert, bis er rötliche Backen bekam. Es stand fest, daß diesmal nicht das Essen, sondern die Sauna Vorrang hatte. Fleißig schütteten wir Wasser auf die heißen Steine und genossen die reinigende Wirkung des Dampfes. Unten am Fluß hatte sich dann jeder von uns mit der Seife bearbeitet und so ging es bis spät in den Abend. Daß unser Körper sehr wohl auch durch die Haut atmet, konnten wir allesamt bestätigen. Wir schliefen gut und lange.

Am nächsten Morgen war es ungewöhnlich still im Lager. Niemand von uns hatte es diesmal eilig. Erst der Hunger und die starke Sonne, die es an diesem Tage zu gut meinte, vertrieben uns endlich aus unseren Betten. Es herrschte ein Bilderbuchtag und unsere gute Laune verbesserte Joe noch mit einer bahnbrechenden Entdeckung, die er bei seiner morgendlichen Toilette am Fluß gemacht hatte. Die Lachse stiegen auf.

Als sich die frohe Nachricht im Lager wie ein Feuer verbreitete, eilte Roman mit der Angel zum Fluß hinunter. Er wollte, nein, er war fest entschlossen, seinen ersten Lachs zu fangen. Bald danach stand er vor mir und zeigte er mir stolz eine große, wunderschöne Regenbogen-Forelle. Es war ein Prachtexemplar. Sie war so schön, daß wir zuerst überlegten, sie freizulassen. Dann aber hatte doch unser Hunger gesiegt. Das Frühstück war gesichert. Bis es aber so weit war, versuchte ich einige Aufnahmen von ihr zu machen. Dabei entdeckte ich, daß die Sonne meinen Fotoapparat wieder zum Leben erweckte. Ich konnte wieder fotografieren, nach einer vollen Woche.

Es war an diesem Platz zu schön um weiterzufahren. Wir einigten uns, daß so oder ähnlich der Garten Eden aussehen mußte. Reife, süße Blaubeeren luden uns zum fruchtigen Vergnügen ein. Wir lasen, sonnten uns und Joe sorgte für ausreichenden Nachschub an Lachsen, die wir brieten, grillten oder kochten, um den traditionellen leckeren Fischsalat mit vielen Zwiebeln und Knoblauch vorzubereiten. Als er fertig war, wurde der Topf zum Kühlen im tiefen Schatten ins fließende Wasser gestellt. Sein Deckel wurde mit einem schweren Stein belastet. So mußte er bis zum nächsten Morgen ruhen, um die Durchdringung der ätherischen Öle und der Kräuter zu ermöglichen. Alles Gute braucht eben seine Zeit. Nur der Mensch meint, daß er die Zeit irgendwie überlisten kann und deshalb erfindet er verschiedene Beschleuniger, Pulverchen, Schnellkochtöpfe und Minutengerichte, um mehr Zeit für Schnellkurse und neuerdings auch für Crashkurse zu haben.

Wir hatten genügend Zeit und genossen diesen teuren Luxus mit vollen Zügen. Abends wurde noch einmal die Sauna angeschmissen. Es wurde geschwitzt, erzählt und gerätselt, warum und wieso uns noch so ein spektakulärer Sonnenuntergang geschenkt wurde. Als sich unsere Schatten verlängerten, wurde der Himmel rötlicher, mehr und mehr wechselte er in höllisches Rot und erst spät nach dem Sonnenuntergang wurde das phantastische Himmelsfeuer langsam gelöscht.

Nach weiteren drei Tagen einer nunmehr bequemen Fahrt auf dem Fluß erreichten wir zum Abend die Mündung in den breiten Nushagak River. Oben auf dem zwanzig Meter hohen Ufer bauten wir unsere Zelte auf und genossen den ganzen Abend das Zusammentreffen der beiden Flüsse. Wir wüßten, daß es Zeit war, vom Mulchatna Abschied zu nehmen. Sie hat uns zwar hart geprüft aber auch reichlich beschenkt. Er bereicherte unser Leben um drei unvergeßliche Wochen und hierfür dankten wir ihm sehr.

Das Feuer strahlte kräftig, aber unser Gemüt wollte und wollte sich nicht erwärmen. Es blieb bei einem nostalgischen Abend. Nur ein einziger Tag auf dem Nushagak trennte uns nämlich von New Stuyahok, einem von der Regierung geplanten und gebauten Eskimodorf, in dem an die vierhundert Seelen ihr Glück gesucht hatten. Ich bin mir nicht sicher, ob sie es auch gefunden haben. Uns wurde plötzlich klar, daß unser geliebtes Zigeunerleben inmitten der herrlichen unberührten alaskanischen Natur sich unausweichlich wieder einmal dem Ende zu neigte.

Am Morgen war der Himmel mit schweren dunklen Wolken überzogen. Es sah nach einem nassen Tag aus. Trotzdem konnten wir uns lange Zeit nicht entschließen aufzubrechen. Die Schuld trugen Himbeeren, die wir auf dem Hang gefunden hatten und die außerordentlich aromatisch schmeckten. Wir konnten und konnten uns von ihnen nicht losreißen.

Als wir endlich auf dem Wasser waren, traffen uns nach ein paar Paddelschlägen die ersten Regentropfen und es dauerte nur wenige Minuten bis plötzlich ein starker Gegenwind erwachte. Es wurde ziemlich ungemütlich, naß und kalt. In solchen Situation ist es das Beste, im Boot zu bleiben und kräftig zu paddeln um sich dadurch warm zu halten.

Mit monotonen Bewegungen tauchten wir unsere Paddel in den aufgewühlten Fluß und versuchten unsere nassen Gesichter nicht dem kalten Wind auszusetzen. Ab und zu schielten wir nach vorne um festzustellen, ob wir nicht die ersten Zeichen der Zivilisation entdecken würden.

Dann sahen wir tatsächlich in der Ferne einige Blockhäuser. Aber sie standen leider auf der falschen Flußseite. Als wir näher kamen sahen wir, daß sie sich alle zum Fluß neigten und halb zerfallen waren. Wir landeten und packten die Karte aus. Sie verriet uns, daß wir die verlassene Siedlung Nunachuak erreicht hatten und damit erst ein Viertel unserer Strecke nach New Stuyahok hinter uns hatten. Enttäuscht stärkten wir uns mit der letzten Schokolade. Oh, wie lecker süß war sie!

Zum Glück hatte der Regen und mit ihm auch der Wind nachgelassen. Wir spürten sofort, daß wir schneller vorwärtskamen. Es war nur ein Gefühl, aber es reichte um in uns neue Kräfte freizusetzen und unsere lädierte Psyche aufzumuntern. Ein, zwei, ein, zwei, wir paddelten wie Roboter und nahmen kaum wahr, daß wir in eine Nebelbank oder in eine niedrige Wolke hineinfuhren. Die Ufer verschwanden im milchigen Dunst aber es störte uns wenig. Wir fuhren mit voller Kraft in Richtung Meer.

Erst spät abends legten wir erschöpft und bis an die Knochen durchgefroren an dem matschigen Ufer in New Stuyahok an. Die erste Erkundung des künstlichen Dorfes bestätigte unsere Befürchtung voll. Die großen typisierten Häuser mit riesigen tellerförmigen Antennen und häßlichen Behältern für Heizöl, die überdimensionierte neue Schule mit verwahrlosten Sportstätten und die menschenleere gerade Hauptstraße wirkten auf uns sehr traurig. So hatten sich die Bürokraten das Leben in New Stuyahok wahrscheinlich nicht vorgestellt. Überall gähnende Ruhe, nur ab und zu sauste ein Vierrad durch die zahlreichen schwarzen Pfützen, welche die Straßenlöcher zudeckten.

In dem einzigen Geschäft mit der bunten Neonschrift River Store konnte man nur Süßigkeiten, Coca Cola und überdimensionierte Packungen Kartoffelchips kaufen. Sonst nichts. Ich weiß nicht warum und wieso, wenn wir im Ort einen

Bewohner etwas fragten, wußte er nichts oder wollte er nichts wissen. Es war eine traurige Begegnung mit der Zivilisation und wir wünschten uns bald nur eines. So schnell wie nur möglich von dort zu verschwinden.

Aber wie? Wie sollten wir aus diesem unwirtlichen Ort wegkommen? Zurück zu unseren Booten, waren wir ziemlich ratlos. Den Fluß weiterfahren, das wäre eine Möglichkeit. Wir hatten aber nicht mehr genügend Zeit und noch dazu, wir hatten keinen Proviant.

Plötzlich hörten wir ein Motorengeräusch. Dem Klang nach mußte es sich um ein sehr altes Auto handeln. Als es an der Böschung ankam und sich unseren Augen präsentierte, sah der Pick-up aber gar nicht so alt aus. Er war nur reichlich demoliert und sein Motor stotterte von der Kälte. Von dem warmblütigen, alkoholisierten Fahrer, der im schmutzigen T-shirt hinter dem Steuer saß und keine Lust hatte auszusteigen, erfuhr ich, daß die Flugpiste sich an der Anhöhe hinter dem Dorf befindet. Wir unterhielten uns eine Weile was durch die fehlende Fensterscheibe unproblematisch war. Letztendlich habe ich ihn überreden können, uns zu der Flugpiste zu verfrachten.

Im Nu wurden die Boote entladen und alle unsere Habseligkeiten auf die Ladefläche des Gefährts gestapelt. Zum Schluß packten wir noch die halb entleerten Boote darauf und ab ging die Post zum Airport.

Der Flugplatz ähnelte einer Schotterstraße. Ringsherum wuchsen nur wilde Büsche, in denen wir uns nach einer Lagermöglichkeit umsahen. Es war nicht einfach dort einen geeigneten Platz zu finden, aber man macht schon in solchen Situationen entsprechende Abstriche. Als wir uns für unser Nachtquartier entschieden hatten, schwebte ein kleines Flugzeug vom Himmel herunter. Es hüpfte ein paar Mal über die Piste und kam einige Meter von uns entfernt zum Stehen.

Ich schilderte dem Piloten unsere verzwickte Situation und fragte ihn, ob er uns nicht nach Dillingham fliegen könnte. Er guckte sich unser Gepäck an, dann ging er zu seinem Flugzeug und verständigte sich über Funk mit seinem Kollegen, der gerade zu der Zeit in nahem Ekwok weilte. Er hatte dort seine Fracht entladen und wollte von dort aus leer zurück nach Dillingham fliegen. Da kam ihm der Anruf gerade recht. In wenigen Minuten war schon die Hälfte der Mannschaft in der Luft und vielleicht eine halbe Stunde später auch der Rest der Gruppe.

Wir flogen dicht unterhalb der dunklen Wolken, nur vielleicht zwanzig oder dreißig Meter über der Tundra. Einsame Bäume oder auch Buschansammlungen verschönerten die unter uns vorbeigleitende grüne, flache und moorige Landschaft. Man konnte zahlreiche Karibus sehen wie sie zerstreut in kleinen Gruppen zufrieden weideten. Zu unserer großen Überraschung hatte sie dabei das Flugzeuggeräusch nicht gestört, auch dann nicht, wenn wir sie direkt überflogen. Sie zeigten keinerlei Beunruhigung.

In Dillingham angekommen, wurden wir mit einem für die Stadt gebührenden Regenguß willkommen geheißen. Damit muß man immer an der Bristol Bay rechnen. Dort kühlt sich die feuchte Luft aus dem Pazifik plötzlich ab und entlädt ihre feuchte Fracht auf das Festland. Im Hangar der Fluggesellschaft Wren Air hatten wir unser Gepäck in einer Ecke aufgestapelt oder besser gesagt wir schmissen es dort hin. Bald mußten wir zusehen, wie sich aus dem bunten Stapel ein Wasserrinnsal den Weg zum Kanal suchte.

Die Piloten waren so nett und nahmen uns mit ihren Autos „down town" Dillingham. Draußen war es immer noch einigermaßen hell, obwohl die Mitte der Nacht schon längst vorbei war. Dillingham ist die größte Siedlung an der Nushagak Bay, welche wiederum ein Teil der Bristol Bay ist. Es ist nicht schwer zu erraten, daß dort der mächtige Nushagak mündet. Dillingham lebt vom gut ausgebauten Hafen für die zahlreichen Fischerboote, welche den enormen Fischreichtum der Bucht, vor allen Dingen den des Rotlachs, ausbeuten. An die zweitausend Einwohner leben dort. Die Fischer, die überwiegend aus den Staaten Oregon und Washington nur zum Fang kommen, nicht eingerechnet. Es ist interessant, daß schon im Jahre 1818 Alexander Baranov, der geheime Zar von Alaska, an der Nushagakmündung einen wichtigen Handelsposten, der damals den Namen Alexandrovski Redoubt trug, gründete.

Todmüde, hungrig, durchnäßt und durchgefroren, aber überglücklich, standen wir am Ende unserer Reise im Regen da. Unser Rucksack aber war voll schöner Erinnerungen, den feinen, zerbrechlichen Fäden, aus denen der Stoff für die neuen Reisen und Abenteuer gewebt wird. Wir waren am Ziel angekommen.

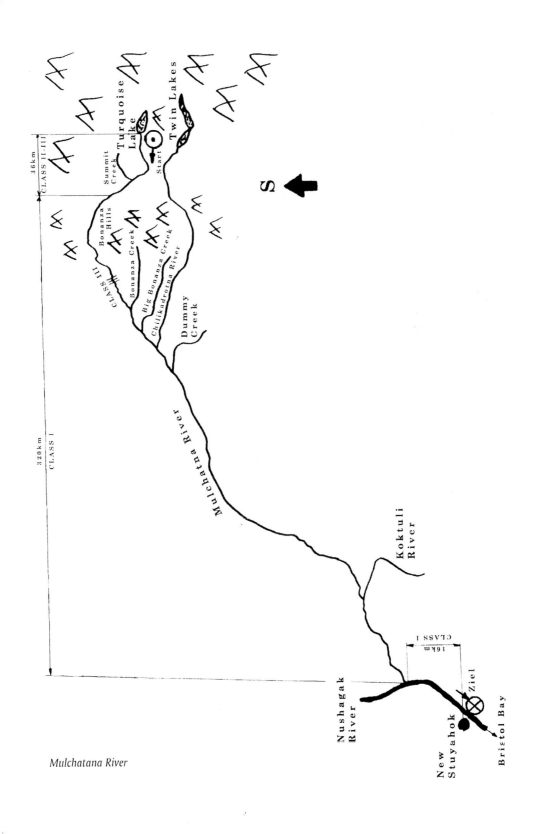

Mulchatana River

Informationen über die Fahrt in Kürze

Schwierigkeiten:

Der Mulchatna River verlangt in seinem oberen Lauf, ungefähr bis zur Mündung des Bonanza Creek, eine reichhaltige Erfahrung im Wildwasserfahren und eine sehr gute Kondition. Der mittlere und untere Lauf sind ziemlich problemlos, bis auf die überall akute Gefahr, die von den sogenannten „dead trees", toten Bäumen im Wasser, ausgeht. Diese immer wieder unterschätzte Gefahr ist zwischen den Bonanza Hills und dem Bonanza Creek, wo sich der Fluß oft in mehrere Ströme teilt und bei einer hohen Wassergeschwindigkeit in scharfe Biegungen gedrückt wird, besonders groß. Wegen der starken Bärenpopulation im Flußtal ist es sehr empfehlenswert, alle Essensreste sofort im Feuer zu verbrennen und auch sonst den Zeltplatz, das Geschirr und die Feuerstelle sauber zu halten. Bei einer Begegnung mit einem Bären sollte man immer daran denken, daß die Wildnis seine Heimat ist und man dort nur ein geduldeter Besucher ist.

Boote:

Bei einem Start am Turquoise Lake kommt nur ein Trekkingkanu oder ein Plastikkajak in Frage. Ein Kajak ist jedoch sehr kostspielig zu transportieren und darüber hinaus stellt sich die Frage nach ausreichendem Platz für das Gepäck.

Transport:

Die einzige Transportmöglichkeit zum Turquoise Lake ist das gecharterte Wasserflugzeug. Der Flug von Anchorage aus kommt bei einer guten Flugzeugauslastung auf mindestens dreihundert Dollar pro Person. Von New Stuyahok nach Dillingham muß mit fünfzig bis hundert Dollar gerechnet werden. Ein Airtaxi kann telefonisch herbeigerufen werden.

Zwischen Dillingham und Anchorage fliegen täglich mehrere Fluggesellschaften. Die normalen Tickets kosten um die zweihundertfünfzig Dollar.

Karten:

Lake Clark B-8, C-4, C-6, C-7, D-3, D-4, D-5, D-6. Taylor Mountains A-1, A-2, B-1. Dillingham B-4, C-3, C-4, D-2, D-3.

Die Karten kann man auf dem Campus der Alaska Pacific University, 4230

University Drive, Anchorage, AK, direkt kaufen, oder sie können bei USGS Map Sales, Box 25286, Denver, CO 80225, USA per Post bestellt werden.

Informationen über den Kartenerwerb können auch unter: www.store.usgs.gov abgefragt werden.

Zeitplanung:

Für die Fahrt von Turquoise Lake nach New Stuyahok werden gut drei Wochen benötigt.

Fische:

Äsche, Hecht, Regenbogenforelle, Dolly Varden, Königlachs, Rotlachs, Hundslachs, Longnose Sucker.

Tiere und Vögel:

Grizzlybär, Schwarzbär, Dallschaf, Elch, Karibu, Wolf, Fuchs, Biber, Weißkopfadler, Kranich, Eule und die meisten Wasservögelarten.

WOOD RIVER LAKE SYSTEM

Wie schon die Überschrift verrät, möchte ich diesmal den Leser mit einer Tour bekannt machen, die über mehrere Seen führt und auf dem Wood River, der sein Wasser bei der Ortschaft Dillingham der Bristol Bay übergibt, endet. Östlich von diesen vier großen mit schönen Bergen umgebenen Seen breitet sich eine großflächige Niederung aus, die von dem mächtigen Nushagak River entwässert wird. Beide Flüsse treffen sich bei Dillingham. Die gesamte Fläche des Wood River Lake Systems liegt in dem 1978 gegründeten Wood-Tikchik State Park, der eine Fläche von nahezu 7000 Quadratkilometern einnimmt.

Als Mutter Natur vor vielen, vielen Jahren die Seen mit lebendigen Flüssen verband, dachte sie in ihrer Weitsicht bestimmt an die Streß geplagten Touristen der Neuzeit, die ihr dann für das geniale Schöpfungswerk mit Lob und Anerkennung gedenken werden. Die ca. 220 Kilometer lange Fahrt über die wunderschönen Seen und Flüsse muß jeden Freund des Wassersports, jeden Angler oder Naturliebhaber, begeistern. Jeder von ihnen wird dort das finden, was er sucht.

Es ist schon lange her. Man schrieb damals das Jahr 1989 und wieder rief uns Alaska mit seiner sanften, unwiderstehlichen Stimme.

Mit meinem Freund Mark aus Fairbanks und seiner Freundin Joan verabredeten wir uns für die Kajaktour. Als Treffpunkt machten wir Dillingham aus. Joan unterrichtete damals schon drei Jahre lang Kinder im Eskimodorf Manokotak, das unweit von Dillingham am Fluß Igushig liegt.

Meine Frau Irene, mein damals neunjähriger Sohn Peter, meine Freunde Joe und Ali landeten mit mir in Dillingham, wo uns schon Joan erwartete. Nach der Begrüßung erfuhren wir, daß sich Mark leider um einige Tage verspäten würde, weil er in Fairbanks „too busy" war. Alle Alaskaner sind im Sommer „too busy", weil in dem kurzen intensiven Sommer Geld verdient werden muß, alle sonstigen Arbeiten am Haus verrichtet werden und die Vorbereitungen auf den langen, strengen Winter getroffen werden müssen. Zwei, drei oder sogar vier Wochen Urlaub sind für die Menschen in Alaska ein wahrer Luxus. Dies ist auch wahrscheinlich der Grund, warum die Flüsse Alaskas im Sommer so einsam sind. Ich habe dort nur äußerst selten eine alaskanische Wasserwandergruppe angetroffen.

Wir entschlossen uns, uns auf den oberen See, den Kulik Lake, ausfliegen zu lassen und dort auf Mark zu warten. Doch da hatten wir unsere Rechnung ohne den Wirt gemacht. Wie in Dillingham fast die Regel, regnete es, und die dunklen Pfützen vor dem Flughafengebäude spiegelten bleischwere Wolken wider, die nichts Gutes ahnen ließen.

Und so war es auch. Es war unmöglich zu fliegen. Wir mußten warten bis das schlechte Wetter vorbei ziehen wird. Aber das kann in Dillingham lange dauern. Das war uns bewußt. Wir trieben uns im Dorf herum, hingen im Restaurant und an der Bar herum. Wir schauten ständig aus dem Fenster zum Himmel. So ging es uns den ersten, den zweiten und den dritten Tag. Erst am Morgen des vierten Tages hellte sich der Himmel auf.

Sofort fuhren wir zum Flugplatz, wo uns der Pilot die erfreuliche Mitteilung machte, daß wir in einer Stunde fliegen könnten, falls wir wollten. Und wie wir wollten! Es war auch höchste Zeit. Unsere Finanzen erreichten nämlich einen bedenklichen Tiefstand, weil die Burger, Steaks, Pancakes mit und ohne „over easy", die Eimer Kaffee und die „soft" und „hard drinks" ihren hohen Preis trotz ihres mäßigen Wertes hatten. Und der mußte beglichen werden.

Noch bevor wir abhoben, schaute kurz die Sonne auf uns herunter, und als wir in der Luft waren, ließen wir den ganzen Frust und die Enttäuschung der letzten Tage am Boden und freuten uns auf das Kommende. Die Welt war plötzlich so schön und bunt. Wir flogen über die Tundra zu den Bergen hin. Zuerst ganz schmal, dann aber breiter und breiter zeigten sich uns die durch die Bergketten gezähmten länglichen Seen, unser künftiger Weg zurück in die Zivilisation.

Nach einer knappen Stunde landeten wir auf der Nordseite des Kulik Lakes. Wir luden unser Gepäck und Kajaks aus und beobachteten dann nur, wie sich das leere Flugzeug von der Wasseroberfläche elegant abhob und gegen den blauen Himmel, auf dem Hunderte von kleinen Schäfchenwolken aufmarschiert waren, aufstieg. Wir saßen auf dem Sand, genossen die göttliche Ruhe und betrachteten die Berge ringsherum. Die angenehme Wärme, die uns die Sonne spendierte, breitete sich in unseren Körpern aus und vertrieb die letzten Sorgen, die wir uns von zu Hause mitgebracht hatten.

Als Erster von uns wurde Peter wach. Er kramte seine Angel aus und begann sie zusammenzusetzen. Das blieb natürlich Joe nicht verborgen. Das glasklare Wasser im See weckte in den beiden den Urinstinkt des Menschen, der immer zuerst an Nahrung denken muß. Angeln wurde angesagt, obwohl unsere gesamte Habe auf einem bunten Haufen lag.

Langsam kamen auch die Anderen in die Gänge und nach einer Weile herrschte am Seeufer rege Betriebsamkeit wie in einem Bienenhaus. Es wurden Zelte ausgepackt und aufgestellt, Holz gesammelt und die Boote aufgebaut. Jeder tat das, was ihm Spaß machte und erstaunlicherweise ergänzten sich alle Tätigkeiten reibungslos und ohne jegliche Koordinationsbefehle, so wie es uns die Insekten vormachen.

Als die blauen Klepperhäute mit Hilfe der innen liegenden Luftschläuche gespannt wurden, unternahmen wir eine Testfahrt auf dem See. Peter mit seiner Mama brachen zu einer kleinen Insel auf, um diese zu untersuchen. Ich paddelte mit Joe am Seeufer entlang. Nicht weit von unserem Lager entfernt entdeckten wir einen Adlerhorst, aus dem die kleinen kahlen Köpfe der Adlerkinder ab und zu herausschauten, um uns zu beobachten. Später beobachteten wir einen Weißkopfadler, der wie ein Stein vom Himmel ins Wasser fiel und kurz danach mit kräftigen Schlägen seiner breiten Flügeln vom Wasser abhob. In seinen Fängen zappelte ein größerer Fisch, der sich kraftvoll bemühte seinem Schicksal zu entrinnen. Aber wie es aussah, umsonst. Die Adlerfamilie hatte im Gegenteil zu uns das Abendessen gesichert, aber wir brauchten auch nicht lange auf unseren ersten Fisch zu warten.

An einem schnellen Bach, der aus den grünen Hängen in den See eilte, haben wir zuerst im Sand extrem große Abdrücke von Bärentatzen bewundert oder besser gesagt mit gebührendem Respekt wahrgenommen. Sie erinnerten uns daran, daß wir in einem Land sind, das zu den letzten Lebensräumen der kräftigen Schöpfung der Mutter Natur gehört.

Dann versuchte Joe sein Angelglück. Schon beim ersten Wurf tanzte auf der Wasseroberfläche ein Fisch. Es war ein prächtiger, gut fünf Pfund schwerer Dolly Varden und Joe war im siebten Himmel. Den aerodynamisch geformten Körper des Saiblings schmückten kleine rote Punkte. Nur der Kopf und der obere Rücken hatten eine zusammenhängende metallblaue Farbe. Als Joe den zweiten Fisch säuberte, erreichten uns die ersten Regentropfen. Eine Schauerwolke verdeckte die Sonne und wir beeilten uns in unseren Kajak, in dem wir schnell die Spritzdecke dicht festgezogen haben, um im Trockenen zu sitzen. Wir paddelten zurück zum Lager. Als wir am Ufer anlegten, begrüßten uns nicht nur die hungrigen Wassersportsfreunde, sondern auch die Sonne, die dann neugierig die Vorbereitung unseres Abendessens beobachtete. Und wir brauchten uns wahrlich nicht zu verstecken, denn mit so einem Fischmahl könnte jederzeit jedes Gourmetrestaurant der Welt Reklame machen.

Die nächsten Tage verbrachten wir am See, ohne uns zu langweilen. Entweder unternahmen wir Erkundungsfahrten mit unseren Kajaks oder wir wanderten in den wilden Hängen um den Kulik Lake herum. Es war nicht einfach, die erste Barriere des Urwaldes mit seiner dichten Vegetation zu überqueren, aber als wir es geschafft hatten, wurden wir fürstlich belohnt. Unseren Sinnen öffnete sich eine gut behütete Welt der puren, paradiesischen und einfachen Schönheit, die von jeder menschlichen Zivilisation bei Berührung sofort ausgelöscht wird.

Die Landschaft wurde durch das Wasser geprägt. Kleine Seen und moorige Wiesen verteilten großzügig das Wasser in ihre Umgebung und ließen einen giftig grünen Pflanzenteppich mit einem farbigen Muster aus tausenden von frischen Blumen wachsen. Nach einem noch nicht entdeckten Grundgesetz der Ästhetik wuchsen dort verteilt einzelne Bäume, deren krumme Äste von den harten Bedingungen des Daseins zeugten. Der Schnee auf den Berggipfeln taute und die dünnen Wasserströme stürzten sich an den Felsen herunter. Der Wind trug sie seitwärts, sie wellten sich in der Luft wie die Haare einer unsichtbaren alaskanischen Fee.

An einer schattigen Stelle, direkt am See, fiel ein Wasserfall umhüllt von einem Eisrohr aus einer Höhe von vielleicht 200 Metern direkt in einen riesigen Schneehaufen und verschwand dort im weißen Tunnellabyrinth. An diesem Ort konnten wir uns eine grobe Vorstellung über die Schneemassen machen, die in jedem Winter dort vom Himmel fallen. Joan erzählte uns, daß im Winter nur die Gipfel der hohen Bäume über den Schnee herausschauen, so dick ist die Schneedecke. Deswegen kann man dort im Winter auf den schier unendlichen Schneeflächen überall mit Hundeschlitten, oder heute immer häufiger mit Skidoo, bequem reisen.

Schon sehr bald war uns klar, daß wir auf dem Kulik Lake nicht verhungern konnten. Der Fischreichtum war phänomenal, auch wenn wir bis dahin im See keine Lachse beobachtet hatten. Äschen, Forellen, Dolly Varden und Hechte, wir konnten uns den gewünschten Fisch nach unserem Appetit auswählen und in der Regel erfüllte der See unseren Wunsch schnell. In einer kleinen Bucht sahen wir im klaren Wasser unzählige Holzbalken am Boden liegen. Sie entpuppten sich als in der Sonne ruhende Hechte. Ali hatte unvorsichtig, im Kajak sitzend, einen roten Blinker ausgeworfen und sofort schoß ein Holzknüppel nach oben. Er schnappte sich den Blinker und Ali war in Not. Der Fisch flitzte mit der Schnur weit weg. Er versuchte sich in der Luft von dem gemeinen Haken zu befreien, aber vergebens. Dann beschloß der Hecht eine andere Taktik. Er tauchte in die Tiefe, schwamm unter den Kajak und bald danach zeigte er sich auf der anderen Seite. Ali war verzweifelt. Schon wollte er die Angel ins Wasser werfen um sich so zu befreien, dann aber schaffte er es doch mit der Angel in der Hand bis zum Ufer, wo wir ihm aus dem Boot halfen. Als der Hecht im Gras lag, staunten wir. Er sah wie ein kleiner Alligator aus. Seine Länge von 135 Zentimetern stimmte mit der Größe des neunjährigen Peter überein. Der Nachteil des Riesenfisches aber war, daß wir ihn zwei Tage lang essen mußten und uns im Stillen schon nach einer Abwechslung sehnten. Der Rest kam dann in den leckeren, nach Knoblauch und Kräutern duftenden Fischsalat, der aber erst nach einem Tag Ruhe sein deftiges Bukett entfaltete.

Am fünften Tag erschien am Himmel über uns ein Flugzeug, drehte eine Schleife und setzte sich auf das Wasser, nicht weit von unserem Lager entfernt, nieder. Mark mit Joan waren da. Sie entschuldigten sich wegen ihrer dicken Verspätung und waren ziemlich erstaunt, als sie hörten, daß wir uns die ganze Zeit am See nicht gelangweilt hatten.

Harriman Fjord.

Barry Glacier in Harriman Fjord.

College Fjord.

Port Wells.

Zauberhafter Hidden Bay.

Ende des Fjordes bei Ebbe.

Der blaue Klepper.

Seerobben am Felsufer.

Was war passiert? Als Mark in Dillingham landete, stellte er fest, daß er einen Sack mit Kleppergummihaut zu Hause vergessen hatte. Sofort rief er seinen Freund in Fairbanks an, der ihm die Gummihaut noch am gleichen Tag nach Dillingham schickte. Die ganze Aktion kostete beiden zwei Tage Zeit.

Damals lebte Mark von einer interessanten Arbeit. Für ihn war es ein Traumjob. Die University of Alaska in Fairbanks beschäftigte sich mit der Vorhersage von Gletscherveränderungen in Alaska. Dazu mußten physikalische Daten direkt aus dem Inneren der einzelnen Gletscher beschafft werden: Temperatur in verschiedenen Gletschertiefen, Druck der Eisschicht, Mengen der Schmelzwässer, Bewegungen und Geschwindigkeiten der Gletscher und ähnliches. Ausgerüstet mit entsprechenden Sensoren und Geräten, kletterte Mark in die Gletscherspalten und installierte sie dort.

Er verbrachte immer mehrere Tage im Eis, wohnte dabei in einer Eishöhle, die er sich entsprechend eingerichtet hatte. Einmal, als ich in Fairbanks weilte, zeigte er mir Diapositive aus dieser Eiswelt und ich konnte verstehen, warum er von seiner Arbeit so begeistert war. Die Gletscherwelt ist dem normalen Menschen eine verschlossene, im wahrsten Sinne märchenhafte Welt. Im Gletscher befinden sich zahlreiche Spalten und Gänge, dort fließen Bäche, die sich zu kleinen Flüssen vereinen. Es gibt wunderschön geformte Höhlen mit Eiswänden, die wie sakrale Räume aussehen und beim Kunstlicht in verschiedenen Farben erscheinen. Und jeder von diesen Kolossen ist in ständiger Bewegung, einige fließen schneller, andere langsamer. Ist es nicht toll?

Man kann sich vorstellen, daß uns der Gesprächsstoff am Lagerfeuer nicht ausging. Erst als sich die sanfte Dämmerung erhellte, wurden wir daran erinnert, daß der nächste Tag schon längst begonnen hatte, und wir die vergangene Nacht nachholen sollten. Schnellstens zogen wir uns in die Zelte zurück, aber bis wir einschliefen, dauerte es noch eine ganze Weile.

Den nächsten Tag blieben wir noch am See. Mark testete seinen Klepper, denn er wollte seine eigenhändig installierten Verbesserungen und sein Segelsystem mit zwei kleinen Segeln ausprobieren. Es funktionierte prächtig. Bei einem idealen Wind kreuzte er auf dem See hin und her und war hell auf begeistert.

Peter hatte Geburtstag. Seinen neunten und wie es der Zufall wollte, fand er rein zufällig auf seiner kleinen Insel eine Karte, die ihm in der alten Yupikschrift einen Weg zum sagenhaften Schatz verriet. Es dauerte gut zwei Stunden, bis er ihn endlich fand. Eine Überraschung war es in jedem Fall. Er mußte nämlich feststellen, daß für die alten Eskimos die Milchschokolade mit der lilafarbenen Kuh auf der Papierhülle eine wahre Kostbarkeit war. Von Mark bekam er einen Drachen. Die Schnur befestigte er beim Paddeln am Kajak. Und so begleitete er uns, durch die ständige Brise am Himmel getragen, bis zum Pazifik.

Nachdem unsere gesamte Habe endlich in den Kajaks verstaut war, überquerten wir den See und näherten uns dem Ausfluß. Wir drehten uns noch einmal um, und dann bemächtigte sich uns die Strömung des Wind Rivers. Es war eine flotte Fahrt. Die Bäume liefen an uns vorbei und wir mußten nur aufpassen, nicht an den zahlreichen flachen Steinen hängen zu bleiben.

Leider dauerte das Vergnügen nicht sehr lange. Nach einer halben Stunde endete der Fluß im See, der den Namen Mikchalk Lake trägt. Er ist nur etwa zwei Kilometer lang und ziemlich schmal. Klein aber fein. Wunderbar in die Landschaft gesetzt, von allen Seiten durch die Berge geschützt, vermittelt er dem Besucher ein angenehmes Gefühl der Ruhe und Geborgenheit. Deshalb wurde dort an seinem südlichen Ende, noch lange bevor der State Park errichtet wurde, die relativ kleine Golden Horn Lodge erbaut. Sie ist die einzige Lodge, der man unterwegs begegnet. Sie hat eine lange Tradition und wird von zahlungskräftigen Anhängern des feinen Angelns mit der Fliege aus der ganzen Welt besucht. Sie gehört zu den besten Adressen und wird von solchen Kennern wie zum Beispiel dem ehemaligen amerikanischen Präsidenten Jimmy Carter aufgesucht. Schon damals kostete dort ein Tagesaufenthalt achthundert Dollar, Flugzeug, Essen und Getränke mit Alkoholsteuer inbegriffen.

Wir passierten den noblen Ort mit einem Gefühl der inneren Zufriedenheit. Denn, wir konnten die Natur viel freier genießen als die Gäste der Lodge. Wir konnten angeln wo wir wollten und wie lange wir wollten und brauchten jeden Abend nicht in das weiß bezogene Bettchen zurückkehren. Anstatt eines Kamins hatten wir unser Lagerfeuer, das uns Licht und Wärme spendete und eine gemütliche, fröhliche Atmosphäre zauberte, die zu verbessern selbst der beste Whisky nicht im Stande wäre.

Der Peace River war wirklich friedlich. Gemütlich führte er uns in den zweiten See, der Beverley Lake heißt. Wir hielten uns auf dessen rechter Seite und paddelten im Golden Horn, einer Bucht mit steilen felsigen Wänden. Man fühlte sich wie in einem Fjord. Die Ufer boten keinen Platz zum Zelten an und deshalb kehrten wir am Ende um und versuchten unser Glück in der nächsten Bucht mit dem zweitklassigen Namen Silver Horn. Sie war längst nicht so tief wie der Golden Horn und es dauerte nicht lange und wir kamen an ihrem Ende zur Mündung eines Baches, der dort eine ideale ebene Fläche zum Campieren aufgetragen und geebnet hatte.

Nachdem wir aus den Kajaks ausgestiegen waren, machten wir zu unserer Freude eine bedeutsame Beobachtung. Gegen die Bachströmung schwimmend, sahen wir einige Lachse. Bald danach konnten wir ein Exemplar detailliert studieren.

Es war ein Rotlachs, nach Steller Nerka genannt. Der große alljährliche Zug dieses herrlichen Fisches hatte also in der Bristol Bay gerade begonnen.

In der Bristol Bay werden jedes Jahr im Durchschnitt zwanzig Millionen Rotlachse kommerziell in Netze gefangen und verarbeitet. Es ist das reichste Rotlachsfanggebiet der Welt. Wir begnügten uns mit einem und freuten uns schon auf das Abendessen, denn jeder von uns hatte einen Bärenhunger. Apropos Bären. Selbstverständlich, daß wir uns am Lagerplatz herum umgesehen hatten. Aber zu unserer Zufriedenheit hatten wir keine Bärenspuren gesichtet. Noch nicht! Es war uns jedoch klar, daß sich die gute Nachricht über die ziehenden Lachse unter den Bären bald herumsprechen wird.

Der erste Lachs schmeckt immer am besten, so wie auch andere Genüsse des Lebens, das Bier nicht ausgenommen. Und dem war auch so. Wir waren satt, müde und zufrieden. Die Lagerruhe am Ende des wunderschönen Silver Horns kehrte diesmal sehr bald ein.

Die Nacht verlief ruhig. Die Bären brachten für die müden Touristen volles Verständnis auf und so konnte der Schlaf unsere Müdigkeit wundersam in Kraft verwandeln. Sobald wir den Haferbrei verschlungen hatten, saßen wir schon in den Kajaks und paddelten los. Wir merkten bald, daß es diesmal windig wird. Als die Bucht breiter wurde, erreichten uns Wellen mit weißen Kämmen. Wir kämpften gegen sie tapfer den ganzen Tag. Erst spät abends kamen wir zum Agulukpak River und retteten uns in seine Strömung. Sie trug uns vom Beverley Lake zum Lake Nerka.

Warum der See den Namen Lake Nerka bekommen hat, war uns klar, noch bevor wir zum ersten Male unsere Paddel in sein Wasser tauchen konnten. Im klaren Wasser des Flusses stiegen Hunderte und Tausende von Lachsen der Marke Nerka oder auch als Sockeye bekannt. Sie schwammen mit ihren Schwänzen wedelnd gegen die Strömung und wir sausten ihnen entgegen. In der Einmündung des Flusses hatten sich die Fische regelrecht gestaut. Wie sich auf unseren Autobahnen bei der Spurenreduzierung Verkehrstau bildet, so wartete dort eine riesige mit Wasser vermischte Fischmasse, bis der ersehnte Weg zum Lake Beverley frei wird.

Ich hatte den Eindruck, daß zwischen den Fischen regelrechte Massenpanik herrschte. Die Oberfläche brodelte, und alle Fische waren in einer sinnlosen Hin- und Herbewegung. Wahrscheinlich waren sie durch den Stau gestreßt und hatten Angst nicht rechtzeitig zu ihren Laichplätzen gelangen zu können, um dort ihr Leben für die neue Brut zu lassen. Es sah nicht danach aus, als ob sie gelernt hätten, sich in einer Warteschlange zu gedulden, so wie wir Menschen es manchmal versuchen zu tun. Ein blankes Chaos war es, und wir befanden uns mitten darin. Wir paddelten durch die Fischbrühe, oder besser gesagt, wir stießen uns von den zahlreichen Fischkörpern mit den Paddeln ab. Durch die Paddelberührungen erschreckt, sprangen sie in weiten Bögen um uns herum. Es war irre.

Als wir des Naturschauspiels satt wurden, paddelten wir auf die gegenüberliegende Seeseite, wo wir einen guten Platz für die Nacht suchten und auch fanden. Früh am Morgen, als die Mannschaft noch ruhte, kehrte ich mit Joe im Klepper zur Flußmündung zurück und zogen einfach zwei Lachse aus dem kochenden Wasser heraus. Zurückgekehrt zum Lager, begrüßte uns der in der Wildnis so unwiderstehliche Kaffeeduft und die wohltuende Wärme des leise knisternden Feuers. Alle waren schon wach und freuten sich auf ein kräftiges Frühstück. Es gab Lachs und niemand hat protestiert.

Der Wind frischte auf und schickte regelmäßig Wellen zum Ufer die einen erstaunlichen Krach machten. Zum Glück hatten wir diesmal den Wind im Rücken, was uns und besonders Mark freute. Er kreuzte in seinem Klepper sitzend den See hin und her und war hell begeistert. Seine zwei Segel funktionierten prächtig. Er flitzte an uns mit erstaunlicher Geschwindigkeit vorbei, singend und ständig mit den vielen Seilen seiner Segel beschäftigt.

Wir paddelten den ganzen Tag entlang des Sees in westlicher Richtung. Als wir die Seekehre geschafft hatten, entschieden wir uns für die rechte schmale Bucht. Die grüne, saftige Farbe des Rasens zog sich von den Hängen bis ans Wasser hin. Selbst das Wasser war infolge der Spiegelung giftig grün. Was uns aber nicht gefiel, war die Tatsache, daß wir, wohin auch unser Blick reichte, keinen einzigen Baum oder Gebüsch ausmachen konnten. Überall nur Gras und Gras wie in Island. Seltsam aber wahr.

Campieren im Gras ist Geschmackssache, aber Campieren ohne ein wärmendes Feuer wollte keiner von uns. Wir drehten deshalb um, paddelten zurück und versuchten unser Glück in der nächsten Bucht. Inzwischen verdunkelte sich der Himmel und kurz danach erreichte uns ein heftiges Gewitter mit kaltem Regenguß und Graupeln. Die harten Eiskügelchen trafen uns in unseren Kajaks von oben mit einer enormen Wucht wie Geschosse. Ihre Anschläge haben regelrecht weh getan. Doch nahmen wir die Stiche kaum wahr, weil unsere Sinne durch ein besonderes Naturereignis zerstreut waren. Über den Bergen spannten sich drei bunte Regenbögen auf und durch eine Wolkenöffnung beleuchtete die Sonne das Ende der Bucht mit einem spektakulären Lichtkegel, der wie ein riesiger Reflektor die Naturbühne beleuchtete. Ab und zu versetzten die Donner die kalte Luft in Vibration. Die Paukenschläge der Götter schallten in dem engen Tal besonders furchterregend und wir fühlten plötzlich mit Demut unsere menschliche Bedeutungslosigkeit auf Erden.

So schnell wie sich der Zauber einstellte, verschwand er auch. Wir schaukelten mit unseren Kajaks auf den Wellen wie Enten und nur langsam kamen wir wieder zu uns. Es war bitter kalt. Wir steuerten das nahe Ufer an und waren überglücklich, daß wir dort genügend Treibholz für das lebensspendende Feuer finden konnten.

Die Reise entlang des südöstlichen Seeufers war sehr anstrengend. Zwei Tage lang, vom Morgen bis zum Abend hatten wir mit dem scharfen, vom Meer kommendem Gegenwind und den weißen Wellen gekämpft. Erst als wir in die Bucht, aus welcher der Agulowag River den See entleert, einliefen, konnten wir ausatmen. Wir übernachteten an einem Bach und als uns am nächsten Morgen die Sonne aufweckte, waren wir uns ziemlich einig. Wir brauchten einen Tag Ruhe.

Ich packte meinen Rucksack zusammen und ging mit Joan und Mark in die Berge. Zuerst folgten wir dem Bach. Doch bald mußten wir feststellen, daß in seiner unmittelbaren Nähe die Vegetation besonders dicht war, weil sie dort genügend Feuchte vorfand. Wir wichen vom Bachlauf ab und nahmen den direkten Weg durch den Busch zum Berghang. Wir wußten, daß dort oben die Berghänge kahl waren und deswegen erschien es uns logisch, das Dickicht auf dem kürzesten Weg zu überwinden.

Drei Stunden lang krochen wir unter und kletterten über die Bäume und Sträucher. Der Bewuchs war teilweise so dicht, daß wir wie die Menschenaffen von einem Ast zum anderen sprangen. Endlich hellte sich der Urwald auf. Als wir auf einer kleinen Lichtung standen, waren wir fix und fertig. Eine kurze Ruhepause stellte uns wieder auf die Beine. Bald danach erreichten wir eine Bergwiese, von wo ein freier bequemer Weg zum Bergkamm führte.

Wie es in der Natur in der Regel üblich ist, wurden wir für unsere Anstrengungen und Strapazen fürstlich belohnt. Ein weiter Blick über die unberührten Berge sowie auf die blauen Seen, wo wir uns in den vergangenen Tagen so plagten, eröffnete sich unseren Augen. Wir standen auf einem Teppich, der aus zarten Blümchen und Flechten geknüpft war, eingehüllt in den betäubenden Duft der Bergtundra. Tief unter uns konnten wir sehen, wie der Rest unserer Mannschaft seine Freizeit in den Kajaks auf dem Wasser genoß. Sie angeln, dachten wir uns im Stillen, und folgten dem Bergkamm gute zwei Stunden lang, bevor wir uns zur Rückkehr entschlossen. Die Sicht war an diesem Tag ausgezeichnet, und wir konnten und konnten uns nicht satt sehen.

Zurückgekehrt an die Stelle an der wir zum Lager heruntersteigen mußten, sahen wir zu unserer Überraschung wieder die fleißigen Angler in Booten auf dem Wasser. Es war zwar sonderbar, aber wir hatten dafür keine Erklärung. Es wird sich gleich klären, dachten wir und tauchten entschlossen in den Dschungel. Wieder krochen und kletterten wir zwei, drei Stunden lang, bis wir am Seeufer standen und uns mit dem kalten Wasser erfrischten. Da wir keinen Bach überquert hatten, wußten wir, daß sich unser Lager links von uns befinden mußte. Wir folgten dem Ufer und nach kurzer Zeit hörten wir laute Stimmen, die uns vor einer Begegnung mit Bären warnten.

Vorsichtig näherten wir uns unserem Lager. Als wir aus dem Wald auf die freie

Uferfläche heraustraten, trafen wir Irene. Sie war glücklich, daß wir für unseren Rückweg nicht den Bachlauf gewählt hatten. Dann erzählte sie uns die ganze Story.

Kurz nachdem wir in die Berge aufgebrochen waren, kam eine dicke Bärenmutter mit ihren zwei Bärenkindern am Ufer entlang. Sie mußten sich gut auskennen, weil sie direkt die Bachmündung ansteuerten. Der Bach war ihr Ziel und die komischen Touristen konnten ihnen den Buckel herunter rutschen. Sie interessierten sie überhaupt nicht. Zum Glück.

Die Mutter nahm die Bachmündung in Augenschein, genauso wie auch ein erfahrener Angler sein Revier zuerst inspiziert, bevor er die Rute auspackt. Dann plötzlich sprang sie ins Wasser und versuchte mit ihren Tatzen zu fischen. Es klappte jedoch nicht, noch nicht. Die Bärenkinder sahen ihr zu und hielten ihr wahrscheinlich die Daumen, weil sie Hunger hatten, Bärenhunger versteht sich. Hoffentlich haben sie gut aufgepaßt, denn im nächsten Jahr müssen sie sich schon selber ernähren und selber fischen. So ist es in dem ewigen Karussell des Lebens eingerichtet, bei Bären und ähnlich auch bei Menschen.

Als ihre Mama zum zweiten Mal baden ging, hatte sie mehr Glück. Stolz kam sie mit einem zappelnden Lachs im Maul aus dem Wasser, schüttelte sich das Naß aus ihrem Pelz und ging dann gemächlich hinter die Sträucher am Waldrand. Dort am Familientisch wurde er verzehrt, eine wahrhaftig kleine Vorspeise für drei Bären. Der nächste Fisch mußte deshalb her. Wieder und wieder fischte sie in der Bachmündung und wenn sie Erfolg hatte, trug sie ihre Beute den Kindern nach Hause hinter die Büsche. Und so ging es den ganzen Tag.

Die ruhenden Urlauber hatten sich schnell in ihre Kajaks begeben und beobachteten lieber den Verlauf des Bärenfütterns aus sicherem Abstand. Immer, wenn es danach aussah, daß die Bären im Wald verschwunden waren, wurden sie eines Besseren belehrt. Da tauchte die Bärin wieder auf, und der Naturfilm lief wieder von Anfang an.

Wir standen ratlos an unseren Zelten, dreißig oder vierzig Meter vom Bach entfernt und überlegten was wir tun sollten. Bären waren nicht zu sehen und wir hatten ebenfalls einen riesigen Hunger. Denn keiner von uns hatte den ganzen Tag etwas gegessen.

Es wurde beschlossen, daß wir uns zuerst stärken sollten. Dann würde man weiter sehen. Wir machten Feuer. Als das erste Fladenbrot in der Pfanne brodelte, zeigte sich uns die Bärin mit ihrem Nachwuchs. Sie schaute eine Weile in unsere Richtung, aber dann kehrte sie sich um, wackelte unverständlich mit ihrem riesigen Kopf und widmete sich ihrem Hobby.

Wir waren ihr nicht böse darum und wünschten uns, daß sie viele fette Lachse fängt. Sie war auch bald tatsächlich erfolgreich und räumte gleich danach die

Bühne auf. Wir aßen und jeder von uns schaute nur in eine einzige Richtung. Langsam wurden wir satt und müde. Eine Entenstaffel flog wie an jedem Abend niedrig über dem Wasser an uns vorbei.

„Entenstrich", belehrte uns Joe, „es ist Zeit zum Schlafen", meinte er und wir wünschten ihm grinsend eine angenehme Ruhe. In der Nacht schliefen einige von uns ziemlich wenig, andere schlecht, ich aber sehr gut. Es hatte sich wieder einmal bestätigt, daß eine Bergtour durch das unwegsame Terrain viel besser wirkt als die stärkste Schlaftablette.

Am Morgen ergab die Zählung, daß die Mannschaft vollständig war. Wir haben uns mit dankbaren Blicken von unseren braven vierbeinigen Nachbarn verabschiedet und stiegen in die Boote ein. Schon nach einigen Paddelschlägen waren alle von uns plötzlich sehr gesprächig. Jeder von uns fühlte eine dringende Notwendigkeit, sich auszusprechen. Die vielleicht unbewußte Anspannung und Verkrampfung löste sich auf einmal auf, Witze machten so lange die Runde, bis wir in den Agulowak River hineinfuhren. Er führte uns in den Aleknagik Lake, den letzten See, den wir auf unserer Fahrt überqueren mußten.

Den Aleknagik Lake entleert der Wood River in die Bay. Dort wo er seinen Anfang nimmt, befindet sich ein altes Eskimodorf. Aleknagik heißt es, genauso wie der See. Seine Einwohner, ähnlich wie auch an vielen anderen Orten an der Küste der Bristol Bay, starben in den Jahren 1918 und 1919 infolge einer bösen Grippeepidemie fast vollständig aus. Erst Ende der dreißiger Jahre lebte das Dorf wieder auf.

Joan zeigte uns die nagelneue Schule, deren Dach jedoch den ersten Winter nicht überlebt hatte. Es krachte unter der schweren Schneelast zusammen. Ich konnte mir vorstellen, daß es damals auch einige Schüler gab, die das Unglück mit Freude quittierten.

Der Wood River ist vielleicht zwanzig Meter breit und fließt zuerst in der flachen Landschaft gemächlich zum Meer hin, bis seine Strömung vollständig durch die Gezeiten des Pazifiks bestimmt wird. Nach wenigen Kilometern änderte sich das Wetter schlagartig. Nebel stieg entlang des Flusses vom Meer auf und hüllte uns in eine feuchte Watte ein. Die Sicht betrug nur zwanzig, dreißig Meter und wir mußten aufpassen, daß wir uns nicht gegenseitig verloren.

Übernachtet haben wir auf einem vielleicht fünf Meter hohen Ufer. Peter hatte sich die Schnur seines Drachens an der Zeltstange befestigt, und die ständige Brise sorgte dafür, daß er die ganze Nacht über uns wachte. Groß war unsere Überraschung, als wir am nächsten Tage feststellen mußten, daß in der Nacht die Flut das Wasser so hoch ansteigen ließ, daß nur wenige Zentimeter fehlten und wir hätten das salzige nasse Element im Bett gehabt. Zum Glück waren alle unsere Kajaks angebunden und so konnten sie frei schwimmen, bis auf einen. Seine Schnur war leider zu kurz und so wurde seine Spitze unter das Wasser gezogen und Wasser kam durch die Einstiegsöffnung hinein.

Das war eine schöne Bescherung. Das Wasser zu leeren war kein Problem, den feinen Schlamm abzuwischen war schon ein wahres Problem. Wir versuchten es, aber unsere Hände waren zu kurz. Dann schickten wir unseren kleinen Peter in die Öffnung. Er verschwand, mit ordentlichem Lappen ausgerüstet, in dem Kajakeinstieg. Nur seine Beine zappelten, als ob er dort mit einem Ungeheuer kämpfen würde. Als er dann draußen war und den ziemlich sauberen Lappen stolz in seiner kleinen Hand hielt, war seine Mama verblüfft. Er sah wie ein Schornsteinfegerlehrling aus. Der schmierige dunkle Schlamm klebte überall an ihm, sogar seine Ohren waren schwarz. Ein zweites Mal mußte er aber nicht mehr hinein, und wir beschlossen, daß das Innere des Kajaks schon ausreichend sauber sein müßte und so konnten wir endlich für unsere letzte Etappe die Boote packen.

Das letzte Stück nach Dillingham war hart. Alles, was in der Großküche des Pazifiks gekocht wurde, mußten wir reichlich auskosten. Nebel mit einem kalten Regen, dazu ein Gegenwind mit Wellen und Kälte, der aber richtig in die Knochen ging. Gegen eine solche feuchte Kälte helfen auch die dicksten Anziehsachen wenig. Deswegen hielten wir an, um uns an einem Feuer zu wärmen und zu trocknen. Es war richtig wohltuend.

Als unsere Körper aufgetaut waren, nutzten wir die gerade beginnende Ebbe und paddelten los. Unsere Reise zum Pazifik ging langsam zu Ende und wir schauten sehnsüchtig in den Nebel vor uns in der Erwartung, ein Zeichen der Zivilisation zu entdecken. Endlich entdeckten wir einen schiefen, morschen Bootssteg. Das mußte die Stelle sein, von wo man Dillingham über einen Schotterweg erreicht.

So war es auch. Als wir ausgestiegen waren, passierte ein wahres Wunder. Die Sonne löste den Nebel plötzlich auf und spendete uns die so ersehnte Wärme. Zwei Stunden lang schaute sie uns beim Reinigen unserer Kajaks und bei der Trocknung unserer Ausrüstung zu. Dann verabschiedete sie sich wieder von uns, vielleicht auch deswegen, weil wir im Großen und Ganzen mit allem fertig waren.

Unsere Reise über die vier großen Seen war vorbei, aber die Erinnerungen an die wunderbare wilde Natur sind uns bis heute geblieben.

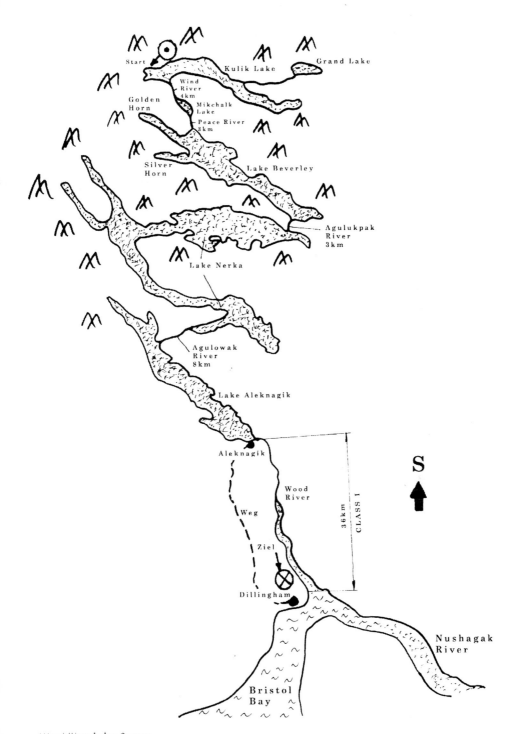

Wood River Lakes System

Informationen über die Reise in Kürze

Schwierigkeiten:

Das Wood River Lake System verlangt von seinen Besuchern keine spezielle Wildwassererfahrung. Eine Kenntnis der möglichen Gefahren auf großen Wasserflächen ist jedoch unbedingt mitzubringen. Dazu gehört auch die Fähigkeit einer kurzzeitigen Wettervorhersage. Das Wetter ändert sich dort sehr schnell und bei Wind sind meterhohe Wellen keine Seltenheit. Deshalb sollte man sich möglichst in Ufernähe aufhalten und die plötzliche Wellenbildung nicht unterschätzen. Gute und für die Wildnis geeignete Ausrüstung sowie die Kenntnis des richtigen Verhaltens in der rauhen Natur sind unbedingt notwendig.

Boote:

Weil der Zugang zum Kulik Lake nur mit einem kleinen Buschflugzeug möglich ist, kommen nur Boote in Frage, die man mit dem Buschflugzeug auch transportieren kann. Es kommen alle aufblasbare und montierbare Kanus, sowie am besten der klassische Klepper Kajak in Frage.

Transport:

Von Anchorage aus nach Dillingham und zurück bietet sich natürlich die regelmäßige, von mehreren Fluggesellschaften betriebene Flugverbindung an. Das Flugticket kostet vier- bis fünfhundert Dollar. Von Dillingham zum Kulik Lake ist ein Ambivalentflugzeug zu chartern. Der Preis pro Person richtet sich nach dem Gesamtgewicht und danach, wie optimal das Flugzeug ausgelastet ist. Man kann mit einem Richtpreis von zweihundert Dollar pro Person rechnen.

Karten:

Dillingham A-7, B-7, B-8, C-7, C-8, D-7, D-8. Goodnews Bay B-1, C-1.

Die Karten können auf dem Campus der Alaska Pacific University, 4230 University Drive, Anchorage, AK, direkt gekauft werden oder sie können auch bei USGS Map Sales, Box 25286, Denver, CO 80225, USA bestellt werden.

Informationen über den Kartenerwerb können auch abgerufen werden unter: www.store.usgs.gov

Zeitplanung:

Die vier Seen mit ihren strömenden Verbindungen können in zwei Wochen bequem gefahren werden. Angesichts der einmaligen Naturkulisse und der großzügigen wilden Natur sind jedoch drei Wochen zu empfehlen. Es lohn sich in die Reise nicht mehr Dollars aber mehr Zeit zu investieren.

Fische:

Äsche, Dolly Varden, Regenbogenforelle, Seeforelle, Hecht, Königslachs, Silberlachs, Rotlachs, Buckellachs, Hundslachs.

Tiere und Vögel:

Grizzlybär, Elch, Wolf, Fuchs, Lux, Otter, Biber, Weißkopfadler, Eule und die Mehrzahl der einzelnen Wasservögelarten.

NOATAK RIVER

„Der Weg in das Landesinnere" könnte man Noatak frei übersetzen. Das Wort Noatak stammt aus der Eskimosprache der Ureinwohner, die das Land entlang der Beringenge besiedelt haben. Ihre Kultur wird Inupiat genannt und zeichnet sich dadurch aus, daß die knappen Ressourcen, welche die Natur diesen Leuten zur Verfügung stellte, intelligent, heute würde man sagen innovativ, zum Einsatz kamen. Von seiner Quelle am Fuße des Berges Mount Igikpak in den Endicott Mountains aus, bis zur Mündung in den Kotzebue Sound befindet sich der Fluß über seine gesamte Länge von 560 Kilometern oberhalb des Polarkreises. Das Land am Noatak ist das größte zusammenhängende Gebiet Nordamerikas, das nicht durch die menschliche Hand verändert oder besiedelt wurde.

Wie sein Name uns verrät, diente der Noatak den Eskimos in der Vergangenheit als bequemer Weg zu den Quellen ihrer Ernährung, überwiegend zu den Karibujagdgründen. Karibus müssen nämlich zweimal im Jahr den Strom überqueren. Die Herden wandern im Frühjahr zu den saftigen Weiden der arktischen Tundra und im Herbst ziehen sie sich dann in den Schutz der Wälder im Süden zurück. Am Fluß lauerten die Jäger den Tieren auf, schlachteten sie ab und konnten dann ihre Beute bequem an die Küste transportieren.

Dem Flußwanderer begegnen auf seiner Reise sechs verschiedene Landschaften. Oben in den Bergen windet sich der Noatak durch die Bergtundra und wird einige Kilometer von den Bergen begleitet. Nach fünfzig Kilometern öffnet sich das Tal und geht in das Noatak Basin über. Dort dominieren langgestreckte grüne Hügel ohne Baumbewuchs die Landschaft. Der hundert Kilometer lange Grand Canyon of the Noatak quetscht den Fluß ganz schön zusammen und führt ihn in einer tiefen Rinne zwischen den Baird Mountains im Süden und den DeLong Mountains im Norden.

Nachdem sich das Wasser des Kelly Rivers mit dem sauberen Noatakwasser vermischt, teilt sich der Strom in mehrere Arme auf und breitet sich bequem in der flachen Landschaft aus. Wenn sich ihm die Igichuk Hills in den Weg stellen, verändert sich die Landschaft grundlegend. In sanften Bögen sucht sich der Noatak zwischen hohen, abgerundeten Hügeln seinen Weg zum Meer. An den Ufern ist ein zusammenhängender Baumbewuchs zu finden und in einigen Partien verzieren romantische Felsen das Flußtal. Im Noatak Delta ist die Landschaft selbstverständlich flach wie ein Brett. Die Breite der matschigen Ufer wird durch Ebbe und Flut bestimmt. Zum Glück ist hier der Gezeitenunterschied aber moderat.

Der erste Weiße, der den Noatak je besucht hat, war ein bestimmter S. B. McLenegan. Mit seinem Begleiter namens Nelson, paddelte er im Sommer 1885 von der Mündung aus los. Für seine Expedition wählte er eine acht Meter lange Bajdarka, die er sich an der aleutischen Insel Unalaska ausgesucht hatte und mit dem Dampfer Corvin in den Kotzebue Sound bringen lies. Bis wohin die beiden mit ihrem aleutischen Kajak auf ihrem Weg ins Landesinnere vorgestoßen sind, ist leider nicht bekannt.

Unsere Fahrt auf dem Noatak fand genau 100 Jahre später, nämlich 1985, statt. Mit meinen guten Freunden Adolf, Joe, Manfred und Wilhelm bin ich bis dahin schon viele schöne Flüsse in Deutschland und Frankreich gefahren. Immer wieder träumten wir aber von einer gemeinsamen Alaskafahrt. In einer langen Nacht einigten wir uns auf den Noatak, warum und wieso, weiß ich heute nicht mehr.

Endlich war es so weit.

Aus Deutschland hatten wir uns Klepper, die klassischen Faltkajaks aus Rosenheim, mitgenommen. Mit ihnen konnten wir bestimmt besser umgehen als mit den Bajdarkas der Aleuten. Wir brauchten nicht gegen die Strömung zu paddeln, sondern wir wollten uns in den oberen Flußlauf ausfliegen lassen. Hundert Jahre des stürmischen technischen Fortschritts machten es möglich und wir waren froh darüber, auch wenn wir an den Kommentar eines älteren Kanuten, dem wir einmal auf der Ruhr begegneten, ständig denken mußten. Er paddelte kräftig gegen die Strömung und als wir an ihm vorbei fuhren, rief er uns zu: „Nur tote Fische schwimmen mit dem Strom, vergißt es nicht!"

Am zweiten Juli flogen wir von Paris aus direkt nach Anchorage und noch am selben Tag weiter nach Kotzebue, dem größten Eskimodorf an der westlichen Küste Alaskas. Kotzebue hatte damals um die 2.500 Seelen. Der Name Kotzebue erinnert an den russischen Kapitän Otto von Kotzebue. Als dieser Schiffskapitän im Jahre 1816 vergebens nach der Nordwestpassage suchte, segelte er in eine große Bucht; und weil diese einen Namen brauchte, benannte er sie einfach nach sich selbst. Das Dorf Kotzebue liegt an der Spitze der langen Baldwin Halbinsel, die in den Kotzebue Sound weit hinein ragt.

Nach dem langen Flug wurden wir dort ziemlich unfreundlich empfangen. Vom Meer aus trieb der kalte Wind schwere dunkle Wolken, die sich über unseren Köpfen wie verrauchte Gardinen eines riesigen Fensters wellten. Wir waren müde, sogar sehr müde. Der zehnstündige Zeitunterschied, die Strapazen des Fluges und die feuchte Kälte hinterließen an uns ihre Spuren. Wir waren alle reif für ein Nickerchen und so begrüßten wir die Aussage des Piloten, der uns im Hangar der Flugfirma Shellabarger mitteilte, daß er wegen des schlechten Wetters nicht fliegen kann.

„Wir warten immer noch auf den Sommer...", war sein Kommentar. Wir stapelten unser Gepäck in einer Ecke der Flugzeughalle auf. Mit Zelt und Schlafsack unter dem Arm gingen wir los. In der flachen Tundra leuchteten die weißen Schneeflecken. Der Sommer war noch nicht da.

Wir hatten es eilig. Gleich am Rande der Betonpiste entdeckten wir eine sanfte Mulde, die uns einen mindestens psychologischen Schutz vor dem scharfen Wind versprach. Sofort wurden dort die Zelte aufgestellt und gute Nacht gewünscht, gute und lange Nacht.

Ich weiß nicht wie lange ich schlief, aber auf einmal wurde ich wach. Ich träumte nicht, nein, der Schmerz und die Angst was kommt, waren gegenwärtig. Ein apokalyptisch dröhnendes Geräusch von oben fiel auf das Zelt. Es wurde stärker und stärker. Intuitiv rollte ich mich im Schlafsack in ein Knäuel zusammen und wartete auf das, was passieren wird. Nach einigen Sekunden begann sich der höllische Krach zu entfernen. Das Zelt erreichte jedoch ein kräftiger Windstoß, der die Zeltstangen zu brechen drohte. Wie eine Stahlfeder sprang ich aus dem Bett auf und riß die Zeltöffnung auf.

Auf der Betonpiste rollte eine Galaxy, ein riesiges Transportflugzeug, aus. Es mußte in einer Höhe von nur einigen Metern über unseren Köpfen vom Himmel heruntergefallen sein, um die kurze Piste zu treffen. Der Schlaf war vorbei. Ich zog mich an und kletterte aus dem Zelt.

Draußen traf ich Manfred. Er schimpfte wie ein Spatz und verlangte ein striktes Nachtflugverbot weltweit, Alaska inbegriffen. Es war gerade zwei Uhr früh und das helle Licht erinnerte uns daran, daß wir uns oberhalb des Polarkreises befanden.

Das Ungeheuer stand auf der Piste. Aus der riesigen hinteren Luke fuhren zwei schwere militärische Kettenfahrzeuge heraus. Sofort fühlten wir uns sicherer, denn das Land des Bösen war nicht weit. Nur das Wasser der Beringenge trennte uns von der damaligen Sowjetunion. Heute kaum für möglich gehalten, aber im Jahre 1985 war der russische Bär der Feind Nummer Eins.

Wir marschierten ins Dorf. Im Sommer sehen alle Eskimodörfer ähnlich aus. Nach unseren europäischen ästhetischen Empfindungen sind sie ziemlich häßlich. Ich meine, sie sind anders. Das Leben der Eskimo ist völlig auf den langen Winter orientiert und in der Tat, die saubere weiße Schneedecke deckt diskret den ganzen Müll des überwiegenden Teil des Jahres auch zu. Nur im Sommer ist es anders, dann liegen die Überreste der Zivilisation nackt in der Gegend herum und verschandeln die Häuser.

Aus der einzigen Bar „in town" torkelten die letzten Gäste. An dem flachen Meeresufer lagen zwischen allerlei Kunststoffetzen in sich verknotete Fischnetze. Vom Flachdach einer Holzbude aus schauten uns traurig einige Karibuköpfe zu und streckten ihre verzweigten Geweihe zum Himmel. Sie wurden dort nach der Jagd abgelegt und durch die kalte Brise mumifiziert. Wann, wer weiß es schon.

Das Dorf schlief fest im Tageslicht. Nur einige Hunde streunten ziellos durch die staubigen Straßen so wie auch wir, unbedeutende Touristen, die unter Schlaflosigkeit litten. Wir kamen zum Friedhof. Manfred besucht überall wo er reist gerne Friedhöfe. Er meint, daß man auf dem Friedhof mehr über die Kultur und die Geschichte lernen kann als aus dem Reiseführer. Kleine weiße Kreuze markierten die Gräber. Einige von ihnen waren mit einem niedrigen Holzzaun geschützt. Auffallend war, daß dort viele junge Menschen begraben lagen. Die meisten von ihnen hatte der Alkohol, das Geschenk des weißen Mannes, auf dem Gewissen. Nach zwei Stunden kehrten wir in unser hellhöriges Hotel zurück und versuchten zu schlafen.

Um den Mittag herum rief jemand: „...Frühstück!". Das zog. Im Nu standen wir alle an einem kleinen Feuerchen gebeugt, welches Wilhelm mit den herumliegenden Brettchen fütterte und freuten uns an dem herrlich duftenden Kaffee. Die Welt sah sofort viel besser aus.

Shellabarger teilte uns mit, daß er versuchen würde uns gegen fünf Uhr auszufliegen. Die gute Nachricht steigerte unsere Moral noch mehr und plötzlich empfanden wir die Tristesse unseres Lagers gar nicht so schlimm. Auch die Kälte war irgendwie wärmer. Wir hatten nur ein einziges Ziel fest vor Augen, den Noatak.

Wir kauften im Dorf unseren Proviant ein und tatsächlich, kurz nach fünf, waren wir alle mit zwei kleinen Flugzeugen in der Luft. Der Start an dem unruhigen Meer war schon ein Erlebnis für sich. Als sich die silbernen Flugzeugschwimmer endlich von den weißen Wellenkämmen befreiten, wurden wir durch den Wind ordentlich hin- und her- gerissen. Noch über dem Meer versuchte der Pilot ständig Höhe zu gewinnen. Wir stiegen nur langsam höher, weil ab und zu das Flugzeug in ein Luftloch hinein fiel und wir erlebten dabei das seltsame Gefühl des freien Falles, bei dem man sich hoffentlich nur einbildet, daß das Herz in die Hose rutscht.

Wir überflogen das Noatakdelta und jeder von uns verfolgte den Fluß bis er sich hinter einem Hügel versteckte. In sanften Bögen folgte er dem Tal. Er bildete kleine oder auch größere Inseln und wir freuten uns über seine unbändige Freiheit und wilde Schönheit. Dann ließen wir den Noatak links von uns liegen und flogen über die Baird Mountains, Berge ohne jeglichen Baumbewuchs mit tiefen engen Tälern und ausgedehnten Schneefeldern in oberen Lagen. Manfred schrie mir etwas über Kains Land ins Ohr und zeigte dabei nach unten. Ich mußte ihm recht geben, so ungefähr habe ich mir auch Kains Land vorgestellt.

Nach eineinhalb Stunden landeten wir auf einem kleinen See. Noch aus der Luft konnten wir ein Pärchen Wildschwäne sehen, wie sie sich auf ihre Vertreibung durch die riesigen lauten Vögel vorbereiteten. Kurz hintereinander fielen wir dann vom Himmel herunter. Die Schwimmer des Flugzeugs zerschnitten die glatte Seeoberfläche. Bald standen wir am Ufer.

Lake Clark Pass in Aleutian Range.

Der obere Lauf der Tlikakila River.

Der neugierige Besucher.

Der nebelige Tag im Tal der Tlikakila River.

North Fork Delta.

In den eisigen Fluten.

Lake Clark.

Eine schöne Bescherung.

Als die Wildschwäne zu ihrem See zurückkehrten und wir die ungewöhnliche Stille, die uns plötzlich überfiel, verdauten, wandten wir uns endlich dem Berg von Gepäckstücken zu. Wir deckten ihn mit einer Plane ab, weil uns die ersten Tropfen erreichten und die Luft wahrlich nach einem richtigen Landregen roch. Unsere Köpfe umschwärmten die fleißigen Moskitos in einer bemerkenswerten Anzahl, so daß sich hinter unseren Köpfen ein dunkler beweglicher Moskitoschwarm bildete und genau unsere Kopfbewegungen kopierte. Wo ist der Fluß, fragten wir uns ein bißchen gereizt und liefen dann wie verschreckte Hühner in alle Richtungen, um ihn zu suchen und die verdammten Moskitos abzuschütteln, was aber ein typischer Greenhornfehler war. Mit der Zeit lernt man, daß man vor den Moskitos nicht weglaufen kann. Nur mit einer richtigen psychologischen Einstellung kann man mit ihnen in Frieden leben, sonst wird man verrückt.

Die Landschaft ringsherum war hügelig. Kein einziger Baum schmückte sie weit und breit. Die Sträucher waren nur höchstens einen Meter hoch, was ein Zeichen dafür war, daß der Permafrost dort im Sommer nicht sehr tief auftaut. Es regnete und die nasse Kälte war ziemlich ungemütlich.

„Nod, genauso mußte Kains Land Nod ausgesehen haben", predigte uns Manfred und wir gingen los, um den Fluß zu finden, zu dem wir uns über die Hälfte des Erdballs bemüht hatten. Wir wußten, daß wir irgendwo in der Nähe des Cutler River waren, aber zuerst sahen wir nur Tundra und Tundra und Tundra.

Nach einem Kilometer stiegen wir auf eine Anhöhe und tatsächlich: Tief in die Tundralandschaft eingeschnitten, bewegte sich eine grüne Wassermenge. Ein wunderbar sauberes Wasser reichte bis an die ersten Sträucher. Ufer gab es nicht. Es war offensichtlich, daß der Sommer am Noatak noch nicht begonnen hat.

Ohne lange zu überlegen, pendelten wir zwischen Flußufer und Seeufer hin und her und portagierten unser Gepäck und die in Säcken zusammen gelegten Kajaks. Als wir damit fertig waren, bauten wir unsere Zelte auf und verschlangen schnell ein bißchen Brot. Der Regen hatte zugenommen und jeder von uns wollte so schnell wie möglich in den warmen Schlafsack schlüpfen. Dort war es trocken und was vielleicht noch mehr zählte, es war moskitofrei.

Wir schliefen zufrieden wie Babys. Endlich waren wir am Wasser und vor uns lagen vier Wochen unbekümmerter Ferien im goldenen Norden. Und weil es die ganze Zeit stark regnete, kosteten wir diesen Luxus entsprechend aus und schliefen den ganzen nächsten Tag durch. Erst gegen Mitternacht hörte der Regen auf, und wir alle erwachten plötzlich wie auf Befehl zum Leben.

Der Grund dafür war ein unbekanntes Geräusch. Unweit von unserem Lager schritt ein mächtiger Elchbulle in die Fluten des Flusses und schwamm auf die andere Seite. Wir betrachteten den abgehärteten Hirsch mit größter Bewunderung. Für ein Bad konnten wir uns jedoch nicht erwärmen. Es blieb bei einer Katzenwäsche, welche uns aber ebenfalls zum Leben erweckte. Wir bauten unsere Klepper zusammen, packten alles ein und fuhren los.

Oh, wie schön war die Welt!

Ausgeruht, satt und im Trockenen sitzend erfaßte uns die Strömung. Die Moskitos gaben langsam ihre Verfolgung auf und wir wurden gemütlich wie brave Kinder in den ersten Stromschnellen geschaukelt. Dann konnten wir die grandiose, unberührte Landschaft betrachten, die Landschaft ohne Hochspannungsmasten, ohne Autobahnen und Brücken, ohne Kirchtürme, Häuser und Fabriken. Wo kann man heute noch so etwas sehen?

In einer kleinen Bucht hatte ich ein ziemlich großes, vielleicht zehn Meter hohes Pingo gesichtet. Es versteht sich von selbst, daß wir es entsprechend untersuchten. Das Pingo ist ein runder Hügel, das sich infolge von unterschiedlichen Ausdehnungen der erwärmten Oberflächenschicht und des kalten Permafrostes in der Landschaft auftürmt. Gegen Mittag wurde der Himmel heller und wir machten Rast. Wilhelm versuchte sein Angelglück, aber es war vergebens. Kein einziges Fischlein opferte sich.

Während der nächsten zwei Tage verzogen sich die Wolken und endlich war der Sommer am Noatak angekommen. Die Lufttemperatur stieg langsam aber stetig an. Mit Freude legten wir unsere warmen Sachen nach und nach ab. Endlich wurde auch der erste Arktische Saibling gefangen. Damit hatte sich unsere Ernährungssituation grundlegend positiv verändert. Seitdem zeigte sich der Fluß spendabel. Unsere Menükarte wies neben dem Arktischen Saibling auch andere Fische wie die Äsche, den Hecht und später dann den Hundslachs auf.

Der Arktische Saibling ist ein wunderschöner, energiegeladener Fisch, der im Noatak eine durchschnittliche Länge von 60 bis 80 Zentimetern erreicht. Hechte kommen im Fluß nur selten vor. Eine unglaublich reiche Hechtpopulation haben jedoch die Seen, die nur unweit vom Fluß entfernt liegen und welche man mit einer entsprechenden Karte bequem zu Fuß erreichen kann. Ich erinnere mich zum Beispiel an den See Tulugak, der hinter dem Noatak Canyon auf der rechten Flußseite liegt. Dort tummeln sich Hunderte von ihnen und praktizieren einen reinen Kannibalismus.

Die Fahrt auf dem Noatak ist nicht besonders schwierig. Nur einige kurze Stromschnellen sind zu meistern. Unsere Fahrt haben wir oft unterbrochen, um ausgedehnte Spaziergänge in die Umgebung zu unternehmen. Das Terrain eignet sich ausgezeichnet für Wanderungen, weil dort nur niedrige Sträucher wachsen. In den höheren Lagen kann sogar der Wanderer über einen weichen duftenden Grund der Bergtundra gehen. Man kann bequem auch große Entfernungen an einem Tag schaffen. Von den langgezogenen Hügeln betrachteten wir stundenlang die Mutter Erde, so wie sie der große Meister an seinem dritten Schaffenstag errichtet hat.

Die Sonne begleitete uns vierundzwanzig Stunden am Tag. Auf dem Wasser, bei Wanderungen und was gemein war, sie versuchte auch in der Nacht in unsere Gemächer hinein zu schauen. Nach einer Woche hätte uns schon ein Regenguß sehr gut getan. Aber leider konnte der blaue Himmel unseren Wunsch nicht erfüllen. Wir mußten uns an jedem Nachmittag im Wasser reichlich abkühlen. Denn das Thermometer kletterte spielend auf dreißig Grad Celsius hoch. Es war dort, oberhalb des Polarkreises, daß ich in Alaska zum ersten und bis heute zum letzten Mal freiwillig im Fluß badete. So warm war es dort. Das Wasser im Fluß schwand mit jedem Tag und die Kiesbänke traten aus dem Wasser heraus, worüber wir uns sehr freuten, denn dort waren die Moskitos nur mäßig vertreten.

Daß diese Hitzeperiode nur von einer kurzen Dauer war, sozusagen daß sie nur ein kleiner Naturunfall war, daran wurden wir täglich erinnert, wenn wir ausgedehnte meterhohe Schneefelder oder Aufeis passierten. Wenn man die Schnee-und Eismengen sah, wurde einem klar, daß sie auch diesen heißen Sommer überstehen werden um danach wieder zu wachsen.

Die ersten Nadelbäume haben wir erst kurz vor dem Canyon angetroffen. Dort verengt sich der Fluß, und seine grünblaue Wassermassen bilden eine schiefe Ebene, über welche die Boote elegant an den Felsufern vorbei gleiten.

In den Felswänden machten wir einige Dall Schafe aus. Deshalb landeten wir und beobachteten neidisch ihre Kletterkünste. Joe wollte unbedingt eine Nahaufnahme machen und kletterte deshalb den Schafen hinterher. Bald mußte er jedoch feststellen, daß die Felswand nicht sein gewöhnlicher Lebensraum ist und kehrte enttäuscht zurück. Die Schafe schauten uns aus der Felswand an und drehten ihren Kopf hin und her. Wer weiß, was haben sie sich damals gedacht?

Hinter dem Canyon nimmt der Baumbewuchs ständig zu. Das Kampieren ist dann sofort angenehmer. Man hat genügend Holz für das Feuer, man findet Schatten und Windschutz für das Zelt und man fühlt sich sofort besser geschützt, eben geborgen. Wir eilten zu der Mündung des Kelly Rivers, weil wir wußten, daß der Fluß dort besonders reich an Lachs sein sollte. Aber auch dort galt, so wie auch sonst im Leben, es genügt nicht am richtigen Ort zu sein, man muß dort auch zur richtigen Zeit sein.

Leider kamen wir dort einige Tage zu früh an, oder die Lachse verspäteten sich um einige Tage? Unsere Angelkünste wurden nicht honoriert. Kein einziger Lachs zeigte sich und die angeschwemmten Baumleichen kosteten uns einige Blinker. Enttäuscht fuhren wir weiter.

Der Noatak gabelt sich dort in mehrere Arme auf und die Strömung verlangsamt sich deutlich.

Während seines mitternächtlichen Bades im Fluß machte Joe eine bedeutsame

Beobachtung. Dies mußte so sein, denn plötzlich ließ er die Seife in den Kies fallen und rannte Hals über Kopf, um seine Angel zu holen. Wir saßen am Feuer und beobachteten mit Interesse sein Tun. Gleich wurden wir reichlich belohnt. Joe warf seinen Blinker zum ersten Mal ins Wasser und schon waren wir Zeugen eines spannenden Kampfes. Die Naturarena wurde durch die tief stehende Sonne wunderbar beleuchtet. Und dort mitten drin kämpfte der völlig nackte Sportangler Joe mit seinem ersten Lachs. Die schnellen Bewegungen seines langgezogenen Schattens verstärkten noch die Dramaturgie des theaterreifen Auftrittes. Joe hatte gewonnen und Adolf freute sich besonders darüber, weil er sich schon einige Tage über unsere Ernährung ernsthafte Gedanken gemacht hatte. Der Proviant war zu Ende. Bis Noatak Village war es aber noch weit.

Das Eskimodorf Noatak ist die einzige Siedlung am Fluß. Cirka 100 Kilometer vor der Mündung liegt es am rechten Flußarm. Wir mußten sehr gut aufpassen, um es nicht zu verfehlen. Unsere Ankunft war besonders für die Kinder und für die Jugendlichen ein willkommenes Ereignis in dem sonst monotonen Dorfleben. Sie umzingelten uns gleich am Ufer und betrachteten neugierig unsere Kajaks, als ob sie solche Boote noch nie gesehen hätten. Ich weiß nicht, ob sie überhaupt wußten, daß diese geniale Bootskonstruktion von ihren Urgroßvätern stammt.

Es war zwar Sonntagmittag, aber der Geschäftsinhaber öffnete uns bereitwillig sein „business". So ist es eben im Norden üblich. Die Geschäfte machen einfach auf, wenn der Kunde kommt und nicht wenn die Öffnungszeiten es befehlen.

Wir kauften Proviant für den Rest der Reise ein. Was aber genauso wichtig war, wir füllten unseren dezimierten Bestand an Fischhaken, Blinkern, Schnüren und sonstigem Angelschnickschnack reichlich auf.

Dann vertrauten wir uns wieder dem Fluß an. Wir mußten fest paddeln, weil der Noatak in der flachen Landschaft plötzlich müde und alt wirkte. Wie oft haben wir uns an den jungen, frischen Noatak erinnert, der uns die ersten zwei Wochen trug.

Endlich vereinigten sich die zahlreichen Flußarme wieder. In der Ferne waren die ersten runden Erhebungen der Igichuk Hills zu sehen. Sie wuchsen mit jeder Stunde an und mit ihnen auch die Ufer. In einigen Flußabschnitten säumten den Fluß romantische Felsen in denen zahlreiche Vögel nisteten. Eine romantische Landschaft umgab uns liebevoll. Wir genossen den schönen Anblick in vollen Zügen.

Nach einem Tag ließen wir die Igichuk Hills hinter uns. Der starke Gegenwind erinnerte uns daran, daß wir uns dem Meer näherten. Die steinigen Bänke ersetzten Sand und „mud", was einen Schlamm der besten Qualität bezeichnet. Flache, ausgedehnte Ebenen mit niedrigen Sträuchern, Gras und Wollgras boten den Wasservögeln aller Art die besten Lebensbedingungen. Einige Male sahen wir

Kraniche wie sie auf einer feuchten Wiese landeten. Wir versuchten, uns ihnen zu nähern jedoch ohne Erfolg. Diese klugen Geschöpfe ließen sich nur dort nieder, von wo sie eine ungestörte Sicht hatten. Weil wir aber nicht hunderte von Metern im Schlamm kriechen wollten, mußten wir aufgeben.

Die typische Deltalandschaft machte uns bei der Orientierung einige Schwierigkeiten. Auch wenn man im Besitz einer Karte ist, hilft sie herzlich wenig. Sie zeigt nämlich die Deltatopologie so, wie sie einmal in der Zeit vor der Kartenausgabe ausgesehen hat. Aber seitdem hat sich sicherlich vieles verändert. Jedes Jahr entstehen völlig neue Kanäle, und die alten Arme verschwinden oder verändern ihre Richtung. Unsere Karte wurde im Jahre fünfundfünfzig des vergangenen Jahrhunderts gedruckt. Sie war damals dreißig Jahre alt, detailliert aber wertlos.

Wir wollten uns nicht dem breiten flachen Wasser in der Deltamündung aussetzen und suchten deshalb fieberhaft nach einem engen Seitenkanal mit dem Namen Little Noatak Slough. Dieser sollte uns direkt zu Hotham Inlet führen, von wo man die Bucht an ihrer engsten Stelle überqueren kann, um nach Kotzebue zu gelangen. Wir suchten und suchten aber leider vergebens. Slough existierte nicht mehr.

Wir folgten dem linken Kanal und paddelten bis in den Abend hinein. Endlich fanden wir eine trockene Stelle zum Zelten. Der Untergrund war zwar sandig, was bei Regen oder Wind ein Albtraum sein kann, aber der dichte Wollgrasteppich suggerierte uns das Gefühl, weich und kuschelig wie in Watte dort schlafen zu können.

Wir ahnten, daß unsere Reise bald zu Ende gehen würde und wir bald wieder in den Smog der Zivilisation eintauchen würden. Bis tief in die helle Nacht saßen wir am Feuer und erzählten. Wir hatten uns so viel zu sagen, als ob wir uns Jahre nicht gesehen hätten, merkwürdig aber wahr.

Als uns die Sonne aus den Betten trieb, stand sie schon hoch über unseren Köpfen. Wir mußten weiter. Was das Packen der engen Boote angeht, hatten wir eine erstaunliche Routine entwickelt. Es dauerte nicht lange und wir waren auf dem Wasser. Wieder suchten wir nach der Möglichkeit einer Abkürzung. Dann sahen wir eine schmale Rinne, in der das Wasser stand. Es war äußerst fraglich, ob sie überhaupt durchgängig war.

Zum Glück war sie durchgängig und führte uns abseits des Deltas zum Meer. Am Abend standen wir am Meerstrand und schauten respektvoll in Richtung der Baldwinhalbinsel. Wir sahen in der weiten Ferne einen schmalen Küstenstreifen. Dort mußten wir hin. Es sah verdammt weit aus. Doch das Meer war ruhig und das Wetter stabil.

„Wir fahren hinüber", beschlossen wir einstimmig und wollten los. Groß war jedoch unsere Überraschung, als wir feststellen mußten, daß wir nicht paddeln konnten. Die Ebbe hatte uns das Wasser entzogen und nur einen dünnen Wasserfilm von zwanzig Zentimetern übriggelassen. Wir stiegen aus unseren Kajaks aus und erlebten die nächste Überraschung. Der Grund war fest. Man konnte wunderbar gehen, ohne im Schlamm zu versacken. Und so gingen wir zu Fuß im Meer spazieren. Der dritte Streich ließ nicht lange auf sich warten. Die Wassertiefe nahm nicht zu, sondern ab. Jetzt konnten wir auch die Boote nicht mehr hinter uns herziehen. Sie saßen fest. Was nun?

Nach dem Motto „für den Ingenieur ist nichts zu schwer", packten wir die beladenen Kajaks und trugen sie vielleicht fünfhundert Meter bis zum Wasser. Es war meine erste und bis heute die einzige Portage im Meer.

Als wir genug Wasser unter dem Kiel hatten, ging es erst richtig los. Eine acht Kilometer lange Regatta begann. Wir paddelten und paddelten, aber der Streifen am Horizont wollte und wollte uns nicht entgegenkommen. Manfred versuchte zu singen, aber keiner von uns hat sich ihm angeschlossen. Wir spürten, daß uns die beginnende Flut nach links in die breite Bucht trieb. Dort durften wir aber unter keinen Umständen hin, weil wir uns sonst vom ersehnten Ufer weiter entfernt hätten. Noch dazu war uns klar, daß wir dort mit viel höheren Wellen hätten rechnen müssen.

Wir versuchten deshalb, die Richtung zu halten und kämpften weiter. Die Wellen nahmen zu und verlangsamten unser Vorankommen merklich. Endlich konnten wir die kleinen Bäume am Festland erkennen. Das war ein gutes Zeichen. Wir sind näher gekommen. Der Wind wurde stärker. Wir mußten noch mehr zulegen. Ausgepumpt, erreichten wir die Küste. Die Brandung erfrischte uns beim Ausbooten, aber wir waren drüben. Wir waren froh, es geschafft zu haben. Mit jeder Minute wurde das Meer wilder und wir betrachteten die bewegten Wassermassen mit Demut und großem Respekt.

Weiter zu fahren kam nicht in Frage. Wir beschlossen deshalb so lange zu warten, bis sich das Meer ausgetobt hatte. Jeder von uns suchte sich ein Plätzchen und versuchte zu schlafen. Es war eine kurze Nacht. Gegen vier Uhr morgens saßen wir in unseren Kleppern und paddelten entlang der Baldwin Peninsula nach Kotzebue.

Leider hatten wir die volle Flut erwischt. Wir mußten gegen die Strömung kämpfen, aber auch das meisterten wir. Genau zum Frühstück liefen wir in Kotzebue ein.

Unsere vier Klepper lagen traurig am Strand, als ob sie gewußt hätten, daß wir uns von ihnen trennen wollten. Fast vier Wochen hatten sie uns treu gedient. Jetzt brauchten wir sie nicht mehr. Sie wären uns nur zur Last gefallen. Aber so sind wir Menschen. Alles was wir besitzen, soll uns dienen.

Wilhelm besuchte die hiesige Radiostation. In ein paar Minuten wußte jeder in Kotzebue und vielleicht auch auf der Tschuktschen Halbinsel, daß am Strand von Kotzebue vier Klepper auf interessierte Käufer warteten. Innerhalb einer Stunde waren sie alle weg. Wir wußten bis dahin noch nicht, was für eine Freude wir den neuen stolzen Besitzern bereitet hatten.

Ein Buschpilot wollte sich uns gegenüber erkenntlich zeigen und kam gleich nach dem Geschäftsabschluß mit einem riesigen Topf, aus dem ein herrlicher Duft von Karibugulasch über die Kotzebue Bucht ausströmte. Dazu gab es ein frisches, zu Hause gebackenes Brot, für uns damals eine Kostbarkeit. Sofort wußten wir, daß unsere Boote in guten Händen waren und ließen uns nicht zweimal bitten.

Wir aßen und diskutierten, diskutierten und aßen. Joe fragte den Buschpiloten über die Jagd aus. Er wollte wissen, wie viel Karibus er schießen darf.

„Five...", antwortete er kurz und nahm sich aus dem Topf einen kräftigen Nachschlag.

„Im Jahr..?", wollte Joe genau wissen.

„Nein, am Tag...", und grinste dabei.

Damals begriff Joe, daß die Jagd in Alaska eine völlig andere Bedeutung hat. In Alaska ist die Jagd eine reine Fleischbeschaffung und nicht eine Jagd auf manchmal fragwürdige Trophäen wie in Deutschland oder in Europa: Ein anderes Land, eine andere Kultur und eine andere Tradition.

Als wir nach knapp vier Wochen am Flughafen auf unser Flugzeug warteten, zogen langsam vom Meer aus dunkle, bedrohliche Wolken heran. Es war gut möglich, daß mit ihnen auch der schöne, aber kurze Sommer am Noatak vorbei war.

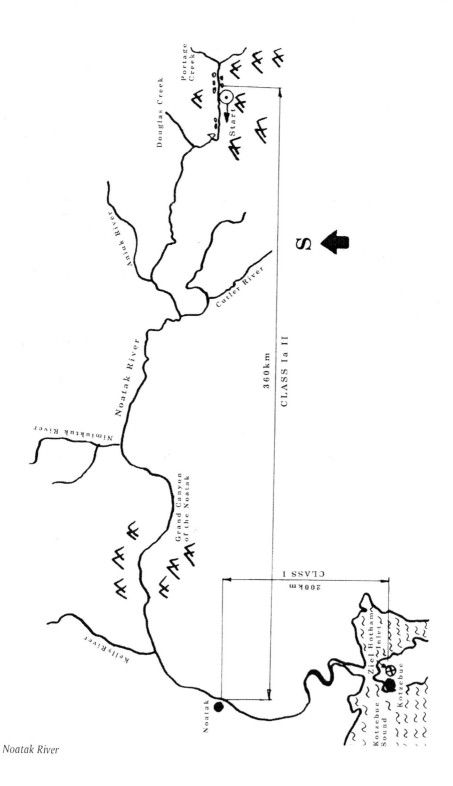

Noatak River

Informationen über die Reise in Kürze

Schwierigkeiten:

Der Noatak ist von der wassertechnischen Seite her kein besonders anspruchsvoller Fluß. Der lange Aufenthalt in einem menschenleeren Gebiet verlangt jedoch vom Reisenden gute Wildniserfahrung. Er muß in der Lage sein, sich im Falle einer Erkrankung, eines Unfalles oder beim Verlust des Proviants selber zu helfen. Mit Hilfe von außen ist nicht zu rechnen. Bei der Überquerung des Hotham Inlets ist unbedingt eine ruhige und stabile Wetterlage abzuwarten. Der Einfluß der Gezeiten sollte nicht unterschätzt werden. Am ruhigsten ist das Meer in den frühen Morgenstunden.

Boote:

Faltbarer Kajak oder Kanu, Trekkingkanu im Falle, daß man in Noatak Village ausbootet.

Transport:

Von Anchorage mit dem Linienflug nach Kotzebue oder aus Fairbanks mit dem Linienflug nach Bettles. Weiter zum Fluß gelang man mit einem gemieteten Flugzeug. Der Preis pro Person beträgt in beiden Fällen cirka 300 Dollar. Der Rückweg von Kotzebue aus nach Anchorage mit der Linienmaschine kostet ebenfalls 300 Dollar. Noatak Village hat eine regelmäßige Flugverbindung mit Kotzebue.

Karten:

Survey Pass C-5, C-6. Ambler River C-1, D-1, D-2, D-3, D-4, D-5, D-6. Howard Pass A-3, A-4, A-5. Misheguk Mountains A-1, A-2, A-3, A-4, A-5. Baird Mountains D-3, D-4, D-5, D-6. Noatak A-1, A-2, B-1, B-2, B-3, C-2, C-3, D-1, D-2. Kotzebue D-1, D-2.

Die Karten können bei U.S. Geological Survey, 101 12th Avenue No. 12, Fairbanks, Alaska 99701, oder auf dem Campus der Alaska Pacific University, 4230 University Drive, Anchorage, AK direkt gekauft werden, oder sie lassen sich auch bei USGS Map Sales, Box 25286, Denver, CO 80225, USA bestellen.

Die Orientierung am Noatak ist sehr einfach, weil er überwiegend durch die Tundra fließt. Deshalb reichen vollkommen die Karten im Maßstab 1:250 000 und zwar Survey Pass, Ambler River, Howard Pass, Misheguk Mountains, Baird Mountains, Noatak und Kotzebue.

Informationen über den Kartenerwerb können auch unter: www.store.usgs.gov abgefragt werden.

Zeitplanung:

Wer die gesamte Länge des Flusses bequem fahren möchte, sollte sich vier bis fünf Wochen Zeit nehmen. Vom Cutler River nach Kotzebue oder von der Quelle nach Noatak Village um eine Woche weniger.

Fische:

Äsche, Arktischer Saibling, Hecht, Hundslachs.

Tiere und Vögel:

Grizzlybär, Elch, Karibu, Dall Schaf, Wolf, Fuchs und die meisten Arten der nördlichen Wasservögel, besonders im Noatak Delta. Die westarktische Karibuherde zählt an die 200.000 Tiere. Bei ihrer Migration überqueren sie den Noatak River zweimal im Jahr.

DIE INSELN VON SÜDOSTALASKA

Die Region von Südostalaska bilden, dem Festland vorgelagert, zahlreiche große und kleine Inseln, sowie ein schmaler Streifen des nordamerikanischen Kontinents. Es ist, bildlich gesprochen, der Griff einer riesigen Bratpfanne mit der das gesamte Territorium von Alaska im Volksmund und neuerdings auch in Werbeprospekten und in Informationsschriften bezeichnet wird. Die bergige Küste ist durch die zahlreichen verzweigten Fjorde unterbrochen. Sie sind die eigentlichen Edelsteine des außergewöhnlichen Naturschatzes von Südostalaska. Zahlreiche Gletscher stecken ihre weißen Finger in die Meeresfluten, so wie kleine neugierige Kinder ihre Fingerchen unwiderstehlich an eine Kochplatte legen um festzustellen, daß es weh tut. Den Aufschrei der Gletscher kann man hören. Mit einem Donnerschlag entledigen sie sich dann ihrer verbrannten Haut. Man sagt, sie kalben.

In den unteren Lagen, nahe zum Meer hin, wächst ein wahrer Urwald. Über Gebühr mit Regenwasser versorgt, wachsen dort die stattlichen Sitka Fichten und andere mit einem Moosspinnennetz bewachsene Bäume. Sie zaubern eine erhabene Atmosphäre von gotischen Bauten, in die das Sonnenlicht nur sparsam hineingelassen wird. Auf dem Boden wuchern verschiedene große giftgrüne Pflanzen, von deren Namen ich nur einen gut behalten habe. Devils Club heißt diese Pflanze, die ein bis drei Meter hoch ist und neben einer schönen roten kolbenartigen Frucht eine große Anzahl von riesigen Blättern mit gemeinen, kleinen, aber sehr wohl hartnäckigen Stacheln hat. Man muß einmal mit diesem Teufelszeug in Berührung kommen, um sich einen gebührenden Respekt für immer anzueignen.

Die rote Frucht wird mit Vorliebe von den Bären verzehrt, was aber nicht die starke Bärenpopulation in der schönsten Region Alaskas erklärt. Wenn man die Statistikwissenschaft bemüht, erfährt man, daß auf jeder Quadratmeile dort ein Bär wohnt. Trotzdem finden sie alle ausreichende Nahrung, vor allen Dingen den proteinreichen Lachs und verschiedene Beeren, welche die Bären in eine dicke Speckschicht verarbeiten, bevor sie sich ein mehrere Monate dauerndes Nickerchen gönnen.

In den zahlreichen Bergen lebt das Dall Schaf, ein zähes Geschöpf, das sich wunderbar den härtesten Bedingungen angepaßt hat. An den Inselhängen oberhalb der Baumgrenze springen die Sitka Hirsche.

Die größte Lebensvielfalt bietet jedoch das Meer. Dort schwimmt und kriecht eine erstaunliche Menge von Lebewesen. Von kleinen und großen Krabben angefangen über die verschiedenen Fischarten, von denen die Lachse eine überragende Bedeutung für den natürlichen Nahrungskreislauf haben, bis zu den niedlichen Seeottern, den Seehunden, den Seelöwen und natürlich auch den Walen, den wirklich großen Säugetieren, kann man dort alles beobachten, angeln und fotografieren.

Interessant sind auch die verschiedensten Wasservögel, zum Beispiel der am nördlichsten lebende Papagei mit einem dicken rotgelben Schnabel, Puffin genannt, der seine Flügel zu Paddeln umfunktioniert hat, um besser tauchen zu können. In den Bäumen entlang der Küste sitzen die Weißkopfadler und wachen über ihr Jagdgebiet.

Der Reichtum des Meeres hat es möglich gemacht, daß die ursprüngliche Bevölkerung, überwiegend die Tlingit Indianer, einen hohen Entwicklungsstand erreichen konnten. Auch die Russen erkannten sehr bald den Reichtum an Ressourcen und wie bekannt, hat Baranov folgerichtig seinen Sitz von der Insel Kodiak nach Sitka verlagert, auch wenn er mit dem erbitterten Widerstand der Indianer rechnen mußte. Die Natur wehrte sich gegen die zu dichte Besiedlung nach ihrer Art und sehr erfolgreich. Die hohen Niederschläge, der Nebel und der Wind, die zerklüftete felsige Küste und die enormen Gezeitenunterschiede mit gefährlichen Strömungen zwischen den einzelnen Inseln waren die Waffen, welche die Natur auffahren konnte.

Heute ist zum Glück ein überwiegender Teil dieses Naturjuwels vor dem menschlichen Eingriff geschützt. Es besteht die berechtigte Hoffnung, daß auch die zukünftigen Generationen diese großartige Natur unversehrt vorfinden werden oder sich mindestens an den dort aufgenommenen Videoaufnahmen in ihren eigenen vier Wänden erfreuen werden.

Wir wollten aber diese rauhe, schöne Natur am eigenen Leib erfahren, mit eigenen Augen sehen und ihre geheimnisvollen Geräusche mit eigenen Ohren aufnehmen. Gleichzeitig wollten wir den Ort besuchen, wo vor zweihundert Jahren die Konfrontation zwischen den Russen und den Tlingits begann.

Deshalb haben wir für den Ausgangspunkt unserer Tour Sitka gewählt. Sitka war die Hauptstadt von Russisch-Amerika und bis zum Jahre 1906 auch die Hauptstadt des Alaska Territoriums. Heute ist Sitka eine überschaubare, in relativem Wohlstand lebende Stadt mit achttausend Einwohnern. Sie liegt auf der Baranov Insel, geschützt vor dem offenen Pazifik durch den Sitka Sound.

Als Ziel unserer Kajaktour suchten wir uns die kleine Ortschaft Hoonah an der Icy Strait liegend aus. Wir hatten die bewährten Klepper-Faltboote von zu Hause mitgebracht, Boote, die ihre Seetüchtigkeit bei vielen Gelegenheiten eindrucksvoll bewiesen hatten. Zum Beispiel hatte Hannes Lindemann im Jahre 1956 den Atlantik von den Kanarischen Inseln zu der karibischen Insel St. Thomas in einem solchen Klepper überquert. In der letzen Zeit wurden auch spezielle Ozeankajaks aus Kunststoff entwickelt. Sie sind zwar für solche Touren ebenfalls sehr gut geeignet, lassen sich aber nicht einfach in zwei Säcke einpacken und mitnehmen. Sie für die Zeit zu mieten, hätte uns ein Vermögen gekostet.

Die Problematik einer Kajaktour auf offenem Meer besteht nicht in den hohen Wellen, weil sie hinter der Brandung ausreichend lang sind und der Kajak ihnen problemlos folgen kann. Er gleitet mit ihnen nach oben und nach unten. Die Gefahr lauert dort, wo sich im Wasser versteckte Riffe und Felsbrocken befinden und die Gezeiten den Wasserstand und die Strömung stark beeinflussen. Dort muß man verdammt aufpassen. Gerade in Südostalaska werden alle sechs Stunden unglaubliche Wassermengen durch die schmalen Wasserpassagen hin und her bewegt. Das Wasser aus den langen Fjorden muß raus ins Meer und dann bei Flut wieder hinein. Es bilden sich tückische Turbulenzen, die noch durch die Wellen verstärkt werden. Es gilt deshalb eine einfache Regel. Je weiter weg man sich von der Küste befindet, desto besser.

Wenn man die Wassermassen sieht und dabei zufällig der Mond am Himmel schwebt, kommt man erst richtig ins Grübeln. Wie kann nur dieser kleine Materieklumpen eine solche riesige unsichtbare Gravitationskraft aussenden? Er kann. Unfaßbar!

Trotzdem, oder vielleicht deswegen ist für mich eine Kajaktour auf dem Meer interessanter als eine gewöhnliche Flußfahrt. Man muß ständig aufpassen, auch dann, wenn in der Nähe die Seeotter baden oder die Seehunde ihre Schwimmkünste vorführen. Es hat das gewisse Etwas, die ständige Herausforderung, die jeder Wasserbegeisterte sucht. Man darf sich keinen Fehler erlauben. Das Wasser dort ist wirklich kalt.

Wir trafen uns in Sitka. Unsere Freundin Joan aus Fairbanks, meine Frau Irene, mein Sohn Peter und ich. Nach dem Besuch der historischen Stätte wie dem Sitka National Historic Park und der russisch-orthodoxen Kirche St. Michael waren wir müde, als ob wir fünfzig Kilometer gepaddelt hätten. Der Historic Park befindet sich ungefähr dort, wo die stolzen Tlingits im Jahre 1804 von Baranov besiegt wurden. Von ihrem Dorf ist nichts übriggeblieben. Nur stumme Totems im Wald haben uns eindringlich an ihre hoch entwickelte Kultur erinnert. Sie stehen dort als Beweis dafür, daß das Gesetz des Dschungels auch in Alaska prächtig funktionierte. Die Kleinen und die Schwächeren müssen sich den Stärkeren, in voller Übereinstimmung mit der Natur und mit der Geschichte der Völker, unterordnen.

Die St. Michael Kirche ist ganz aus Holz erbaut. Der ursprüngliche Bau brannte im Jahre 1966 vollständig aus. Sie wurde jedoch originaltreu wieder aufgebaut. Bevor die Flammen die historische Kirche voll erfaßt haben, gelang es zum Glück, die wertvollen Ikonen aus dem Anfang des neunzehnten Jahrhunderts zu retten.

Sie schmücken heute wieder die Wände der Kirche. Die Originalkirche wurde von dem ersten Bischof von Russisch-Amerika und dem späteren Metropoliten der russisch-orthodoxen Kirche, Ivan Veniaminov, erbaut. Er war eine bewundernswerte Persönlichkeit. Jedes Jahr besuchte er seine Schäfchen mit seiner Bajdarka, die armen, unterdrückten Aleuten, die weiß Gott nicht von den Russen verwöhnt waren. Es kann auch sein, daß ihm das Paddeln einfach großen Spaß bereitete und er nur das Angenehme mit dem Nützlichen sinnvoll verbinden wollte.

Wir gönnten uns eine Pause im naheliegenden Restaurant. Die wunderschöne Aussicht auf den weißen Kegel des Vulkans Mount Edgecumbe aus dem Fenster des Restaurants, die Königskrabben und der kalifornische Weißwein ließen unsere Laune in himmlische Höhen steigen. Es war so schön in Neu Archangelsk, von wo der alaskanische Zar Baranov sein Reich regierte und nicht ahnte, daß in weniger als fünfzig Jahren das riesige Land für ein paar Dollar verkauft werden würde.

Als wir am nächsten Morgen unsere Klepper aufbauten und in ihnen unsere Habe und den Proviant für drei Wochen zu verstauen versuchten, befanden wir uns wieder auf historischem Boden. Eine große Tafel verriet uns, daß dort im Jahre 1800 Fort St. Michael, die erste russische Siedlung in Südostalaska, errichtet worden war. Im Juni 1802 hatten Tlingits diese Siedlung überfallen. Die Kolonisten wurden ermordet und die Hütten ausgebrannt.

Endlich saßen wir in den Booten und ließen uns in den Wellen schaukeln. Wir paddelten in nordwestlicher Richtung an der Lisianski Halbinsel entlang und weiter in die Enge zwischen zwei Inseln. Die Karte verriet uns, daß diese Enge Olga Strait heißt, wahrscheinlich nach Baranovs kleinem Segelschiff. Die Sonne fand immer wieder ein Loch zwischen den weißen Wolken und wir freuten uns darüber. Die weißen Kappen der gebrochenen Wellen versuchten auf unsere Kajaks zu klettern. Aber nur selten schafften sie es.

Gleich am Anfang der Olga Strait spürten wir eine Gezeitenströmung, die leider gegen uns gerichtet war und wir mußten ganz schön zulegen. Erst als wir die Hälfte der Enge passiert haben, kehrte die Strömung um und wir fuhren bergab, was uns sichtlich Freude bereitete.

Die ersten Seeotterfamilien schauten uns neugierig an und wir sie. Die Seeotter halten sich überwiegend in kleinen Gruppen beisammen und sind ständig beschäftigt. Sie zu betrachten macht richtig Spaß. Wie sie auf ihren Rücken im Wasser liegen und mit den kleinen Pfoten die Muscheln knacken, um an den nahrhaften Inhalt zu gelangen, ist einfach unvergeßlich. Die Tatsache, daß man am Anfang des zwanzigsten Jahrhunderts die völlige Ausrottung dieser Spezies vermutete, zeugt davon, wie weit die Menschen fähig sind, ihre Profitsucht zu treiben. Zum Glück haben diese Katastrophe einige Seeotter doch noch überlebt. Sie wurden unter einen strengen Schutz gestellt. Heute können wir sie in Südostalaska und im Prince William Sound wieder bewundern.

Unser Weg führte weiter durch die Neva Strait, die an das Schiff Neva erinnert, mit dem der Kapitän Jurej Lisianski im Jahre 1804 Baranov zur Hilfe eilte, um die Tlingits zu besiegen. Als das Massaker vorbei war, baute dort Baranov Sitka auf, was übrigens in der Sprache der Tlingits „ein guter Ort" bedeutet.

Das Zelten bereitete uns keine Probleme. Es war nicht schwierig, eine stille Bucht mit einem Kies präparierten Strand zu finden. Überall war eine Menge von Treibholz aufgestapelt, das uns für einen ganzen Winter reichen würde. Der Unterschied der Wasserstände zwischen den Gezeiten machte drei bis vier Meter aus und selbstverständlich mußten wir ihn beim Zelten berücksichtigen. Eine große Hilfe dabei war eine Tabelle mit aktuellen Wasserständen, die man in Geschäften oder im Hafen der Küstenorte bekommt.

Mit dem Trinkwasser war es manchmal nicht so leicht. Obwohl man um sich herum so viel sauberes Wasser hatte, zum Trinken war es ungeeignet. Deshalb nahmen wir einen Wasserbehälter mit, den wir bei jeder Gelegenheit auffüllten. Die Trinkwasserproblematik entspannte sich aber grundlegend, wenn es regnete. Dann reichte eine saubere Plane, die gleichzeitig als Regendach und Wasserquelle diente. Und weil es dort verhältnismäßig viel regnet, besteht eine reelle Gefahr zu verdursten gewiß nicht.

Am Ende der Olga Strait öffnete sich uns der riesige Pazifik. Wir traten aus dem Schutz der Inseln heraus. Das unendliche Meer begrüßte uns mit glatten, langen Wellen, die auch „swells" genannt werden. Sie hoben uns um zwei Meter hoch, um uns gleich danach in einem Tal verschwinden zu lassen.

Als sich in der Ferne über dem Meer dunkel graue Wolken zeigten, eilten wir zur Küste hin um einen geeigneten Lagerplatz zu suchen. Wir befanden uns am Anfang der Fortuna Strait, einer gut zwanzig Kilometer langen Passage, in der eine Landung unmöglich ist. Die Riffe und Felsen ließen die langen Wellen an ihren Wänden hochklettern und der weiße Schaum der Brandung warnte eindringlich davor sich zu nähern.

Unsere Fortuna hatte uns rechtzeitig gewarnt. Noch kurz vor der Landung fühlten wir im Gesicht die salzige Gischt, die der Wind als Vorbote des Sturms den Wellen entriß. Das Meer begann zu wüten. In ein paar Minuten erreichten uns die ersten Tropfen, aber da befanden wir uns schon am Ufer unter dem majestätischen Gewölbe der hohen Bäume und bauten unsere primitive Bleibe auf.

Es regnete und stürmte volle zwei Tage. Trotzdem langweilten wir uns nicht. Der Wald lockte uns zur Erkundung. Bald aber mußten wir feststellen, daß er für Touristen völlig ungeeignet war. Es war reinster Urwald. Steine und Felsen waren mit einer dicken Moosschicht überzogen, Kletterpflanzen und allerlei Gestrüpp streckten sich nach dem kargen Licht, das auch in den Baumkronen vom Moos verschluckte wurde. Kleine Hügel und Vertiefungen mit Wasser und Schlamm, aus dem die Pflanzen mit riesigen dicken Blättern wucherten und selbstverständlich auch der vom Teufel gesäte "Devils club" machten es uns äußerst schwierig voranzukommen. Die halb vermoderten Baumleichen lagen kreuz und quer übereinander. Auf ihren dicken Stämmen wuchsen wieder neue Bäume, welche, wenn sie älter wurden, auf ihren entblößten Wurzeln standen. Die Baumstämme, die ihnen Mineralien und Halt gaben, hatten sich inzwischen aufgelöst und so standen sie in der Luft nackt da und warteten bis sie eine neue Rolle in dem ewigen Karussell des Urwaldlebens übernehmen. Hin und wieder sahen wir einen Haufen Bärenkot und wurden daran erinnert, daß wir uns praktisch in einem großen Bärenzoo befanden.

Bei Ebbe konnten wir sogar trockenen Fußes eine kleine Insel erreichen. Dabei haben wir den Meeresboden untersucht und gestaunt, wie viele Tierchen dort krochen. Der Höhepunkt unserer Naturbeobachtung war aber das Auftauchen von drei Orcas. Eine halbe Stunde lang turnten sie in der Bucht, sprangen aus dem Wasser und dann tauchten sie in die Tiefe ab. Zwischendurch lagen sie friedlich an der Wasseroberfläche. Drei schwarze Rückenflossen ragten aus dem Wasser wie drei Periskope einer U-Boot Flotte. Als Irene erfuhr, daß sie mit Vorliebe Seehunde und Seelöwen jagen, fragte sie neugierig, ob sie nicht ab und zu auch Klepper verspeisen. Natürlich verneinte ich, aber wer weiß.

Am dritten Tage beruhigte sich das Meer und die niedrigen Wolken lösten sich endlich auf. Drei Tage hingen wir nun schon an der Küste der Khaz Halbinsel fest. Wir mußten weiter. Gegen sechs Uhr nachmittags saßen wir in den Booten. Der Himmel hatte sich aufgehellt und die Flut hatte gerade begonnen. Für die Überfahrt war es eine günstige Zeit. Was uns aber beunruhigte, war ein weißer Streifen, der schräg in das offene Meer verlief. Er war so weit von uns entfernt, daß wir ihn leider auch mit dem Fernglas nicht identifizieren konnten. Es konnte unmöglich eine Brandung gewesen sein und ebenfalls sah es nicht nach hohen Wellenbrechern aus, weil davor und dahinter das Meer dunkel war. Wir wußten nur, daß wir diesen rätselhaften Streifen bald überqueren müssen, weil wir sicherheitshalber weit von der Küste weg fahren wollten.

Wir zogen unsere Spritzdecken fest um die Hüften und mit gemischten Gefühlen paddelten wir los. Die weiße Gefahr näherte sich. Immer dann, wenn uns die Wellen hochgehoben hatten, konnten wir sie sehen. Danach verschwanden wir wieder in einem Tal und schauten in die bewegte Wassermasse um uns herum. Was kann es nur sein, rätselten wir.

Dann kam die erlösende Auflösung. Es war nur Schaum, ein harmloser Schaum, den die Meeresströmung in die Weite trug und das bewegte Wasser hin und her

Pile Bay, die östliche Bucht von Iliamna Lake.

Der unerwünschte Gast eilt unseres Abendessen zu kosten.

Zwei Himmel von Iliamna.

Das Zelten im Kakhonak Bay.

Russischorthodoxe Kirche in Kakhonak.

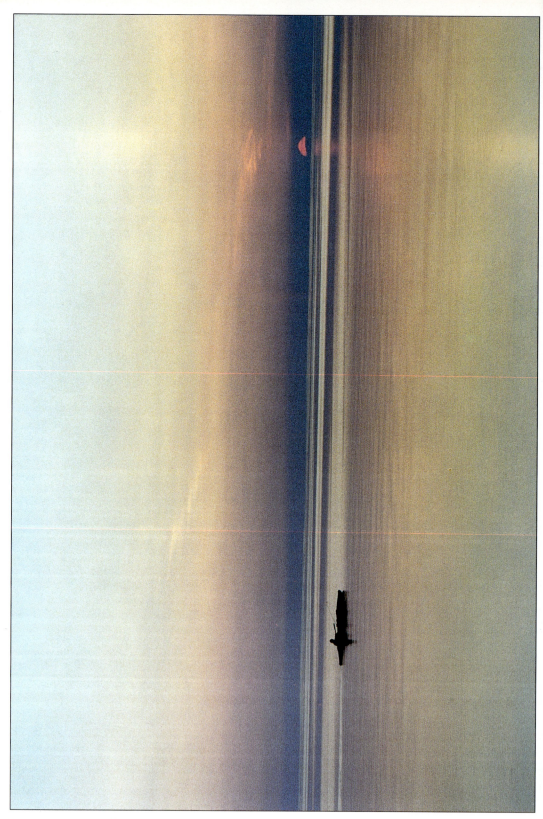

Sonnenuntergang am Iliamna.

Eine kräftige Dusche am Kvichak River.

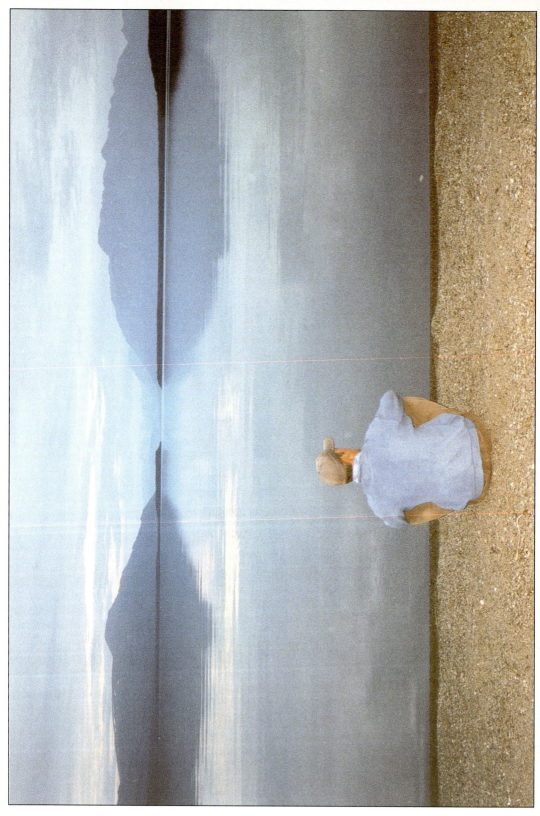
Ein ruhiger Abend am Naknek Lake.

umwälzte. Nicht nur erleichtert, froh waren wir darüber und mit Lust und Laune fuhren wir in die weißen Wellen, die völlig harmlos waren, hinein.

Erst jetzt konnten wir entspannt die wunderbare Weite des Meeres und unsere grenzenlose Freiheit genießen. Wir waren mit unseren Kajakschalen vielleicht einen Kilometer weit von der Küste entfernt und paddelten gemütlich unserem Ziel entgegen. In der Ferne konnten wir auf den vorgelagerten Felsen Seelöwen beobachten, wie sie dort lagen und auf den Hunger warteten.

Nach fünf Stunden Fahrt konnten wir in der felsigen Küste ein Loch ausmachen. Dort mußten wir hin. Schräge Sonnenstrahlen wärmten unsere Rücken, als wir durch die Brandung fuhren. Zahlreiche Vögel, aufgeschreckt durch den späten Besuch, kreisten über uns in der Luft. Es war ein wunderbares Gefühl in die geschützte, stille Lagune einzulaufen. Plötzlich schaukelten unsere Boote nicht mehr und die wilden Geräusche der Brandung wurden schwächer und schwächer.

Es war schon Mitternacht als wir auf einem Felsen saßen, schwiegen und in Richtung Hawaii schauten. Wir erlebten einen Tag, den man das ganze Leben nicht vergißt.

Schon früh am Morgen waren wir wieder auf den Beinen. Bei so viel Naturschönheit kann man nicht gut schlafen. Wir erkundeten die nahen Felsen und mußten feststellen, daß der Wind stark zugenommen hatte. Die Brandung kletterte wütend auf die steinige Barriere, die uns einen sicheren Schutz gewährte. Die Gischt wurde vom Wind zerstäubt und die hinein strahlende Sonne zauberte kitschige Regenbögen. Wir waren froh, daß wir die kritische Passage hinter uns hatten.

Durch viele kleine felsige Inseln geschützt, erreichten wir einen Fjord, der in der Karte den Namen Slocum Arm trug. Der starke Wind fegte durch den langen, aber schmalen Fjord und erzeugte kurze Wellen, deren weiße Kappen unsere Boote überspülten und sie dabei wesentlich bremsten. Wir kamen nur im Schneckentempo voran und nach drei Stunden harter Arbeit gaben wir auf. Im Windschatten bauten wir unsere Zelte auf und beobachteten eine Seeotterfamilie, wie sie in dem Tang spielte. Es war faszinierend.

Nicht weit vom Ufer entfernt sprangen aus purer Lust zahlreiche Fische in die Luft. Ihre Körper glänzten silbrig. Mit höchster Wahrscheinlichkeit handelte sich dabei um Lachse. Sie zeigten für unseren schönen Blinker absolut kein Interesse. Der Fjord war umzingelt von Bergen, die zwar nur um die tausend Meter hoch waren, aber weil wir uns auf dem Meeresniveau befanden, wirkten sie auf uns majestätisch. Ihre schneebedeckten Gipfel versteckten sich überwiegend in Wolken, nur wenn die Sonne sie befreite, strahlten sie in voller Pracht. Wie eine Primadonna bei ihrem Bühnenauftritt alle Blicke auf sich zieht, so zogen auch die Berge unsere Aufmerksamkeit auf sich. Nur für einen kurzen, kostbaren

Augenblick zeigten sie sich uns. Dann kam die nächste Ladung feuchter Luft aus dem Pazifik, die sich an den kalten Berghängen sofort in einen leichten weißen Umhang verwandelte. Und damit war die Vorstellung vorbei.

In den nächsten Tagen paddelten wir zwischen zahlreichen Inseln durch enge Passagen, deren Flußcharakter aber keineswegs an das naheliegende Meer erinnerte. Wenn dort nicht der Gezeiteneinfluß überall gegenwärtig gewesen wäre, hätte man nicht geglaubt, daß es sich dort um salziges Meerwasser handelte. Das Wasser strömte im sechsstündigen Rythmus in die eine oder andere Richtung, je nach dem, ob gerade Ebbe oder Flut war. Kleine Buchten mit idyllischen Stränden luden zum Baden ein. Wir verzichteten jedoch gerne und verrichteten das notwendige Waschen unter einem der zahlreichen Wasserfälle, die dort jemand zur Verschönerung der Landschaft errichtet hatte. Dort füllten wir auch meistens unseren Trinkwasservorrat nach.

Es passierte uns, daß wir in einem solchen Kanal plötzlich mit unseren Booten auf dem Trockenem saßen. Das Wasser war einfach weg. Was blieb uns übrig als die Boote mit einer langen Schnur an einem Baum anzubinden und zu warten, bis das Wasser wiederkommen würde. Der Boden war fest und so gingen wir im Fluß spazieren. Schon hinter der ersten Biegung trafen wir einen Luchs an, der dort etwas Eßbares suchte. Nur einige Sekunden schauten wir uns in die Augen, dann machte die schöne Katze zwei Sprünge, und weg war sie.

An den sandigen Ufern wuchs hohes Gras. Weil wir während der Fahrt meistens nur steinigen Untergrund antrafen, war der weiche Sand für uns eine angenehme Abwechslung. Aber nur für eine kurze Zeit. Als wir nämlich die zahlreichen, im Sand abgedruckten, riesigen Bärentatzen begutachteten, einigten wir uns darauf, daß aus rein psychologischen Gründen steiniger Boden seine großen Vorteile hat. Dort liefen anscheinend keine Bären herum.

Nach zwei Stunden kam das Wasser tatsächlich zurück. Wir saßen brav in unseren Booten und warteten bis es uns anhob. Dann paddelten wir durch diesen seltsamen Fluß in die nächste Bucht.

In den nächsten Tagen ließen wir die Odgen Passage sowie die Surveyor Passage hinter uns. Mit einer Abkürzung, die den interessanten Namen Dry Passage trägt, erreichten wir wieder das offene Meer. Ohne eine einzige Münze einzuwerfen, schaukelte es uns ganz ordentlich und beständig. Wir folgten der Küste, bis wir in die winzige Bucht namens Bertha Bay einbogen. Sie versprach uns etwas besonderes und deshalb nahm die Frequenz unserer Paddelschläge merklich zu. In dieser kleinen Bucht, deren Einfahrt nur den wirklich kleinen Booten wie unseren den Zugang gewährt, befinden sich die White Sulphur Hot Springs.

Warum der Name so umständlich lang ist, weiß ich nicht. Weiß sind sie nicht und nach Schwefel riechen sie auch nicht. Das sprudelnde Wasser ist aber tatsächlich heiß und der Naturpool, in den Küstenfelsen gelegen, bietet eine solche grandiose Aussicht auf den unendlichen Pazifik, daß dort alle Zivilisationskrankheiten mit Garantie geheilt werden können.

An diesem begnadeten Ort verbrachten wir zwei traumhafte Tage. Stunden um Stunden lagen wir in dem kleinen Pool, wo an äußerstem Ende das vielleicht fünfzig Grad warme Wasser einlief und meditierten über den Sinn und Unsinn der Zivilisation. Sie würde, wenn sie es könnte und selbstverständlich wenn es sich auch lohnen würde, dort ein Casino, oder mindestens so etwas wie ein Thermalbad bauen. Die wohltuende Wärme und die Einsamkeit unserer Privattherme entfalteten in der Dunkelheit der kurzen Nacht ihre größte Wirkung. Dann badeten mit uns tausende und tausende Sterne, und wir alle lauschten dem beruhigenden Rauschen der Brandung. Es war offensichtlich, daß nicht viele Patienten diese Anstalt aufsuchen, und wir waren nicht böse darum.

Mit einer geheilten Seele und einem klinisch sauberen Körper stiegen wir gegen vier Uhr morgens in unsere Boote ein. Wir hatten uns ausgerechnet, daß die Flut in zwei Stunden beginnen wird. Dann aber wollten wir am Anfang der Lisianski Strait sein, welche die Inseln Yakobi und Chichagof voneinander trennt und in die Icy Strait mündet.

Die kargen Felsen und die weit ins Meer auslaufenden Riffe flößten uns einen gebührenden Respekt ein. Mit großer Wahrscheinlichkeit befanden wir uns an einer historischen Stätte. Es war irgendwo in der Nähe, wo am achtzehnten Juli 1741 die St. Peter, das zweite Schiff der beringschen Expedition, welches unter dem Befehl des Kapitäns Chirikov stand, ankerte und die zwei Ruderboote, die zur Küste ausgesandt wurden, ohne Spur verschwanden. Sie wurden höchstwahrscheinlich durch die starke Strömung manövrierunfähig und endeten an einem tückischen Riff. Chirikov kehrte danach nach Kamtschatka zurück und die Geschichte hatte ihn fast vergessen. Er hatte die Küste Alaskas zwar gesehen, vielleicht sogar als Erster, nicht aber betreten.

Ich mußte an die armen Promyschleniki denken, als wir weit in das offene Meer paddelten, um die gefährliche Küstenriffe zu umfahren. Unser Zeitplan stimmte genau. Als wir uns der Einfahrt in die Lisianski Strait näherten, fühlten wir eine starke Strömung. Es war schwierig, die Geschwindigkeit zu bestimmen, weil wir uns noch ziemlich weit vom Festland befanden. Mit der Zeit verengte sich aber die Wasserstraße und wir konnten nur staunen, wie schnell wir an dem wilden, mit bizarren riesigen Bäumen bewachsenen Ufer vorbei sausten.

Weißkopfadler und Kormorane saßen auf den Bäumen und wunderten sich über die Schnelligkeit der kleinen Boote. Das Wasser staute sich und versuchte, das Heck zu heben. Man fühlte regelrecht die Beschleunigung, mit welcher die aufgestaute Welle den Klepper nach vorne drückte. Die riesigen Wassermassen,

Millionen und Millionen von Kubikmetern, eilten in die Icy Strait und weiter in das zusammenhängende Labyrinth der Fjorde, Kanäle und Buchten. Es war der Befehl der kleinen Luna, dem sie sich nicht entziehen konnten.

Nach drei Stunden sahen wir das Ende der Strait vor uns. Die Strömung beruhigte sich und wir hatten das große Glück, die Berge und die Gletscher des Nationalparks Glacier Bay auf der anderen Seite des Cross Sounds zu sehen. Sie waren ziemlich weit weg, aber trotzdem gewaltig. Es herrschte ungewöhnlich ruhiges und sonniges Wetter. Die müden Wellen leisteten kaum Widerstand, als unsere Kajaks sie wie Butter durchschnitten. Die Lachse sprangen vor Freude, einmal, zweimal, gewöhnlich dreimal hintereinander. Dann ruhten sie sich aus.

Eine Gruppe von Seelöwen schwamm um uns herum. Einer von ihnen tauchte mit einem Fisch im Maul direkt unter Peters Paddel auf. Der Seelöwe mußte sich sehr erschrocken haben, weil ihm der Fisch aus dem Maul fiel und er sofort abtauchte. Wir lachten und dachten, das war es. Aber nein. Plötzlich tauchten hinter Peters Boot vier Kameraden auf, bellten wie die Hunde oder besser gesagt, sie brüllten wie die Löwen und zeigten ein, für uns unbekanntes, aggressives Verhalten. Peter versuchte mit seinem Boot zu flüchten, aber es blieb nur bei einem Versuch. Die Tiere sind solch elegante Schwimmer, daß man ihnen selbst mit einem Motorboot nicht entkommen würde. Sie verfolgten Peter zwar eine Weile, dann aber fanden sie sich damit ab, ihren Feind aus ihrem Fangrevier vertrieben zu haben und tauchten ab.

Unser Ziel war Elfin Cove, ein kleiner Hafen, der sich dicht an die Berghänge anschmiegt. Bewohnt ist die kleine Siedlung nur im Sommer und die Dutzend Leute, die dort anzutreffen sind, sind vorwiegend Touristen. Eine Lodge für Angler, ein paar kleine Holzhäuser, eine Tafel, die das strikte Alkoholverbot verkündet und eine alte, nostalgische Telefonzelle mit Drehstuhl. Das ist Elfin Cove.

Es war schon spät abends als wir den Ort verließen und die Spitzen unserer Kajaks in Richtung Inian Island richteten. Wir waren gute zwei Kilometer von Elfin Cove entfernt, als uns auf einmal eine dichte Nebelwatte umhüllte. Man konnte nicht zehn Meter weit sehen. Zum Glück haben wir uns gegenseitig nicht verloren. Die kleine Insel war aber verschwunden. Was nun?

Damit hatten wir aber wirklich nicht gerechnet. Es blieb uns nichts anderes übrig, als nur mit Hilfe des Kompasses durch die milchige Suppe weiter zu fahren. Wir haben uns voll dem magnetischen Feld unserer Erde anvertraut und hofften, daß es uns nicht enttäuscht. Und tatsächlich, plötzlich verdunkelte sich die weiße Wand und wir hatten alle Hände voll zu tun, nicht an das steinige Ufer der Insel geworfen zu werden. Trotzdem waren wir froh, sehr froh sogar, daß uns der Magnetismus nicht im Stich gelassen hat.

"Hurra Festland," schrien wir wie die Seefahrer, die einen neuen Kontinent entdeckten. Wir folgten dem Ufer bis wir eine ruhige kleine Einbuchtung fanden, wo wir unsere Boote bequem aus dem Wasser ziehen konnten.

In die Icy Strait kamen wir durch die südliche Inian Passage. Auch dort nahmen wir gerne die kostenlosen Transportdienste der Flut in Anspruch. Wir schossen wie drei Kanonenkugeln durch und als sich die Passage verbreitete, sahen wir den ersten "Geysir", der zuverlässig den großen Fisch verriet.

„Wal! Dort vorne, da ist er", riefen wir uns zu, und jeder von uns meinte aber einen anderen. Gleich danach sah ich nämlich den zweiten, den dritten und weiter habe ich gar nicht mehr gezählt. Von dem Augenblick an haben wir kaum noch gepaddelt, nur dem fantastischen Naturtheater zugeschaut, das für uns, und wir dachten ernsthaft exklusiv nur für uns, aufgeführt wurde.

Das Verhalten der Wale war sehr unterschiedlich. Oft schwammen sie nur langsam und stießen dabei regelmäßig ihre Atmungsluft gen Himmel. Dabei ruhten sie sich wahrscheinlich aus. Dann aber versuchten sie plötzlich einen Kopfstand im Wasser und stellten dabei ihre riesige dunkle Schwanzflosse hoch in die Luft. Sie glitten lautlos in die Tiefe. Manchmal tauchten sie bald wieder auf, sehr oft aber sahen wir sie nie mehr wieder. Anderswo schoß der ganze riesige Körper wie eine ballistische Rakete einige Meter aus dem Wasser hoch und platschte stumm auf die Wasseroberfläche. Ab und zu schwamm ein Wal mit geöffnetem Maul, das wirklich so groß wie eine Scheune war und siebte alles Fischige aus dem aufgenommenen Wasser, um seinen enormen Hunger zu stillen.

So gerne hätte ich eine schöne Nahaufnahme von einer Schwanzflosse mit dem herunter rieselnden Wasser gemacht, aber der Kajak war dafür denkbar ungeeignet. Man saß sehr tief, und die Beweglichkeit war ziemlich eingeschränkt. Die Wellen spielten ständig mit dem Boot und noch dazu mußte man das Paddel halten. Ein schwieriges Unterfangen.

Trotzdem fotografierte ich wie ein richtiger Fotoreporter. Ohne Rücksicht auf Verluste knipste ich und verschoß nacheinander mindestens fünf Filme. Das Ergebnis war jedoch sehr mager.

Als ich gerade dabei war, einen Film zu wechseln, tauchte plötzlich ein Koloß zehn Meter von unserem Klepper entfernt auf. Ich hielt den Atem an, Irene ließ das Paddel fallen und klammerte sich am Kajakrand fest. Der Wal war so nahe, daß man ihn riechen konnte. Ich fühlte, daß er über uns ganz gut Bescheid wußte. Er glitt an uns so elegant vorbei, daß keine einzige Welle entstand. So genial ist sein Körper geformt.

Nachdem wir die Sprache wieder gefunden hatten, wollte Irene wissen, ob ich reichlich Aufnahmen gemacht hätte. Was sollte ich ihr sagen? Daß ich just in dem Augenblick keinen Film im Kasten hatte? Da würde sie mich noch nach zehn Jahren auf die Schippe nehmen. "Jawohl," sprudelte es aus mir heraus, in der Hoffnung, daß sie nicht meine roten Ohren bemerken würde. Vielleicht wird sich uns noch ein Wal so nahe zeigen, dachte ich mir, dann hole ich die Bilder nach. Aber dem war nicht so und ich mußte erfahren, daß auch in Alaska Lügen kurze Beine haben.

Mit Schrecken stellten wir fest, daß es höchste Zeit war nach einer Bleibe zu suchen. Ohne lange zu überlegen, paddelten wir in die nächste Bucht hinein. Sie war ungewöhnlich lang und was sonderbar war, sie hatte niedrige, sogar mit Gras bewachsene, Ufer. Wir fanden einen guten Platz und nisteten uns ein. Noch nicht lange am Ufer stellten wir plötzlich fest, daß sich in wenigen Minuten das Wasser zurückzog. Es war Ebbe. Wir zelteten auf einer Wiese und die Kajaks lagen angebunden auf einem feuchten, matschigen Meeresboden. Weit und breit war bald kein Wasser mehr zu sehen. Die Bucht war erstaunlich seicht. Ein Blick in die Karte verriet uns, daß wir uns zum Campieren ausgerechnet die Mud Bay ausgesucht hatten.

Ausgeruht, aber ohne Fahrwasser, mußten wir uns am nächsten Morgen zuerst gedulden. Zum Glück war auf die Flut Verlaß. Pünktlich wie die Eisenbahn lief das Wasser ein. Es kam uns entgegen, nahm uns auf seine breite Schulter und trug uns wieder zurück zu den Walen.

Wir folgten der Küste bis zum Point Adolphus. Dort konzentrierten sich besonders viele Wale. Eine interessante Situation entstand, als um uns herum fünf Wale im Kreis schwammen und Irene behauptete, daß sie unsere Boote bestimmt umkippen wollten. Sie wollten es nicht. Einer nach dem anderen tauchte ab und wir konnten ungestört weiter fahren.

Nicht weit hinter Point Adolphus blieben wir für die Nacht. Von den Stürmen bearbeitete senkrechte Felswände und stattliche Bäume zauberten eine unvergeßliche Atmosphäre. Von dort aus beobachteten wir die breite Wasserstraße und zählten Wasserfontänen so weit unsere Augen reichten.

Früh, noch in der Dämmerung, saß ich wieder am Feuer und konnte mich nicht satt sehen. Ein einsames Fischerboot mit weit gespannten Netzauslegern trollte sich in der Ferne langsam hin zum Pazifik. Ein seltsames, lautes Heulen brachte die Luft ins Vibrieren. Ein Wal wollte uns etwas mitteilen. Ich habe seine Sprache zwar nicht verstanden, aber die Mächtigkeit der Töne, sie war etwas Besonderes. Sie ging richtig bis in die Knochen.

Weil es dort so außergewöhnlich schön war, wollte keiner von uns weiter. Wir sind auf die Felsen hochgeklettert und von oben sah die Welt wieder mal anders aus. Ich beobachtete die Urnatur und versuchte mir vage vorzustellen, wie dort unten einmal Baranov mit seinem kleinen Schiff Olga und seinen treuen Aleuten segelte. Es sind nicht ganz zweihundert Jahre vergangen und die Welt hat sich so kolossal verändert. Aus Russisch-Amerika ist Alaska geworden, nur die Natur, sie hat sich kaum geändert. Hoffentlich bleibt es auch dabei.

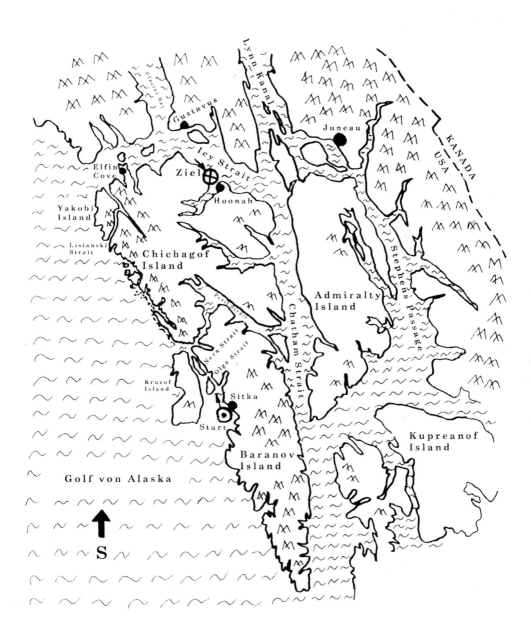

Inseln in Südostalaska

Informationen über die Reise in Kürze

Schwierigkeiten:

Für eine Kajakreise durch die Küstengewässer von Südostalaska ist eine sehr gute Ausrüstung unabdingbar. Ebenfalls ist eine gute körperliche Kondition sowie die Erfahrung aus großflächigen Gewässern absolut notwendig. Die Gezeiten verursachen starke Strömungen, die man, besonders bei felsigen Abschnitten, unter keinen Umständen unterschätzen sollte. Das kalte Wasser, die bewegte See, das unbeständige Wetter und die großen Entfernungen verlangen, daß die Sicherheit auf dem Wasser immer die höchste Priorität haben muß. Die Zeitplanung muß mit der Gezeitentabelle abgestimmt werden. Sie ist in den Geschäften der Küstenortschaften erhältlich.

Ein ausreichender Abstand zu Riffen, Felsen und Eisblöcken ist einzuhalten. Bei der Überquerung von breiten Wasserflächen ist unbedingt mit den möglichen Strömungen und dem Windeinfluß zu rechnen. Eine zuverlässige Abschätzung der Wetterlage ist sehr wichtig.

Boote:

Für die Fahrt in den Küstengewässern von Südostalaska eignet sich nur das Faltboot wie zum Beispiel der Klepper-Kajak oder der Seekajak. Der Vorteil von einem Faltboot ist natürlich seine einfache Transportfähigkeit.

Transport:

Nach Sitka existiert eine direkte Flugverbindung von Anchorage und auch von Seattle aus. Mit dem Schiff kann Sitka von Bellingham im Staate Washington erreicht werden. In Hoonah ist ein Flugplatz, von wo man ein Airtaxi bestellen kann.

Karten:

Sitka A-4, A-5, A-6, B-6, C-6, C-7, D-7, D-8. Mt. Fairweather A-1, A-2. Juneau A-5, A-6.

Die Karten können auf dem Campus der Alaska Pacific University, 4230 University Drive, Anchorage, AK gekauft, oder auch von USGS Map Sales, Box 25286, Denver, CO 80225, USA geschickt werden. Ebenfalls werden Karten in dem maritimen Fachgeschäft in Sitka verkauft.

Informationen über den Kartenerwerb können auch unter: www.store.usgs.gov abgerufen werden.

Zeitplanung:

Die Strecke von Sitka nach Hoonah könnte man theoretisch in zehn Tagen schaffen. Aber erstens braucht man eine genügende Reserve für schlechte Wetterbedingungen und zweitens wäre es wirklich schade, wenn man sich in dieser sehenswerten wilden Naturlandschaft nicht einige Ruhetage gönnen würde. Deswegen würde ich mindestens drei Wochen empfehlen.

Fische:

Alle Arten von Lachsen, sonstige Meeresfische.

Tiere und Vögel:

Wale, Grizzlybär, Luchs, Sitka-Hirsch, Seeotter, Seehund, Seelöwe, Kormoran, Weißkopfadler und andere Wasservögelarten.

PRINCE WILLIAM SOUND

Im Jahre 1778, während seiner dritten und letzten Expedition, entdeckte James Cook auf der Suche nach einem Seeweg zur Hudson Bay eine große, verzweigte Bucht mit einer ungewöhnlichen Naturschönheit. Er gab ihr den Namen Prince William Sound nach dem dritten Sohn des damaligen englischen Königs, dem späteren König William IV.

Dieser, aus zahlreichen Inseln und Fjorden bestehende Sound, befindet sich im Norden des Gulf of Alaska, eingerahmt in die Bergketten der majestätischen Chugach Mountains. Von diesen mit ewigem Schnee und Eis bedeckten Bergen fließen im Schneckentempo gewaltige Eismassen ins Meer. Sie sind 10.000 bis 30.000 Jahre alt, was bedeutet, daß die Schneeflocken aus denen sie entstanden sind vom Himmel fielen noch lange bevor die ersten Gruppen der nomadischen Völker aus Asien über die Bering Straße Alaska erreichten.

Das Klima ist relativ mild. Die Küste ist dem warmen Japanstrom direkt ausgesetzt und die Bucht friert deshalb im Winter nicht zu. Aus den warmen Gebieten des endlosen Pazifiks strömen feuchte Luftmassen ein, die sich an der Küste jedoch schnell abkühlen und ihrer Wasserlast entledigen.

Menschen haben sich dort nur sehr selten dauerhaft niedergelassen. Wenn sie kamen, waren sie zuerst begeistert. Sie sahen riesige Fichten, die wie die Säulen der griechischen Tempel den niedrigen Himmel stützten. Oft hörten sie den mystischen Widerhall des dröhnenden Knalls, den die Gletscher beim Kalben von sich geben, wenn sie sich in die vernichtende Umarmung des Meeres stürzen. Aber bald merkten sie, in was für eine feuchte Gegend sie sich verirrt hatten. Sie begriffen, daß die Bäume nur deswegen so mächtig sind, weil sie das ganze Jahr über reichlich Feuchtigkeit haben.

Ich kann mir sehr wohl vorstellen, daß der häufige Regen den zugewanderten Eskimostämmen, die kein Goretex oder Igelit kannten, ganz schön auf die Nerven ging. Denn auf der Insel Montague wurde im Jahr 1976 acht und einhalb Meter Niederschlag gemessen. Auf dem Thompson Pass, unweit der Küste bei Valdez, fielen im Winter 1952-1953 sage und schreibe 25 Meter Schnee.

Meine erste Begegnung mit dem Prince William Sound fand im Jahre 1987 statt. Damals bin ich mit meinem Freund Joe von Whittier nach Valdez im Klepper gepaddelt. Whittier ist eine untypische alaskanische Siedlung, die während des zweiten Weltkriegs gegründet wurde. Sie liegt nämlich am Ende eines tiefen Fjords mit dem Namen Passage Canal, der auch das Einlaufen von großen Schiffen erlaubt und nicht einfriert. Die steilen Berge ringsherum boten den Siedlern kaum

Platz, und deshalb wurden drei Hochhäuser aus Beton errichtet. Das höchste mit vierzehn Stockwerken, in dem heute an die 250 Einwohner leben. Trockenen Fußes kann man aus Whittier nur durch den Tunnel entkommen. Er wurde durch die gletscherbedeckten Berge für die Eisenbahn gemeißelt, die sich gleich hinter den Bergen in Portage an die Eisenbahnstrecke Anchorage-Seward anschließt. Früher war Whittier nicht mit dem Auto erreichbar. Aber seit einigen Jahren ist der Eisenbahntunnel zu bestimmten Zeiten für den Autoverkehr jeweils in einer Richtung geöffnet. Man fährt sozusagen zwischen den Gleisen.

Wir bauten unsere Kajaks auf und verstauten darin Proviant sowie unsere bescheidene Ausrüstung für den dreiwöchigen Aufenthalt in der Wildnis. Der blaue Himmel und die weißen Gletscher, die aus den Bergen zu Tal liefen, stimmten uns sehr froh. Wir paddelten aus dem kleinen Hafen heraus und tauchten mit Begeisterung unsere Paddel in das grüne Wasser des Fjordes. Auf den Bergen taute der Schnee, und das Wasser stürzte aus den Felsen in die sattgrüne Vegetation, an vielen Stellen auch direkt ins Meer. Die weißen Wasserfälle wellten sich in der Luft. Es verwunderte mich, daß sie beim Aufprall auf die Wasseroberfläche keine Geräusche erzeugten. Der Grund dafür war sehr einfach. Wir waren einfach zu weit weg, um sie zu hören, obwohl es so aussah, als ob nur einige Paddelschläge notwendig wären sie zu erreichen und ihre kalte Atmung zu fühlen. In Wirklichkeit waren wir einen Kilometer oder auch mehr entfernt. Die riesigen Dimensionen der großartigen Natur um uns herum, an die wir uns noch nicht gewöhnt hatten, täuschten unsere Sinne.

An einem abgestorbenen Waldstreifen hielten wir an. Die weißen Stämme der Bäume und die ausgewaschenen Wurzeln bildeten Skulpturen mit in einer uns unbekannten Atmosphäre. Es war eine Mischung aus apokalyptischer Vernichtung und neuem, explodierendem Leben. Wir suchten sehr lange, bis wir uns für einen kleinen Rasenteppich mit vielfarbigem Blumenmuster, der mit mehreren ausgebleichten Baumstämmen eingerahmt war entschieden, um dort unser Zelt aufzubauen. Die Sonne hatte längst die Baumleichen getrocknet. Wir nutzten sie als Tischablage für alle möglichen Utensilien, als Schrank für unsere abgelegte Kleidung und auch als Sitzbank für den verdienten Feierabend.

Schmetterlinge verschiedener Farben und Größe nutzten die sonnige Zeit für ihre unbestimmten Ausflüge. Hummeln brummten in der Luft und Ungeziefer aller Art kroch hastig über dem Boden. Irgendwie war es spürbar, daß alle Lebewesen es sehr eilig hatten. Sie nutzten intensiv die schöne warme Zeit, als ob es nur ein kleiner Naturunfall wäre, der bald enden sollte. Am Ufer ging das Wasser zurück. Ein Stachelschwein watschelte vorbei und suchte im Boden etwas fürs Abendessen.

Im Prince William Sound findet man in der Küstennähe Waldstreifen, die bei der Flut teilweise oder ganz im Wasser stehen und deshalb nur aus trockenen, abgestorbenen Bäumen bestehen. Es ist die Folge des verheerenden Erdbebens, das diese Gegend am Karfreitag des Jahres 1964 erschüttert hat. Dabei sind ganze Landstriche einfach um mehrere Meter eingesackt und andere wurden wieder hochgehoben.

Die Sonne vertrieb uns aus dem Zelt. Ihre ungewöhnliche Stärke hatte es in einen Backofen verwandelt. Der dunkelblaue Himmel hätte sicherlich sehr gut zu Kalifornien gepaßt, aber zum Prince William Sound paßte er an diesem Tag ebenfalls ausgezeichnet. Es war ein Himmel auf Erden.

Die Flut hatte ihren Höhepunkt gerade erreicht. Wir wollten gerne die kommende Ebbe nutzen, um aus dem Fjord ohne größeren Kraftaufwand ausgespült zu werden. Die Faulheit soll die stärkste Antriebskraft des Menschen sein, habe ich irgendwo gelesen. Und es stimmt. Im Nu waren wir bereit los zu paddeln.

Bald hatten wir unseren Zeltplatz weit hinter uns gelassen. Am Ende des Passage Canals bogen wir an den schwarzen Felsen links ein und schon fühlten wir das bewegte Wasser der unterschiedlichen Strömungen, die immer wieder an den Fjordgrenzen zu beobachten sind. Wir fuhren in den breiten Port Wells Kanal ein.

Dort mußten wir uns plötzlich mit kurzen, steilen Wellen auseinandersetzen. Es war am Anfang ungewöhnlich, aber bald nahmen wir sie nicht mehr wirklich wahr, weil unsere Sinne genug mit der neuen, atemberaubenden Sicht, welche sich uns auftat, zu tun hatten. Am fernen Ende des Fjords sah man ein breites Tal, durch das sich eine Gletscherautobahn in sanften Kurven schlängelte und sich ihr Zuckerguß mit dem Wasserhorizont dann vereinigte. Nicht weit vor uns entfernt sprangen mehrmals aus dem Wasser drei dunkle Delfine.

Auch am nächsten Tag konnte man am Himmel nicht einen einzigen Wolkenfetzen finden. Joe beschwerte sich, daß alle Informationen, die er sich mühevoll über den Prince William Sound besorgt hatte, falsch waren. All seine Informationen rieten, sämtliche Sachen gut und hauptsächlich wasserdicht zu verpacken und gutes Regenzeug, am besten gleich zu Beginn der Reise, anzuziehen. Von der Gefahr eines Sonnenbrandes im Prince William Sound war aber nie die Rede, schimpfte Joe und behandelte vorsichtig seine mit Sonnenbrand traktierten Ohren mit irgendeiner weißen Salbe. Sonnencreme hatten wir nicht mit.

Wir paddelten über den Barry Arm in den Harriman Fjord hinein. Die zahlreichen Eisschollen ruhten sich auf der glatten Wasseroberfläche des vielleicht zwanzig Kilometer langen Fjords aus. Es war dort absolut keine Hektik zu spüren. Es war die Zeit der Siesta im alaskanischen Hochsommer. Ich zählte insgesamt vier Gletscher, die dort bis zum Wasser reichten. Plötzlich durchbrach ein Donner die heilige Stille. Aus der Eiswand des nahen Barry Gletschers brach ein Eisbrocken so groß wie ein mehrstöckiges Haus ab, neigte sich dem Wasser zu und fiel dann langsam und nicht überhastet in die Umarmung des Meeres. Auf einer blauweißen Eisscholle sonnte sich eine Seeotterfamilie.

Wir paddelten zwischen den Eisschollen ganz vorsichtig durch, als ob sie aus sprödem Glas wären, dessen Splitter unsere Boote aufschneiden könnten. Wir peilten die Richtung zum Barry Gletscher an, blieben aber dann an dem viel kleineren Coxe Gletscher stehen. Dort stellten wir im Schatten des Gletschers unsere Zelte auf, nur zwanzig Meter von dem riesigen Eisstrom entfernt.

Wir nahmen Platz auf großen, runden Steinen, die auf einem Untergrund aus feinem, schwarzem Sand ruhten und hatten das Gefühl in einem Amphitheater zu sitzen und einer klassischen Tragödie beizuwohnen. Die zerstörerische Naturgewalt des Wassers machte uns unbewußt Freude, und wir saßen dort lange in die Nacht hinein, schauten zu und tranken dabei einen schlechten Whisky auf einem guten, zehntausend Jahre alten Eis. Welch ein Luxus! Und es war dort, wo für uns das Leben nur ein glücklicher Zufall war.

Noch kurz vor dem Ende des neunzehnten Jahrhunderts reichte der Barry Gletscher über den Harriman Fjord auf die andere Seite hinweg und versperrte so den Zugang zu ihm. Erst die Harriman Expedition im Jahre 1899 konnte zum ersten Mal an der Eiswand des sich zurückziehenden Gletschers entlang in den Fjord, den heutigen Harriman Fiord, hineinfahren. Sie entdeckten dort die weiteren drei Gletscher, den Serpentine, Surprise und Harriman. Die Gletscher Cascade und Coxe waren damals mit dem Barry Gletscher verbunden und bildeten seinen rechten, beziehungsweise linken, Arm.

Während der kurzen Nacht hat uns das Meer direkt vor unserem Zelt wunderschöne Geschenke hinterlassen. Wir wachten bei Ebbe auf und trauten unseren Augen nicht. Die im Wasser treibenden Eisschollen blieben einfach auf dem Boden liegen und erfreuten uns mit ihren vielfältigen Farben und Formen. Wir liefen zwischen den Kunstwerken herum und bewunderten die vergängliche kalte Schönheit des Eises. Es war leider nur eine Leihgabe, die dann wieder von der Flut abgeholt wurde.

Mit dem Kajak starteten wir zu einer Erkundungsfahrt in den Fjord. Das Bilderbuchwetter begleitete uns auch diesmal. Berge, Gletscher, Eisschollen, sie alle spiegelten sich in dem blauen Wasserspiegel und multiplizierten so ihre Wirkung auf uns. Die Weißkopfadler saßen in den Baumspitzen und vermittelten den Eindruck, daß sie sich langweilten. Es war ihnen wahrscheinlich zu warm.

Die nächsten Tage verbrachten wir im College Fjord. Das trockene, sonnige Wetter hielten wir schon für so selbstverständlich, daß wir unsere Sachen über Nacht draußen liegen ließen. Regen gab es für uns einfach nicht.

Als wir von dort in die Esther Passage, einem schmalen Verbindungskanal zwischen Port

Wells und dem offenen Sound, hineinfuhren, empfanden wir die enge, überschaubare Welt um uns herum auf einmal als angenehm. Veränderung ist das, was wir Menschen schätzen und was unsere Erlebniswelt bereichert. Wir hatten den Eindruck, an einem Fluß zu sein.

Riesige Bäume säumten die Ufer, unter denen wir ausreichend Schatten und was auch angenehm war, viele kirschgroße Blaubeeren fanden. Wir schlenderten durch den Wald und stiegen die Hänge hinauf, sozusagen in die erste Etage des Naturwunderhauses, das Prince William Sound heißt. Dort findet man wunderbar arrangierte Gärten mit kleinen Tümpeln, mit Bächen und Wasserfällen, die genial in die Landschaft hinein komponiert sind. Kleine, bonsaiartige Bäume wurden dort mit einem Geschmack gepflanzt, dem sich der beste Gartenarchitekt nicht schämen müßte.

Die Fichten schätzten wir auf eine Höhe von mindestens sechzig und mehr Metern. An einer von ihnen blieben wir stehen und versuchten ihren Umfang mit unseren Armen zu vermessen. Meine und Joes Arme reichten so gerade um die Hälfte des Stammes, was nach einer einfachen Berechnung einem Baumdurchmesser von sage und schreibe fast drei Metern entspricht.

Wir waren schon volle elf Tage unterwegs, als sich am südlichen Himmel die ersten geschlossenen Wolken zeigten. Man spricht passend über eine sich nähernde Front. Da war sie, die neue Wetterfront. Mit Respekt sicherten wir unser Zelt ab und banden die Boote fest. Damals war uns überhaupt nicht klar, daß die gerade zu Ende gehende Schönwetterperiode eine große Ausnahme war, die man im Prince William Sound nur einmal in zwanzig oder dreißig Jahren erleben kann.

Die ersten Regentropfen haben wir wie die Beduinen mit einem Freudentanz begrüßt. Dann flüchteten wir ins Zelt. Der Wind hatte zugenommen und die in sich brechenden Wellen machten einen ganz schönen Krach. Das angenehme Gefühl der Sicherheit sowie die gemütliche Wärme des Schlafsacks vermittelten uns das Gefühl der absoluten Zufriedenheit. Bald waren wir eingeschlafen.

Als ich aufwachte, regnete es immer noch. Ich schaute aus dem Zelt hinaus und meine Überraschung war groß. Zwei Meter links und rechts von unserem Zelt entfernt eilten zwei lebendige Bäche zum Meer. Unser Zelt stand mitten auf einer Insel. Die Wellen wurden zum Ufer hinauf gepeitscht und erst die ersten Bäume und Vegetation stoppten sie.

Zurück im Schlafsack, versuchte ich weiter zu schlafen. Zuerst wollte ich Joe wecken, aber was würde es bringen, dachte ich mir. Ich schloß deshalb fest meine Augen, aber die zwei Bäche neben uns haben mich noch lange beschäftigt.

Irgendwann waren wir dann beide wach. Joe nahm unsere Insellage mit Fassung zur Kenntnis. Später haben wir darüber diskutiert, was wohl passieren würde, wenn es die nächsten elf Tage ununterbrochen regnen sollte, nur theoretisch, versteht sich. Wir waren uns bald darüber einig, daß es in dem Fall mit unserer gewohnten Gemütlichkeit ziemlich schnell vorbei sein würde. Wir schauten in die Zeltwand und hörten dem Tropfenstaccato zu. Schlafen konnten wir nicht mehr.

Zum Glück kam es aber anders. Der Regen hörte auf und wir verließen endlich unser Versteck. Bald danach zeigten sich sogar blaue Flecken am Himmel. Wir waren vorgewarnt. Trotz der schon vorgeschrittenen Zeit packten wir gut ausgeruht unsere sieben Sachen zusammen und bald danach waren wir schon im Klepper unterwegs.

Das Meer war ziemlich lebhaft. Doch es bestand die berechtigte Hoffnung, daß es sich mit der Zeit beruhigen würde. Wir paddelten bis tief in die Nacht. An den nächsten zwei Tagen haben wir uns von einer Insel zur nächsten geschlichen. Wir machten gute Fortschritte.

In einer kleinen, ruhigen Bucht beobachteten wir im Wasser einen Fischschwarm. In dem glasklaren Wasser sahen die Fische ziemlich klein aus. Ich tippte auf Hering. Joe diskutierte nicht lange und warf dort seinen Blinker mit Bleigewicht hinein. Sofort wurde er angenommen und die Schnur spulte und spulte so schnell ab, daß es klar war, es handelte sich um einen größeren, lebhaften Fisch. Dann zeigte er sich. Er versuchte sich durch einen Sprung zu befreien. Es war ein Silberlachs. Ein wunderbarer Fisch, der tief im Wasser durch die unterschiedliche Brechung des Lichtes wie ein Hering aussah. Oh, was für eine wunderbare Verwandlung. Danach zogen wir noch drei dieser schmackhaften Salme und zündeten sofort ein kleines Feuer zum Kochen an.

Es waren unsere ersten Fische am Prince William Sound. Die Proviantvorräte waren schon ziemlich geplündert. So kamen uns die leckeren Lachse wie gerufen. Den ganzen Nachmittag hatten wir gebraten, gekocht und selbstverständlich auch ausgiebig getafelt. Wir hatten schon genug von Haferflocken, Nudeln, Pfannkuchen und Reisbrei. Der einzige Schinken war schon längst verputzt und so war der Fisch eine willkommene Abwechslung sowie ein leckerer Proteinspender für die nächsten Tage. Dafür wurden zwei Fische zu Fischsalat verarbeitet und in einem Behältnis an Bord des Kleppers genommen, um zu reifen.

Ab und zu nieselte es, aber die hellen Wolken stimmten uns zuversichtlich. Auf den kahlen, felsigen Inseln faulenzten Seehunde und Seelöwen. Es war auf der Höhe der Glacier Islands, als wir in der Ferne einen weißen Gegenstand sichteten. Zuerst dachten wir es könnte ein Schiff sein, aber je näher wir kamen, desto unwahrscheinlicher war unsere Vermutung. Dann hat sich das Rätsel aufgelöst. Es war ein kleiner Eisberg. Vielleicht zwanzig Meter hoch guckte er aus dem Wasser heraus. Auf seiner Spitze saßen einige schwarze Kormorane und taten so, als ob sie seinen Weg steuerten. Er kam höchstwahrscheinlich aus der Columbia Bay, wo er sich von dem gleichnamigen Gletscher abgespalten hatte. Jetzt befand er sich auf seinem Weg in die weite Welt.

So einen Eisklotz mußte ich selbstverständlich aufnehmen. Ich paddelte bis auf eine Entfernung von vielleicht zwanzig Metern an ihn heran und betrachtete ihn durch den Sucher meines Fotoapparates. Schon wollte ich auslösen, aber dann merkte ich, daß sich seine Spitze schief stellte. Ich habe zuerst an die Schaukelbewegung des Kajaks in den Wellen gedacht. Aber als sich die Spitze des Eisberges nicht aufrichten wollte, schoß mir wie ein Blitz der Gedanke einer anderen möglichen Alternative durch den Kopf.

Und tatsächlich. Der ganze riesige Koloß neigte sich langsam zu mir hin, als ob er mich umarmen wollte. Ich ließ meine Kamera ins Boot fallen und intuitiv paddelte ich mit voller Kraft nach vorne. Dabei schwenkte ich das Ruder nach links, um schnell einen möglichst großen Abstand zu gewinnen. Weg, nur schnell weg! Ich paddelte um mein Leben. Ich mußte vierzig oder fünfzig Meter weit gewesen sein, als mich eine Welle von hinten einholte. Sie hob mich und meinen Klepper wahrlich hoch über den Meeresspiegel und anschließend setzte sie mich wieder auf. Das war es.

Ich atmete hastig und hielt krampfhaft das Paddel in beiden Händen. Es dauerte eine ganze Weile, bis ich mich umzudrehen traute. Der Weiße Riese schaute wie vorher unschuldig aus dem Wasser heraus und die Kormorane saßen ruhig auf seiner Spitze. Alles war wie vorher, friedlich und still.

„Bin ich verrückt? War es nur ein Gehirngespinst? Halluzination vielleicht?"

Ich war ziemlich verwirrt und stellte mir viele und viele andere Fragen. Ich wußte nur Eines. Wenn mich der Weiße Riese umgekippt hätte, hätte ich in dem kalten Wasser nur eine ziemlich kurze Überlebenschance gehabt.

Joe war weit, weit weg. Ich suchte ihn. Dann sah ich, wie er sein Paddel hin und her bewegte, um sich besser kenntlich zu machen. Als wir uns trafen, erzählte er mir, was er aus der Ferne gesehen hatte. Der Eisbrocken hatte sich am Anfang langsam geneigt, dann aber drehte er sich schnell in die neue Position. Das war alles.

An dem Tag kamen wir bis in die Columbia Bay. Eine weiße Mauer des ins Meer kalbenden Columbia Gletschers stellte sich uns in den Weg. Der Anblick auf die gewaltige Eisbarriere übertraf unsere kühnsten Erwartungen. Einzelne Eisschollen ruhten friedlich auf der stillen Wasseroberfläche der Bucht.

Es war schon ziemlich spät. Außerdem wollten wir die einmalige Sicht in Ruhe genießen. Wir entschieden uns deshalb, erst am nächsten Morgen die Bay zu überqueren und auf Heather Island zu campieren. Von dort aus wollten wir den Columbia Gletscher aus unmittelbarer Nähe beobachten.

Damals konnte ich nicht ahnen, daß bei meiner Rückkehr nach dreizehn Jahren der Mammutgletscher inzwischen um zwölf Kilometer zurückgetreten sein würde, und daß aus der langen Eisfront nur riesige Berge von schmutzigem, aufeinander gestapeltem Eis zurückgeblieben sein würden.

An großen Steinen bauten wir das Zelt auf und ich kümmerte mich um das Feuer. Joe holte Wasser in festem Zustand. Wir zerschlugen einen kristallklaren Eisklumpen und füllten unseren großen Teekessel mit den gläsernen Bruchstücken. Es blieb noch reichlich Eis für die späteren Drinks übrig. An diesem Abend hatten wir wahrlich einen Grund zu feiern. Der Weiße Riese hatte mir zwar reichlich Angst eingejagt, herumgekriegt hatte er mich aber nicht.

Wir saßen am Feuer und betrachteten die elf Kilometer lange Eiswand, aus der ab und zu ein Bruchteil ins Wasser stürzte. Es war gewaltig. Die Dimensionen, das Meer, die Berge, die zerstörerische Gewalt der Natur, die schöpferische Kraft der Natur um uns herum, einfach alles war gewaltig. Wir nippten am heißen Tee und fühlten uns wie zwei kleine, unbedeutende Würmchen, die sich irgendwo im Universum verirrt hatten.

Es wurde dunkel. Nur die flackernde Flamme des Feuers spendete uns etwas Licht. Die passende Zeit für die Heilige Handlung. Joe zelebrierte die Drinks wie üblich mit einem ihm eigenen Charme. Diesmal war er aber besonders spendabel. Es ging ein besonderer Tag zu Ende, ein Tag, der das Leben lebenswert macht.

Am Himmel zeigten sich die ersten Sterne. In der weiten Ferne, am offenen Meer, erschien ein Licht. Nach einer halben Stunde waren es schon drei und nach einer Stunde leuchtete dort eine ganze Kaskade von Lichtern, die einem festlichen Weihnachtsbaum ähnelte. Wir waren uns einig, daß es sich um einen leeren Tanker handeln mußte, der sich auf dem Weg zum Ölterminal nach Valdez befand. Dort endet die „Alaska pipeline", die das Öl aus Prudhoe Bay zum Abtransport für die Verarbeitung quer durch Alaska befördert.

Joe betrachtete die seltsame Erscheinung die ganze Zeit mit seinem Fernglas. Er war mit seinen Beobachtungen äußerst zufrieden. Zum ersten Mal konnte er sich nämlich über die ungeheure Behauptung, daß unsere Mutter Erde rund ist, mit eigenen Augen überzeugen.

Wir sprachen über die Höhe und die Länge des Schiffes und so nebenbei, stellten wir uns die damals unsinnige Frage: „Was würde denn passieren, wenn so ein vollgeladener Öltanker an einem der zahlreichen Riffe leck schlagen würde?" Wir wußten es nicht.

Nicht ganze zwei Jahre später ist es tatsächlich passiert. Der vollgeladene Öltanker Exxon Valdez fuhr im März 1989 auf das Bligh Reef auf. Aus dem aufgeschlitzten Bauch lief das Öl ins Meer und verdreckte die wunderbare Küste bis weit hin zu der Insel Kodiak.

Gemütliche Schlafsackwärme und das monotone Geräusch der Regentropfen, das unsere Ohren berieselte, dämmten am Morgen unseren Drang nach Aufstehen beträchtlich. Wir dösten vor uns hin und glaubten, daß der Regen bald aufhören würde. Wie sich später zeigen sollte, hatten wir uns diesmal gründlich geirrt.

Erst ein Grundbedürfnis des Menschen verjagte mich aus dem Zelt. Als ich vor dem Zelt stand, mußte ich mir zuerst die Augen reiben. Ich träumte aber nicht. Nein, die eisige Pracht von hunderten von gestrandeten Eisskulpturen, überall wohin das Auge reichte, war reell. Ich lief zwischen den weißen, grünlichen, blauen, schwarzen und gläsern durchsichtigen Eisblöcken wie in einem Irrgarten herum. Dann sah ich die Bay. Sie war mit Eisschollen vollgepackt, überall war nur Eis, Eis und wieder nur Eis.

Die Wolken streiften die Baumspitzen und uns war klar, daß an diesem Tag unsere Überfahrt mit Sicherheit nicht stattfinden würde. Wasserdicht verpackt, marschierten wir in Richtung zum Gletscher hin. Es war ein Kinderspiel, weil die Ebbe es uns ermöglichte über den Meeresboden in Ufernähe zu gehen. Der Rückweg war jedoch eine Tortur. Als das Wasser anstieg und wir gezwungen wurden in den Urwald zu flüchten, mußten wir über umgestürzte Bäume klettern, über glitschige, mit dicken Moosschichten überzogene Steine stolpern und tiefe Wasserlöcher durchwaten. Von den Ästen hingen Schleier aus Kletterpflanzen, die teilweise mit Moos bewachsen waren. Das Moos war so mit Wasser getränkt, daß beim Auftreten das Wasser in alle Richtungen spritzte. Es war eine Schinderei. Mehr tot als lebendig schlüpften wir in unsere noch trockenen Schlafsäcke und waren froh, wieder "zu Hause" zu sein.

Bei seinem historischen Ausflug in den Prince William Sound ankerte James Cook zwar in Snug Corner Cove, unweit der Columbia Bay, den Columbia Gletscher hatte er aber nicht gesichtet. Der erfahrene spanische Seefahrer Salvador Fidalgo segelte damals mit seinem Schiff in die benachbarte Long Bay und stellte dort fest, daß sich in der näheren Umgebung ein aktiver Vulkan befinden müßte. Diese Feststellung traf er aufgrund der andauernden Donnergeräusche, die er wahrgenommen hatte und die im Columbia Gletscher ihren Ursprung hatten. Von dem großen Gletscher hatte er jedoch keine Ahnung.

Im Jahre 1848 suchte der russische Kapitän Tebenkov diesen vermeintlichen Vulkan, wie man sich jedoch denken kann, ohne Erfolg. Tebenkov wurde später als einer von insgesamt vierzehn Gouverneuren von Russisch-Amerika ernannt.

Seinen Namen Columbia Glacier verdankt der Megagletscher der schon erwähnten Harrison Expedition. Sie hat im Jahre 1899 zum ersten Mal die Gletscher des Prince Williams Sounds sozusagen kategorisiert. Seitdem wird das Leben des Columbia Gletschers wissenschaftlich verfolgt. Die neuesten Meßergebnisse belegen, wie dramatisch sich das Klima in den letzten Jahrzehnten verändert hat. Der Gletscher hat sich bis zum Jahre 1983 praktisch nicht verändert, er hat sogar zu- und dann wieder abgenommen. Während der Folgejahre hat man jedoch beobachtet, daß seine Dicke stark abgenommen hat, was üblicherweise das Zeichen eines bevorstehenden radikalen Gletscherrücktritts ist. Der ist dann auch tatsächlich eingetreten, und zwar mit einer noch nie gekannten Intensität. Gerade zur Zeit unserer Tour, im Sommer 1987, trat er in seinem mittleren Bereich, dort, wo er vierhundert Meter tief unter die Wasseroberfläche ragte, innerhalb von nur 58 Tagen um zwei Kilometer zurück.

Ein fleißiger Mathematikprofessor würde gleich berechnen, daß unter der Annahme einer kalbenden Gletscherbreite von nur zwei Kilometern dies ein Eisvolumenfluß von unvorstellbaren 27.000.000 Kubikmeter Eis pro einen einzigen Tag entspricht. Damals mußten grob eine Million Kubikmeter Eis pro Stunde aus der Columbia Bay abfließen. Und das ist eine Menge!

Als wir die mit Eisblöcken verstopfte Bay sahen, kamen wir nicht auf die Idee Statistik zu betreiben. Langsam wurde uns klar, daß wir uns in einem feuchten, eisigen Gefängnis befanden. Wir konnten nicht nach vorne und wir konnten auch nicht zurück. Vier Tage lang waren wir schon gefangen. Es regnete ununterbrochen und nichts, aber auch gar nichts deutete darauf hin, daß eine Besserung in Sicht wäre.

Mensch, was nun? Diese Frage stellten wir uns alle zehn Minuten. Wir versuchten, die Bay aus einer besseren Perspektive zu sichten. Aber es gelang uns nicht richtig. Die mächtige Vegetation an den Hängen nutzte jede kleine Fläche, um Licht zu erhaschen. Das gegenüber liegende Bayufer war wegen des Regens, des Nebels und der Wolken ohnehin nicht zu sehen. Und schließlich und endlich redeten wir uns ein, daß das Packeis weiter draußen vorm Ufer nachlassen würde.

Wir beschlossen den Aufbruch. Im Regen bepackten wir unsere Klepper mit allen nassen Sachen, zogen die Spritzdecke fest an, und dann brachen wir auf. Die ersten hundert Meter kamen wir zwischen den Eisschollen gut durch. Dann aber wurde es schwieriger. Endlich hatten wir eine Durchfahrt gefunden. Wir folgten ihr. Sie wurde jedoch enger und enger, bis sich herausstellte, daß es eine Sackgasse war in die wir nur gelockt worden waren. Wir drehten uns um. Die Eisschollen hatten uns inzwischen die Rückfahrt verschlossen. Da saßen wir nun, mitten im Eis. Wir konnten nur beten, daß uns die Eisblöcke nicht zermahlen würden. Vom Kajak aus war das Ufer nicht einsehbar, so daß wir bald die Orientierung verloren. Zum Glück hatten wir einen Kompaß bei uns.

Wir waren in Not. Erst jetzt mußten wir einsehen, daß unsere Entscheidung falsch war. Sie war nicht nur falsch, sie war auch lebensgefährlich. Es war nur ein frommer Wunsch, eine gefährliche Selbsttäuschung ohne eine realistische Chance auf Erfolg. Also, zurück! Nur wie?

Eine Stunde lang warteten wir auf die Befreiung. Die Strömung hatte endlich die Eisschollen ein bißchen auseinander getrieben und es gelang uns durch ein

Loch zu entkommen. Wieder suchten wir nach einer freien Durchfahrt, diesmal aber zurück zum Ufer. Das Glück war uns hold. Nach einigen erfolglosen Versuchen landeten wir nach einem dreistündigen Ausflug durch die Eiswelt der Columbia Bay erschöpft aber glücklich zwei Kilometer unterhalb unseres ersten Lagers.

Wieder warteten wir zwei lange Tage. Die Feuchtigkeit war wie Rauch. Sie war inzwischen in alle unsere Sachen, den Schlafsack inbegriffen, eingezogen. Selbst die Bücher waren so feucht, daß das Papier nicht mehr brennen wollte.

Unser zweiter Fluchtversuch gelang. Wir folgten dicht der Küste bis in die Höhe der Glacier Islands. Dort schlugen wir einen weiten Bogen um das Treibeis herum. Nach weiteren zwei Regentagen erreichten wir den beschaulichen, kleinen Hafen in Valdez.

Als wir im Totem Inn unsere gesamte Habe auf einen Haufen abluden, dauerte es nicht lange bis ein schmales Wasserrinnsal auf dem schiefen Boden des Badezimmers zum Abfluß eilte. Wir begaben uns unverzüglich in das zünftige Restaurant, um dort nachzuholen, was in der letzten Woche mehr als zu kurz gekommen war. In der Speisekarte suchten wir nicht lange herum und bestellten zwei Portionen von einem ausgezeichneten Heilbutt. Für jeden, versteht sich. Als wir mit dem Essen fertig waren, sah die Welt sofort viel schöner und freundlicher aus.

Todmüde fielen wir ins Bett. Noch bevor ich einschlief, nahm ich wahr, daß die Sonne die Wolken durchbrach. Oh, wie schön. Neun Tage war sie verschollen.

Dreizehn lange Jahre waren vergangen, und ich packte zu Hause wieder die Klepper für den Prince William Sound ein. Diesmal wollte ich mit meiner Frau Irene, meinem Sohn Roman und unserem guten Freund Mark aus Fairbanks von Whittier aus zum Süden nach Seward paddeln.

Wir starteten in Whittier bei Bombenwetter. Ich mußte an meine Fahrt mit Joe denken und bedauerte, daß er diesmal nicht dabei war. Meiner Frau hatte ich mindestens elf sonnige Tage versprochen. Sie war sichtlich zufrieden. Am zweiten Tag klappte es mit dem Wetter nur bis Mittag. Dann breiteten sich von Süden Wolken aus. Ich ahnte nichts Gutes. Am dritten Tag regnete es, am vierten Tag schüttete es und so weiter und so fort. Nach vierzehn Tagen zeigte sich für einen einzigen Tag die Sonne. In der Nacht aber kippte der Himmel erneut eine anständige Ladung Wasser auf unsere Zelte nieder.

Beim Regen ist es im Kajak noch am trockensten. Deswegen paddelten wir und hofften auf Besserung. Das wunderbare Bergpanorama blieb uns aber verschlossen. Die grauen Wolken lagen auf den Hängen und so grau war auch das Wasser.

Wenn ich nicht gewußt hätte, wie schön es eigentlich um uns herum war, wäre ich wahrscheinlich nicht zufrieden gewesen. Langsam ging aber mir der graue, schmuddelige Anstrich, der die Schönheit überdeckte, auf den Wecker.

Wir untersuchten die Cochrane Bay und wollten zu Fuß über den Paß zur Kings Bay gehen. Als wir jedoch zum Paß aufstiegen, trafen wir geschlossene Schneefelder an, die wir ohne Schneeschuhe nicht überqueren konnten. Ein großer See war dort noch vollständig zugefroren. Wir mußten leider umkehren, aber auch so war es ein netter Ausflug in die rauhe, kalte Bergwelt Alaskas.

In der Perry Passage suchten wir nach einem geeigneten Zeltplatz und mehr durch einen Zufall wurden wir durch die Gezeitenströmung in eine Enge geleitet, die wirklich etwas Besonderes war. Dunkle Felsen mit verkrüppelten Bäumen auf denen Dutzende von Adlern saßen und uns verwundert anschauten, bildeten einen regelrechten Canyon. Wir erreichten eine, vielleicht zwei Kilometer lange, Bucht, welche Hidden Bay genannt wird. Der Name für diese abgeschlossene, märchenhaft schöne Bucht war wirklich zutreffend. Daß man eine so große Bucht so gut verstecken kann, hätte ich nicht gedacht.

Aus dem Wasser sprangen hunderte von Lachsen. Die Ufer waren von giftgrünem Pflanzenbewuchs gesäumt, der sich in dem ruhigen Wasser spiegelte und zu einer besonderen, geheimnisvollen Atmosphäre wesentlich beitrug. Die Berge ringsherum waren steil und felsig. Wie hoch sie eigentlich waren, haben wir leider nicht erfahren, weil sie von den Wolken vollständig eingehüllt waren. Ein Zufluß plätscherte in Kaskaden über gewaltige Felstreppen in die Bucht herunter. Romantik pur.

Dort wollten wir zelten. Wir stiegen aus, um einen einigermaßen trockenen Platz auszumachen. Bevor wir ihn jedoch fanden, kam uns ein dicker, schwarzer Petz entgegen. Da merkten wir, daß die romantische Suite schon besetzt war und wir zogen uns schnell in unsere Boote zurück.

Auf der gegenüberliegenden Seeseite war es schließlich auch nicht schlecht. Wir paddelten dorthin, und die Geschichte wiederholte sich. Wir stiegen aus und wieder gab uns ein Bär zu verstehen, daß wir dort nicht besonders willkommen waren. Zum Glück hatte schon die Ebbe begonnen und wir konnten aus der Bucht heraus fahren um außerhalb des Bärenzoos in Ruhe übernachten zu können. Gleich am nächsten Morgen waren wir in der versteckten Bucht zurück. Die Hidden Bay war nämlich ein besonderer, ein gerade mystischer Ort, den wir uns noch unbedingt genauer ansehen wollten. Einige Bären spazierten ungeniert an der grünen Uferpromenade entlang und die Adler bewachten mit strengem Blick den wunderbaren Zauber der göttlichen Natur.

Ich hatte mir in den Kopf gesetzt, einen aus dem Wasser springenden Lachs zu fotografieren. Nie wieder! Die lebenslustigen Fische sprangen und tobten überall um uns herum, nur vor der Kamera waren sie scheu. Ich knipste einige Filme leer und hatte später auf dem Celluloidstreifen nur das pure Wasser, davon aber reichlich.

Mark fühlte sich nicht gesund. Er hustete ziemlich heftig schon mehrere Tage.

Die ständige Feuchtigkeit und Kälte waren für ihn sicherlich nicht die beste Medizin. Dann wurden auch seine Bronchien erfaßt. Unser Mark hatte am Morgen ziemlich hohes Fieber. Kurieren war angesagt.

Irene entfaltete die gesamte Palette ihrer Heilmethoden mit einem sichtlichen Engagement. Heißer Tee, Honig mit Eigelb, Butterumschläge und verschiedene Salben schadeten dem Patienten zwar nicht, aber sie haben ihm auch nicht zu heilen vermocht. Erst ein starkes Antibiotikum hat das Fieber sinken lassen. Fünf Tage lang lag Mark wie der arme Lazarus in seinem Zelt und wir hatten Angst, er könnte eine Lungenentzündung kriegen.

Obwohl es ununterbrochen regnete, unternahmen wir trotzdem in unseren Kleppern an jedem Tag Ausflüge in die nähere Umgebung. Es gab immer wieder etwas Neues zu entdecken. Als Mark meinte, daß er schon in „good shape" sei, fuhren wir weiter. Nach zwei nassen Tagen im Boot fing aber Mark wieder an so tief und so stark zu husten, daß wir uns entschlossen, zurück nach Whittier zu paddeln.

Prince William Sound ist ein wahrer Naturschatz, der sich jedoch einer Touristeninvasion mit einem nicht gerade freundlichen Wetter zur Wehr setzt. Und das mit vollem Erfolg.

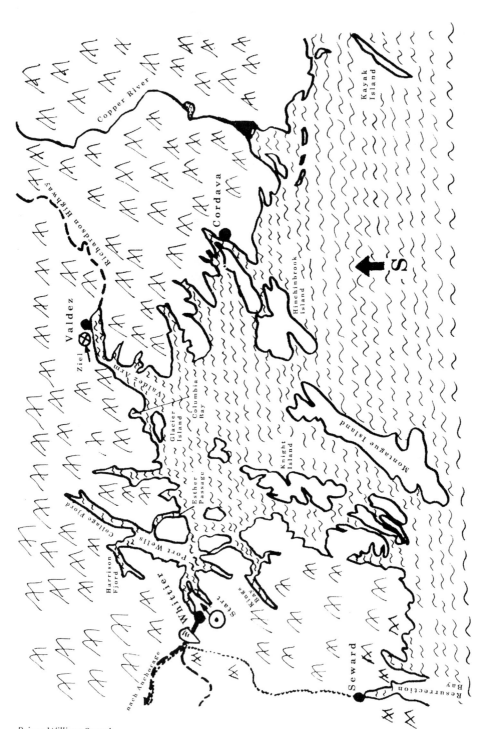

Prince William Sound

Informationen über die Reise in Kürze

Schwierigkeiten:

Prince William Sound ist vor den unendlichen Weiten des offenen Pazifiks durch die zahlreichen vorgelagerten Inseln, wie zum Beispiel durch die große Montague Island, geschützt. Deshalb ist dort nicht mit Megawellen zu rechnen. Die großen Wasserflächen, die Gezeiten und das sich schnell ändernde Wetter sind natürlich Gefahren, mit denen man besonnen umgehen muß. In keinem Falle darf man sie unterschätzen. Die extremen Niederschläge erfordern eine ausgezeichnete Ausrüstung. Besonders wichtig ist das Regenzeug, über dessen Eignung man sich am besten zu Hause unter der kalten Dusche überzeugt. Die Gezeitentabelle nicht vergessen.

Boote:

In Betracht kommen nur die Ozeankajaks oder die bewährten Faltboote, System Klepper.

Transport:

Der ideale Ausgangspunkt in den Prince William Sound ist die Ortschaft Whittier. Sie ist erreichbar aus Anchorage mit der Eisenbahn oder mit dem Auto. Zwischen Whittier und Valdez existiert eine regelmäßige Schiffsverbindung. Von Seward aus kann Whittier mit der Eisenbahn erreicht werden.

Karten:

Für eine sichere Navigation reichen die Karten im Maßstab 1:250 000. Es sind folgende Karten: Seward, Anchorage, Valdez, Cordova und Blying Sound.

Informationen über den Kartenerwerb können unter: www.sore.usgs.gov abgerufen werden.

Zeitplanung:

Für die Touren Whittier–Valdez und Whittier–Seward sollte man mindestens drei Wochen einplanen. Man kann natürlich auch kürzere Fahrten aus Whittier, Seward oder Valdez unternehmen.

Fische:

Meeresfische aller Art.

Tiere und Vögel:

Wale, Schwarzbär, Elch, Dallschaf, Seehund, Seelöwe, Seeotter, Weisskopfadler.

TLIKAKILA RIVER UND LAKE CLARK

Seit etlichen Jahren sehnte ich mich, den Lake Clark zu besuchen. Irgendwann hat mir jemand erzählt, daß er der schönste See in ganz Alaska sei. Damals hatte ich mir gedacht, wer weiß, ob es überhaupt stimmt. Es gibt so viele schöne Seen in Alaska und übrigens, was soll das. Den schönsten See gibt es nicht. Alles was wir erleben und betrachten ist relativ und keineswegs absolut. Trotzdem, die Neugier wurde in mir geweckt und mit den Jahren nahm sie nicht ab, sondern zu. Meine Sehnsucht mußte unbedingt gestillt werden. Und endlich im Juli 2001 war es so weit.

Die geplante Tour sollte am Summit Lake, einem kleinen See, der in dem Sattel des Lake Clark Passes liegt, beginnen. Das dortige Gebirge auf der westlichen Seite des Cook Inlets gehört zu der langen Gebirgskette, die Aleutian Range heißt. Das Wasser aus dem Bergsee fließt zwar in die verkehrte Richtung zum Cook Inlet, aber man kann auf ihm mit dem Wasserflugzeug landen und zu dem kleinen Gletscherbach, aus dem sich schnell der Tlikakila River mausert, über den Paß hinüber gehen.

Tlikakila bedeutet „Fluß, in dem die Lachse steigen". Er wurde so von den Indianern des Stammes Denaina benannt, die sich in dem wild- und fischreichen Gebiet zwischen den Seen Telaquana und Clark angesiedelt hatten. Der Fluß sammelt das Wasser von den zahlreichen Gletschern, die aus dem Hochgebirge entlang seines schnellen Weges in das Tal herunter schwappen.

Schade, daß der Fluß nur achtzig Kilometer lang ist. Wir wollten ihn hinunter in den Lake Clark fahren, den See über seine gesamte Länge überqueren und später unsere Tour durch den Sixmile Lake und den Newhalen River fortsetzen. Der Newhalen River mündet zwar in den Lake Iliamna, den größten See Alaskas, aber er ist in den letzten acht Kilometern so wild, daß man vor diesem Hindernis an einem Weg, welcher zum Ort Iliamna führt, aussteigen muß.

Bei einer kombinierten Fahrt über einen See und auf einem Fluß ist die Wahl des richtigen Bootes manchmal nicht gerade leicht. Ein Faltboot ist zwar ausgezeichnet auf dem See, es ist jedoch nicht besonders geeignet für schnelle Flüsse, wo gute Wendigkeit zwischen den Steinen notwendig ist. Für solche Fälle eignet sich viel besser ein Trekkingkanu, mit dem man zwar wunderbar durch die Stromschnellen kommt, das aber auf einem großen offenen Gewässer sehr schwerfällig und langsam ist.

Zu Hause habe ich hin und her überlegt und schlußendlich die Trekkingkanus eingepackt. Heute weiß ich, daß es goldrichtig war. Wir landeten in Anchorage gegen drei Uhr nachmittags. Draußen begrüßten uns blauer Himmel und eine lachende Joan aus Fairbanks. Wir waren diesmal zu fünft: Joe, Mila und Peter, meine Frau Irene und ich. Peter ist mein guter Freund aus meiner Jugend, mit dem ich meine erste Reise in die Natur unternommen hatte. Damals fuhren wir in die noch ziemlich unberührte Niedere Tatra und erlebten so viele und so unwirkliche Geschichten, daß sie uns heute keiner mehr glaubt. Als ich ihn nach dreißig Jahren wieder traf und über meine Reisen nach Alaska erzählte, war er sofort Feuer und Flamme. Er wollte mindestens einmal dorthin. Und jetzt stand er mit seiner Frau Mila auf alaskanischen Boden und stellte sich ein bißchen unsicher Joan vor.

Joan ist aber eine unkomplizierte amerikanische Frau und bevor sich Peter seinen ersten Satz in Englisch überlegt hatte, umarmte sie ihn einfach. Joan kam als junge Lehrerin ganz alleine nach Alaska und unterrichtete sieben Jahre in kleinen Eskimosiedlungen, bevor sie sich in Fairbanks niederließ. Dort baute sie sich ein tolles Haus mit einem wunderbaren Ausblick auf die Berge und einem Stall für ihre zwei Pferde. Trotz ihrer Körpergröße von nur 150 Zentimetern, ist sie ungewöhnlich stark, zäh und verfügt über ein gesundes Selbstvertrauen. Am liebsten paddelt sie wochenlang alleine in ihrem Klepper durch das Meer in Südostalaska. Und das ist nicht ohne.

Joan führte uns zu ihrem Auto. Es war ein riesiger Ford Pick-up mit einer Kabine für sechs Personen. Wir luden unser Gepäck ein und sie stapelte sorgfältig drei Kissen auf ihrem Sitz übereinander, damit sie beim Fahren überhaupt über die Motorhaube sehen konnte. Dann fuhren wir quer über die Straße zum Lake Hood, wo wir für sieben Uhr die Reservierung für den Weitertransport hatten.

Es blieb uns noch genügend Zeit, den Proviant für die Tour und die Angellizenz zu besorgen. Nach meinen spärlichen Informationen sollten Tlikakila und Lake Clark sehr reich an Fisch sein, was sich aber nur teilweise bestätigte. Falls in dem trüben Gletscherwasser von Tlikakila River Fische waren, konnten sie nicht unsere gemeinen Blinker mit dezent versteckten Haken sehen und uns so eine Freude bereiten.

Kurz nach sieben Uhr abends hoben sich zwei kleine Wasserflugzeuge von der glatten Oberfläche des Lake Hood ab. In einem von ihnen befand sich das Gepäck und die beiden Leichtgewichte Mila und Joan, in dem anderen dann der Rest der Truppe. Bald befanden wir uns über dem Cook Inlet. Es war gerade Ebbe. Der Anblick auf die wasserlose Bucht mit den zahlreichen Bächen und Flüssen, die das Wasser abführten, um es wieder nach einigen Stunden zuführen zu können, war interessant. Wie die Adern eines riesigen grauen Körpers versorgen die Bodenrinnen die Bucht mit dem frischen, das Leben spendenden Wasser aus den unermeßlichen Weiten des Pazifiks. Ohne das Wasser wirkte die Bucht nicht gerade sehr ansehnlich. Schlamm und wieder nur grauer Schlamm soweit das Auge reichte.

Der Gezeitenunterschied beträgt im Cook Inlet bis zu zehn Metern und ist einer der größten auf dem gesamten Erdball. Die lange Bucht bekam ihren Namen nach dem berühmten Kapitän der britischen Royal Navy James Cook. Im Juni 1778 besuchte er sie mit seinen beiden Schiffen Resolution und Discovery, als er die berühmt berüchtigte Verbindung zwischen dem Stillen und dem Atlantischen Ozean suchte. Cook segelte in die vielversprechende Bucht hinein und mußte feststellen, daß auch sie nur eine Sackgasse war. Er schickte ein Boot in den rechten Arm. Als auch dieses Boot gezwungen war umzukehren, benannte er diesen Arm treffend Turnagain.

Wir näherten uns den Bergen. Es war ein Bilderbuchwetter. Schon aus weiter Ferne konnten wir die weißen Gletscherzungen sehen, die wie aus einem Zaubertopf, der dort irgendwo in den hohen Bergen versteckt war, überliefen.

Als wir in das enge Tal hinein flogen, waren die Gletscher zum Greifen nah. Gewaltige Eismassen mit tiefen Spalten überzogen, strebten dem Talgrund zu. Leider ist das Flugzeug ein zu schnelles Transportmittel. Es ist unmöglich, in der kurzen Zeit alle Informationen und Eindrücke aufzunehmen und zu verarbeiten. Es bleibt nur ein Bruchteil der Bilder hängen. Leider.

Nach einer Stunde Flugzeit zeigte sich vor uns ein runder See. Da ahnten wir schon, daß wir uns unserem ersehnten Ziel, dem Summit Lake, näherten. Als die Schwimmer die Seewasseroberfläche durchschnitten, wußten wir bereits, daß wir uns diesmal eine besonders schöne Ecke in Alaska ausgesucht hatten. Die Sorgen, die jeder von uns aus der Zivilisation mitbrachte, verflogen plötzlich in der reinen Luft der Aleutian Range. Wir waren bereit auszusteigen.

Wir saßen auf den Bootssäcken und lauschten der Stille. Es war gewaltig. Dann kramte Peter aus seinem Gepäck eine Flasche mit einem durchsichtigen Inhalt. Mährischer Slibowitz. Ein Paar Tropfen bekam jeder von uns, aber es reichte. Wir fanden unsere Sprache wieder. „Good spirit" schwebte über dem Summit Lake und schwätzte in Deutsch, Englisch oder Tschechisch, je nachdem wie es kam.

Die Seeufer waren fast flach und ohne Bewuchs. Der Sand und die mit Moos bedeckten Steine deuteten darauf hin, daß der See in der Zeit der Schneeschmelze viel größer gewesen sein mußte, um das Wasser aufzunehmen. Die ersten bescheidenen Büsche befanden sich vielleicht dreihundert Metern zurück.

Dorthin trugen wir alles Gepäck. In dem vermeidlichen Schutz der ersten Sträucher bauten wir unser erstes Lager auf. Am rechten Seeufer marschierte ein Bär. Er ging langsam auf die andere Seite des Passes. Wahrscheinlich hatte er Appetit auf Lachs. Kurze Zeit danach schwamm quer über den See ein Elch. Als er das Wasser von seinem Fell abschüttelte, mußte er von uns Witterung bekommen haben, weil er uns kurz ins Visier nahm und dann schnellstens die Deckung suchte. Uns wurde klar, daß alle Tiere, die vom Lake Clark zum Pazifik oder umgekehrt wechseln wollten, den Paß passieren mußten, wo wir uns eingenistet hatten.

Ein leises Regenraschen weckte mich. Ich wälzte mich in meinem Zelt hin und her, denn die zehnstündige Zeitverschiebung zwischen Europa und Alaska kann man in einem Tag nicht wegstecken. Plötzlich hörte ich ein leises Holzknacken. Sofort steckte ich meinen Kopf aus dem Zelt heraus und wen sah ich dort? Natürlich Joe! Er war schon dabei das Feuer anzumachen. Eine Weile später stand ich mit ihm zusammen und wir beobachteten beide mit strengem Blick den schwarzen Wasserkessel, in dem sich das Wasser für unseren ersten Kaffee erhitzte.

Langsam kam unsere Truppe in Bewegung. Die Boote wurden aufgebaut und der Proviant wurde wasserdicht verpackt. Dann paddelten wir auf die andere Seeseite und unternahmen eine erste Wanderung. Am Bach entlang konnte man bequem gehen. Das lernt man in Alaska zu schätzen. Wir erreichten einen kleinen See, in dem riesige Granitblöcke, so groß wie dreistöckige Häuser, herumlagen. Sie mußten irgendwann aus den steilen Felswänden des in den Wolken versteckten Berges herunter gefallen sein. Möglich ist auch, daß sie sich bei einem der zahlreichen Erdbeben, die diese Bergkette erschütterten, losgelöst hatten.

Schon am nächsten Tag nahmen wir zur Kenntnis, daß der Lake Clark National Park ein Park in unserem Sinne war. Ein bequeme Spazierengehen war dort keineswegs möglich.

Als Ziel unserer Wanderung hatten wir uns den über uns liegenden Gletscher vorgenommen. Nachdem wir einige Bäche überwunden hatten, mußten wir die steilen Hänge der Gletschermoräne aufsteigen. Sie schlängelte sich höher und höher und wurde dabei immer enger. Wir folgten dem aus dem Gletscher kommenden Strom, welcher den See speiste. Unseren Weg mußten wir uns von einem Stein zu anderem mühsam immer neu suchen. Je höher wir kamen, desto schwieriger und langsamer war unser Fortkommen. Die gewaltigen Eismassen waren zum Greifen nahe, aber wir kamen nicht an sie heran. Ein Versuch den Canyon hochzuklettern und über einen Umweg weiterzukommen, scheiterte. Wir mußten umkehren.

Unter uns lag das enge, tief in die Bergwelt eingeschnittene Tal des Tlikakila River. Aber einen Fluß konnten wir dort nicht ausmachen. Wir stiegen ab und suchten nach ihm. Schon machten wir uns Sorgen, ob er etwa ausgetrocknet sein könnte. Doch dann entdeckten wir endlich ein winziges Rinnsal, das in die richtige Richtung eilte. Wir folgten ihm so lange bis es sich mit seinem Brüderchen traf und kurze Zeit danach einen anderen Bruder verschluckte. Das Rinnsal wuchs langsam zu einem Bach heran. An einer kleinen Kiesbank entschlossen wir uns, unsere Boote einzusetzen. Den Rückweg zum Lager markierten wir mit Steinen, um den direkten Weg über den Paß zum Wasser leichter zu finden. Es war ein weiter Weg und uns erwartete die erste und auch zum Glück die letzte Portage.

Der Nebel lag noch über dem Bergsattel, als sich die Trägerkarawane langsam in Bewegung setzte. Boote, Proviant, Zelte und Bootssäcke, alles mußte getragen werden. Mit der Last auf den Rücken folgten wir unseren Markierungen. Wenn wir erschöpft waren, legten wir die Last ab. Auf dem Rückweg versuchten wir uns für die nächste Last zu erholen. Hin und her bewegten wir uns die zwei Kilometer bis zum Wasser wie eine Raupe. Die neugierige Sonne schaute inzwischen unserem Treiben zu und bevor wir am Ziel waren, kamen wir richtig ins Schwitzen.

Wir beluden die drei Boote und waren endlich auf dem Wasser. Die ersten Kilometer mußten wir mehr treideln als fahren, weil der braune Strom nicht immer tief genug war. Da merkten wir wie kalt das frische Gletscherwasser war. Eiskalt. Tückisch war dabei, daß das Wasser nicht durchsichtig war und wenn eine tiefere Stelle kam, mußten wir uns schnell auf das Boot retten.

Wir befanden uns noch oberhalb der Baumgrenze. Zwischen den Sträuchern wuchsen tausende und abertausende violette Lupinen. Sie gaben der Landschaft einen violettblauen Anstrich. Wir ließen uns an den schönen Blumen vorbei treiben und merkten langsam, daß sowohl die Wassertiefe als auch die Strömung deutlich zugenommen hatten. Jetzt mußten wir entgegensteuern, um den engen Schleifen folgen zu können. Neue und neue Bäche, von beiden Talseiten her kommend, nahm der wachsende Strom auf. Langsam mauserte er sich, und das ohne Übertreibung, zu einem schönen jungen Fluß.

An dem sonnigen Tag war es ein wahrer Genuß die Gletscherwelt zu betrachten und sich durch den wilden Blumengarten in der Strömung treiben zu lassen. Eine Überraschung erlebten wir in der plötzlich auftauchenden scharfen Kurve, in der versteckt ein wuchtiger Fluß mündete. Völlig unvorbereitet fuhren wir in die mächtige Querströmung hinein.

Wir hatten Glück und konnten das Gleichgewicht der Kräfte noch irgendwie herstellen. Nur das hintere Bootsende wurde regelrecht unter Wasser gedrückt und dabei verdreht, so daß wir sogar Wasser ins Boot nahmen. Die starke Strömung trug uns weiter.

Eine andere Erfahrung mußten aber Peter und Mila machen. Als ich mich umdrehte, sah ich, daß sie gekentert waren und sie sich im Wasser bemühten, das rettende Ufer zu erreichen. Sie konnten jedoch in der starken Strömung keinen Halt finden, wurden wieder und wieder umgestoßen und es dauerte eine ganze Weile, bis sie sich aus dem eiskalten Naß retteten.

Es war höchste Zeit, denn sie waren so unterkühlt, daß sie sich nicht mit eigener Kraft der nassen Kleidung entledigen konnten. Die Sonne bemühte sich prächtig, ihnen neues Leben einzuhauchen und so konnten wir schließlich nach einer halben Stunde unsere Fahrt fortsetzen. Wir alle waren aber eindrucksvoll gewarnt.

Der Fluß teilte sich in mehrere Arme und die große Kunst des Kanufahrens bestand darin, denjenigen Arm mit dem meisten Wasser zu erwischen. Es war nicht gerade einfach, weil man nur Sekunden hatte, um die richtige Entscheidung zu treffen. Als wir an diesem Tag die Baumgrenze erreichten, fanden wir einen sauberen, mit feinem Kies präparierten Zeltplatz. Einige Meter von ihm entfernt rauschte ein Bach aus den Bergen herab und wir konnten beobachten, daß die Schmelzwassermenge ständig wuchs, was auf die intensive Abschmelzung der Gletscher deutete. Es war ein lauer Abend. Vom Lake Clark näherten sich dunkle Wolken, aber die hohen Berge bremsten sie in ihrem Fortkommen mit Erfolg. Bis spät in die Nacht saßen wir am Feuer und diskutierten über den Sinn und den Unsinn der Globalisierung, über die Weiterentwicklung der Industriegesellschaften und darüber, was es zum Frühstück geben wird. Das war das allerwichtigste Thema. Es herrschte noch die Zeit des Überflusses, so wie am Anfang einer jeden Tour es der Fall ist, bis sich der Proviant so weit lichtet, daß sich eine demokratische Diskussion erübrigt.

Zum Frühstück gab es „bacon & eggs", das übliche Frühstück der Trapper, Goldsucher und Abenteurer im goldenen Norden. Die Speckstreifen schwitzten in der Bratpfanne und der unwiderstehliche Duft zog sich durch das Tal und ließ nicht nur uns, aber auch allen Bären das Wasser im Mund zusammen laufen. Gestärkt und bei bester Laune fuhren wir weiter.

An dem Tag wollten wir bis zum North Fork, dem nördlichen Zufluß der Tlikakila kommen. Aber es kam anders. Der Fluß wurde schneller und der hohe Wasserstand verlieh der Strömung eine beachtliche Kraft. Dann kam eine Strecke mit Stufen und schwierigen Hindernissen im Flußbett.

Als Erste gingen Joe mit Joan baden. Sie konnten sich ziemlich schnell zum Ufer retten, trotzdem klapperten dem guten Joe noch die Zähne, als er sich über ein kleines Feuer beugte um aufzutauen. Sein fescher Hut und die Paddel wurden vom Tlikakila talabwärts getragen und Joe meinte, sie spätestens im Lake Clark wieder aufzugabeln. Er verlangte nach hochprozentiger Medizin, die tatsächlich seinen Zustand schlagartig verbesserte und so konnten wir nach kurzer Zeit weiterfahren.

Nicht lange danach waren Peter mit Mila dran. Sie hielten sich an ihrem Boot krampfhaft fest und versuchten mit allen Kräften Halt unter ihren Füßen zu bekommen. Aber es gelang ihnen nicht und sie wurden in der starken Strömung weitergetragen. Nach fünfzig Metern wurden sie zum Glück in die Ufernähe gespült, wo es mir gelang, ihr Boot zu packen. Es war auch die allerhöchste Zeit. Ihre Unterkühlung war ernst. Sie konnten kaum Luft holen. Da half nur eines:

Nasse Kleidung ausziehen und sich schnell abtrocknen. Mit unserer Hilfe war es einfacher. Als sie sich trockene Kleidung angezogen hatten und die Durchblutung besser funktionierte, fühlte Peter starke Schmerzen in seinem Knie.

Das Knie wurde dicker und dicker. Dazu stellte Peter noch fest, daß er in seiner Ferse überhaupt kein Gefühl hatte. In der Tat verfärbte sich der Fuß bis zum Gelenk bläulich und wir schauten den seltsamen Veränderungen mit Ohnmacht und großem Bangen zu.

Joe und Joan verfolgten das verlorene Paddel. Uns blieb nur zu hoffen, daß sie es bald einholen und retten würden. Ein zweites Ersatzpaddel hatten wir nicht. Bei dem ganzen Schlamassel mußte ich Peters gute Laune bewundern. Er lachte, obwohl er unter starken Schmerzen litt. In der Tat ist in solchen Situationen gute Laune die beste Medizin. Wir trösteten uns mit der Feststellung, daß es noch viel schlimmer hätte kommen können.

Wir mußten weiter. Mila bandagierte sorgfältig Peters Knie und wir führten ihn zum Boot. Unter großen Schmerzen nahm er dort Platz und wir schlichen uns ganz vorsichtig in Ufernähe flußabwärts. Hinter der ersten Flußbiegung nahmen wir den Duft eines Feuers wahr. Und nach dreihundert Metern landeten wir an einer Kiesbank, an der Joe es entzündet hatte und uns mit dem geretteten Paddel zuwinkte. Als ich ihn sah, fiel mir nicht ein Stein, sondern ein ganzer Felsen vom Herzen. Ich wußte, daß uns noch der Tlikakila Canyon erwartete, in dem jeder von uns ein gutes Paddel unbedingt haben mußte.

Das Feuer tat gut. Joan verordnete unserem Patienten eine amerikanische Wunderpille, welche die Schmerzen unterdrücken sollte. Sie tat es auch. Wir beschlossen, an der ersten günstigen Stelle zu campieren. Peter brauchte unbedingt Ruhe. Die Schwellung hatte sich zwar stabilisiert, aber die Ferse fühlte er immer noch nicht.

Nachdem wir das Feldlazarett aufgebaut hatten, wollte Joe unbedingt einen Fisch fangen. Wir hatten nur eine einzige Flasche Weißwein im Gepäck, die zum ersten Fisch geöffnet werden sollte. Es ist zu vermuten, daß Joe nicht so sehr der Fisch anspornte, sondern der Wein. Er sprach in seiner blumigen Sprache über die klugen Indianer, die dem Fluß den schönen Namen „Fluß, in dem die Lachse ziehen" nicht nur so aus Jux und Tollerei gegeben hatten, sondern weil sie dort den Fisch fingen. Immer wieder wechselte er den Blinker und hoffte mindestens ein kleines Fischlein zu fangen, um die Flasche zu knacken. Aber der Fluß, in dem die Lachse ziehen, blieb stumm. Das graue Gletscherwasser vermieste Joe den Abend. Die Flasche blieb zu.

Am nächsten Morgen regnete es, und wir beschlossen einen Tag Ruhepause einzulegen, um Peters Genesung zu fördern. Wir kochten allerlei Leckereien und servierten sie ihm ins Zelt, was er mit positiven Kommentaren begleitete, um uns zu neuen kulinarischen Versuchen zu ermuntern. Seine Ferse wurde jetzt mehr schwarz als blau, sein Knie war immer noch angeschwollen, aber es schmerzte nicht mehr.

Aus den felsigen Hängen fiel in Sichtweite ein silberner Wasserstrahl herab. Das Wasser floß als Bach durch einen engen Canyon und eilte an unseren Zelten vorbei in den Fluß. Ein Wasserfall hat auf Touristen überall in der Welt eine magische Anziehungskraft. Auch wir konnten dieser Kraft nicht widerstehen und als der Regen nachließ, waren wir zu ihm unterwegs. Wir folgten dem Bach in den Canyon und waren gespannt, wie weit es uns gelingen würde vorzudringen. Schon dachten wir unseren Wasserfall erreicht zu haben, als wir kurz davor umkehren mußten. Ein kleiner Tümpel, den steile Felsen umklammerten, versperrte uns den Weg.

Der nächste Morgen begann ausgesprochen positiv. Als ich aufgestanden war und das Wasser für den morgigen Kaffee aufsetzte, wurde es bereits in Peters Zelt lebendig. Er kam heraus und ging ganz langsam humpelnd hinter die ersten Büsche. Bald danach kam er aus diesem Versteck heraus und rannte auf mich zu. Seine wundersame Heilung ging mir zuerst nicht in den Kopf. Doch nachdem an der gleichen Stelle aus dem Busch ein prächtiger Schwarzbär heraus marschierte, wurde mir alles klar. Der Bär war schwarz wie die Nacht. Er schien gut genährt zu sein. Ich hatte den Eindruck, daß er schmunzelte und darüber erfreut war, einen urinierenden Touristen zu erschrecken. Dann watschelte er durch den Bach und folgte ihm langsam in den Canyon hinauf.

Sofort erwachte im Lager das Leben. Peter bekam eine neue Kniebandage und es ging ihm viel, viel besser. Wir freuten uns mit ihm über die plötzliche Wende und packten schnell die Boote. Die starke Strömung hatte nicht nachgelassen und wir mußten wachsam sein, weil immer wieder tote Bäume im Fluß lagen. Nachmittags öffnete sich das Tal auf seiner rechten Seite. Dies war ein unbeirrbares Zeichen, daß wir uns dem North Fork näherten. In einer scharfen Biegung vereinigten sich die beiden Ströme und schossen gemeinsam durch eine Verengung mit einer Angst einflößenden Wucht. Seitliche Wellen bildeten eine mittlere Rinne, durch welche unsere Boote wie Geschosse beschleunigten und wir hatten alle Hände voll zu tun, um unsere Boote in das folgende Kehrwasser zu lenken.

Als wir festen Boden unter den Füßen hatten, nahmen wir erst die spektakuläre Naturszenerie wahr. Der North Fork kommt aus den Neacola Mountains, deren weiße Gipfel vor uns wie auf dem Präsentierteller lagen. Das Flußdelta hatte erstaunliche Dimensionen. Es war vielleicht einen Kilometer breit und etliche Kilometer lang, was auf die gewaltigen Wassermengen zur Zeit der Schneeschmelze hindeutete. Ein wunderschöner Zeltplatz oberhalb des rasenden Flusses mit einer offenen Sicht auf das großartig wilde Delta machte uns die Entscheidung, ob wir bleiben oder weiter fahren sollten, leichter. Natürlich sind wir geblieben, auch den nächsten Tag verweilten wir dort, denn eine solche Landschaft kann man wahrlich auch in Alaska nicht sehr oft erleben.

Das Delta war von zahlreichen Rinnen, die sich wie Äste gabelten, durchzogen. Die meisten von ihnen waren ausgetrocknet, nur in einigen strömte das Wasser. Ich bin mit Joan im Kanu auf die gegenüber liegende Seite mit dem Ziel gewechselt, das Delta zu erkunden und vielleicht auch tiefer in das Tal einzudringen. Doch wir hatten die Rechnung ohne den Wirt gemacht.

Nach einigen Kilometern Marsch über Matsch, Geröll, Sand und Steine verengte sich das Delta keilförmig. Wir befanden uns folgerichtig zwischen zwei reißenden Strömen, welche sich langsam einander näherten. Sie zu überqueren, hatten wir nicht die geringste Chance. Trotzdem war es ein toller Ausflug inmitten einer unberührten alaskanischen Bergwelt.

Joe hatte den ganzen Abend das Delta unter strengster Beobachtung. Mit seinem tollen Fernglas konnte er jedes Mäuschen kilometerweit erkennen, aber an dem Abend betrat es keine Maus, kein Elch und auch kein Bär. Schade, denn wir hatten im Delta so viele frische Spuren von Wild gesehen.

Am Folgetag, gleich nachdem wir losgefahren waren, schüttelte uns der Fluß ordentlich durch und wie ein scheu gewordener Mustang raste er mit uns zum Lake Clark hinunter. Dann kam ein mächtiger Felsen zum Vorschein, an dem der Fluß eine scharfe Biegung nach links machte. Es war der Beginn des Canyons. Bevor wir hinein fuhren, ruhten wir uns am Ufer aus, stärkten uns und Joe vergaß nicht in seiner Predigt an die unangenehmen Folgen des von ihm erfundenen Naturgesetzes zu erinnern, das im gesamten Kosmos seine Gültigkeit hat. Es heißt: "Egal wo und was man tut, ein bißchen Schwund ist immer".

Belehrt und entsprechend motiviert knieten wir in den Booten nieder und ab ging die Post. Wir mußten uns links halten, um nicht an die Felswand geworfen zu werden. Nachdem wir die Biegung erfolgreich meisterten, mußten wir hohe Wellen kreuzen um in den Canyon einzuschwenken. Irene, die vorne im Boot kniete, schrie auf, als ihr Kopf in das kalte Wasser eintauchte und ihre Sehhilfe sich vernebelte. Die kalte Dusche hat aber besser gewirkt als jedes erdenkliches Dopingmittel. Wir rasten an Felsen und Bäumen in Autobahngeschwindigkeit vorbei und suchten schon lange im voraus unseren freien Weg zwischen großen Steinbrocken, die sich frech den wütenden Wassermassen in den Weg stellten.

Unsere wilde Fahrt dauerte nicht länger als eine halbe Stunde. Danach öffnete sich die Schlucht und wir konnten anlanden. Das zweite und das dritte Boot kamen unbeschadet an und wir alle waren überglücklich. Die in der Tiefe des Bewußtseins schlummernde Angst war plötzlich verflogen, und alle von uns waren um ein tolles Erlebnis reicher.

Der Fluß hatte sich langsam beruhigt. Ihm ging die Puste aus. Um so besser konnten wir jetzt in Ruhe die grandiose Landschaft genießen. Sie bot uns kalenderreife Bilder an, die wir aus verschiedenen Perspektiven betrachten konnten. Unterwegs gab es viele gute Lagerplätze. Wir zogen aber die freien Kiesbänke vor, um vor den Moskitos Ruhe zu haben. Dank des schnell fließenden Wassers war es mit den Moskitos halb so schlimm. Jedoch waren sie immer präsent. Präsent waren auch die anderen gefürchteten Bewohner Alaskas, die Bären.

Während des Frühstücks besuchte uns ein stattlicher Schwarzbär. Obwohl wir an dem Morgen Haferflocken verzehrten und so weit ich weiß, gehören diese gerade nicht zur bevorzugten Bärennahrung, wollte und wollte er nicht weiterziehen. Wir redeten ihm friedlich zu, aber er kreiste um uns herum und ignorierte uns völlig. Endlich begab er sich hinter die naheliegenden Büsche. Dort legte er sich hin und beobachtete uns aus seinem vermeintlichen Versteck. Sein pechschwarzer Pelz verriet ihn. Wir hatten ihn die ganze Zeit bis zu unserer Abfahrt im Visier.

An einem anderen Morgen haben wir uns über eine frische Bärenspur bei den Zelten gewundert. Der Bursche marschierte irgendwann in der Nacht am Fluß entlang und ließ sich überhaupt nicht durch unser Lager beeindrucken. Strikt geradeaus hatte er wohl seinen Weg zwischen unseren Zelten fortgesetzt.

Der Gebirgszug auf der linken Seite des Flusses verlor allmählich an Höhe und hinter ihm ragten über den Wolken andere Berge hervor. Die weißen Gipfel zeugten von beachtlicher Höhe. Ein Blick in die Karte klärte uns auf. Wir waren nicht weit von der Tlikakila Einmündung in den Lake Clark und unter den hohen Bergen, die wir bewunderten, war der Little Lake Clark eingebettet. Der Tlikakila River befördert eine so enorme Menge an Sedimenten, Sand und Gestein, daß er den Lake Clark praktisch in zwei Seen aufgeteilt hatte. Links vom Mündungsdelta ist der Little Lake Clark, rechts dann der langgestreckte Lake Clark, der schönste See Alaskas.

In das Delta sind wir an seiner linken Seite hineingefahren, weil wir zuerst den Little Lake Clark besuchen wollten. Als wir den See erreichten, merkten wir, daß er nur zwanzig, dreißig Zentimeter tief war. Wir hingen fest. Mit dem Paddel stocherten wir in dem feinen Sand und versuchten uns abzustoßen. Das Boot wurde jedoch von dem Seeboden so heftig gebremst, daß man eine enorme Kraft benötigte, um das Boot weiter nach vorne zu befördern. Ich stieg deshalb aus um das Boot zu erleichtern, hielt mich aber wohlweislich an ihm fest. Es war auch nötig, weil der Boden kaum einen Halt gab. Es handelte sich um eine disperse Masse aus Sand und Wasser, die man im Englischen „quicksand" nennt. Es war kein Morast und kein Sand. Irgend etwas dazwischen. Nur langsam kamen wir vorwärts.

Nach einem Kilometer erreichten wir endlich tieferes Wasser, das auf einmal, innerhalb von nur wenigen Metern, glasklar wurde. Wir saßen im Boot und ruhten uns aus. Plötzlich war wieder alles so anders. Unser Boot bewegte sich nicht vorwärts. Es stand auf der blauen Wasseroberfläche, in der sich die steilen Berge spiegelten. Auf einmal waren wir von einer erhabenen, uns ungewohnten Stille umgeben. Keine Strömung, keine Steine, keine Wellengeräusche. Nichts. Gar nichts ging mehr.

Nur langsam kamen wir wieder zu uns. Wir inspizierten mit dem Fernglas die Ufer. Auf beiden Seeseiten fielen die Felsen direkt ins Wasser. Dort war ans Zelten nicht zu denken. Erst weit vor uns sichteten wir einen kleinen Sandstrand und eine erhöhte Ebene. Paddeln war angesagt. Jetzt merkten wir erst, wie langsam die Trekkingkanus in einem ruhigen Gewässer sind.

Die angepeilte Stelle entpuppte sich als ein Traumplatz. Sandstrand, ebene Anhöhe für die Zelte, offene Sicht zum Lake Clark, ein reißender Bergbach nebenan und ein Wasserfall, der nicht sehr weit von uns seine weiße Mähne schwang und für eine dezente Musikkulisse sorgte. Welches Hotel bietet mehr?

Das saubere, um eine Idee wärmere Wasser und die Sonne luden zum Bad. Jeder von uns suchte sich irgendwo eine sonnige Ecke aus, und dort wurde dann alles gereinigt und gewaschen, was nur Wasser verträgt. Ich hatte mich sehr beeilt, aber wer zu spät kommt, ist nur der Zweite. Schnell schlüpfte ich in die frischen Klamotten, nahm meine Angel und eilte zur Bachmündung. Dort war schon Joe. Er hatte die beste Stelle besetzt und war überhaupt nicht ansprechbar. So stark hatte ihn die Flasche Wein genervt und nun müßte er sich im nächsten Versuch um die ersehnte Fischmahlzeit mit Rebensaft. Peter saß auf einem großen, wunderbar glatt geformten Stein und schaute traurig zu. Seine Angel war tags zuvor für immer in den Wellen des Tlikakila Rivers versunken.

Joe sollte heute Glück haben. Mit einem Spinner fing er seinen ersten Fisch. Es war nur eine Äsche, aber Fisch ist eben Fisch. Als er sie vom Haken befreien wollte, bot ich mich an ihm zu helfen. Ich packte sie aber zu zart an und flupp, weg war sie. Die Kreise breiteten sich im Wasser aus. Sie waren die letzten stillen Zeichen, die der Fisch hinterließ.

Joe schaute mich an, als ob ihm die Seife ins Wasser gefallen wäre. Traurig. Sehr traurig war er. Kein Fisch, kein Wein.

Ich erzählte ihm, daß schon die Indianer den erstgefangenen Fisch nicht behielten, sondern dem See freiwillig opferten. Man muß den See bei Laune halten, denn nur dann wird man belohnt und fängt genügend Fisch. So sind eben seit ewigen Zeiten die Sitten am Lake Clark. Ich versuchte dabei eine ernste Mine zu machen, aber Joe kennt mich viel zu lange und viel zu gut. Bis spät in den Abend haben wir beide dann geangelt, aber es blieb nur beim Tee. Es war nichts zu machen.

Am Tag darauf, noch sehr früh am Morgen setzte Joe nach und tatsächlich hatte er endlich den ersten Fisch gefangen. Wer auch sonst? Seitdem war der See zu uns aber wirklich spendabel. Wir hatten eine Menge Fisch, und was für einen vorzüglichen! Auch Joe lobte mich später. "Gut, daß wir die weisen indianischen Gewohnheiten respektiert haben," meinte er lachend. Als er den Fisch ausgenommen hatte, holte er die Weinflasche und legte sie neben dem Fisch zum Kühlen hin.

Die märchenhafte Gegend am Lake Clark wurde wegen des schlechten Zugangs erst sehr spät entdeckt. Der einzige Landweg zum See führt vom Cook Inlet aus über das Küstengebirge zum Lake Iliamna und weiter über eine zehn Kilometer lange Portage zum Newhalen River. Von dort aus muß man sich gegen die starke Flußströmung in den Sixmile Lake durchkämpfen bevor man die südliche Spitze des Lake Clarks erreicht. Erst die Flugzeuge in den dreißiger Jahren des vergangenen Jahrhunderts haben eine bequeme und schnelle Verbindung zur Außenwelt ermöglicht.

Die erste erhaltene Beschreibung über die Landschaft und ihre Bewohner am Lake Clark stammt aus dem Jahre 1921. Es handelt sich dabei um das Tagebuch von zwei Naturliebhabern und Jägern, dem Colonel A. J. Macnab und seinem Freund Frederick K. Vreland. Beide brachen zu ihrer Abenteuerreise von New York auf. Sie brauchten bis zum Lake Clark einen vollen Monat. Heute kann man die Reise in einem einzigen Tag absolvieren, was uns plakativ die enorme Mobilitätszunahme in den Jahren danach vor Augen führt.

Sie paddelten im Kanu über Lake Clark und besuchten Tanalian Point, die ursprüngliche Siedlung der Indianer des Stammes Denaina Athabaskan. Dort wohnten damals auch zwei zufriedene weiße Siedler, Doc Dutton und Joe Kackley.

Was ihr Tagebuch aber besonders interessant macht sind die schwarzweißen Fotografien, die Vreland damals aufgenommen hatte.

Sie erzählen über das Leben der Indianer sowie über die Lebensart der Siedler viel intensiver als jede noch so präzise Beschreibung. Am nördlichen Ende des Sees stiegen sie im Tal des Chokoton Rivers in die Berge auf, jedoch trafen sie dort kein Wild an und kehrten zurück. Dann jagten sie Dallschafe in den Bergen am Lake Kontrashibuna. In dem einen Monat, den sie in der Wildnis verbrachten, haben sie keinen einzigen Elch und nur einen Schwarzbären gesehen. Damit sehe ich die sehr oft geäußerte Meinung, daß dank der Schutzmaßnahmen die Wildbestände in den abgelegenen Gebieten Alaskas in den letzten Jahrzehnten viel stärker geworden sind, bestätigt. Als die beiden Freunde nach New York zurückkehrten, waren sie um ganze drei Monate älter.

Wir waren erst zwei Wochen unterwegs. Joan hatte es aber eilig. Sie erwartete zu Hause in Fairbanks Besuch. Da Wetter günstig war, wollten wir die windstille Zeit nutzen um schnell voranzukommen. Stunden und Stunden paddelten wir fleißig und genossen dabei die freie Sicht auf die phantastischen Berge. Lachse sprangen aus dem Wasser und machten Joe ziemlich nervös. Er beruhigte sich erst, als eine prächtige Seeforelle anbiß.

Seit dem Mittag nahm der Wind langsam aber stetig zu. Als die Wellen in die Boote zu schwappen drohten, hielten wir an um zu rasten. Wir brieten die Seeforelle und kochten was das Zeug hielt. Beim Paddeln kann man in der Tat einen gesunden Hunger bekommen und wenn die Speisekarte noch solch einen herrlichen Fisch bietet, ist das Essen wirklich ein Genuß.

Spät am Nachmittag des nächsten Tages kamen wir nach Port Alsworth, der kleinen Ortschaft am östlichen Seeufer des Lake Clark. Die staubige Landebahn teilt den Ort brutal in zwei Hälften. Es gibt dort nur eine Cafeteria, zwei Lodges für die anglerischen Sportskanonen und ein paar Häuser mit einem wunderbaren Ausblick auf den See. In unmittelbarer Nähe von Port Alsworth lebt auf seine alten Tage der pensionierte, frühere Gouverneur von Alaska Jay Hammond. Er kam erst nach dem zweiten Weltkrieg als erwachsener Mann nach Alaska und verkörperte einen typischen risikofreudigen und erfolgreichen Buschpiloten, der schließlich und endlich in die Politik ging, um den Alaskanern zu dienen. Während seiner Amtszeit setzte er durch, daß ein Teil der Gewinne aus dem Öl jedes Jahr direkt den Alaskanern zu Gute kommt und zwar in Form von Finanzierung öffentlicher Einrichtungen sowie auch in bar.

In der Cafeteria gab es einen schlechten, kalten Kaffee, aber eine gute, heiße Dusche. Besser so als umgekehrt habe ich mir gedacht und schrubbte fleißig meine seltsam dunkle Haut. Über zwei Wochen hatte sie kein warmes Wasser mehr gesehen. Unsere Zelte hatten wir auf einem Spielfeld mit dichtem englischen Rasen aufgestellt. Und weil es angefangen hatte zu regnen, schlüpften wir in unsere Schlafsäcke und tauchten bald in die Welt der Träume ein.

Die Zeit war gekommen, daß wir uns Joan und Joe verabschieden mußten. Sie flogen mit einem gecharterten Flugzeug nach Anchorage und fuhren dann mit dem Auto weiter nach Fairbanks. Eine Paddelpause würde uns gut tun, beschlossen wir einstimmig und nahmen wir uns vor, die Wasserfälle am Tanalian River zu besuchen. Ein Pfad führte uns durch einen seltsamen Mischwald, in dem hunderte und tausende Rotkappen wuchsen. Zu Beginn unseres Trips konnten wir uns von den wunderschönen Pilzen nicht trennen und untersuchten jeden zehnten, dann jeden zwanzigsten und langsam waren wir so übersättigt, daß wir sie völlig ignorierten. Ungefähr nach zwei Stunden hörten wir das typische Geräusch brodelnder Wassermassen und waren felsenfest davon überzeugt, daß es sich dabei um den gesuchten Wasserfall handelt. Wir stiegen deshalb ins Tal hinunter.

Wie groß war jedoch unsere Überraschung, als wir keinen Wasserfall entdecken konnten. Wir trafen den Tanalian River an, der sich von einem Steinbrocken zum nächsten umwälzte und dabei so laut stöhnte. Durch den Urwald zurück zu stolpern war ziemlich anstrengend und wir waren froh, als wir endlich den Pfad wieder gefunden hatten, der uns direkt zum Ziel führte.

Der Tanalian River fließt aus dem Lake Kontrashibuna und führt das Schmelzwasser aus den Bergen zum Lake Clark hin. Im Sommer hat er deshalb ständig einen hohen Wasserstand. Das Gletscherwasser beruhigt sich zuerst im See, die Sedimente und der Sand setzen sich ab und nur das glasklare Wasser verläßt den See. Kurz danach, inmitten einer wunderschönen wilden Natur, stürzt sich der Fluß von zwanzig Metern hohen Felsen. Die Milliarden von kleinen Tröpfchen glänzen in der Sonne, brechen das Licht und zaubern kleine Regenbögen. Was für ein Luxus!

Erst abends verließen wir Port Alsworth. Wir mußten mit hohen Wellen kämpfen, aber unser Ziel war nicht weit. In der Mündung des Tanalian Rivers bauten wir am Rande einer kleinen Wiese unsere Zelte auf. Die Wiese war mit hunderten von purpurroten Blumen geschmückt. Fireweed werden sie genannt und sie wachsen mit Vorliebe dort, wo irgendwann einmal Menschen lebten. Höchstwahrscheinlich haben wir dort übernachtet, wo früher die indianische Siedlung Tanalian Point stand.

Spät abends wohnten wir einer Naturshow der ersten Klasse bei. Der Himmel wurde höllisch rot und die dunklen Berge im Vordergrund verstärkten noch die apokalyptische Wirkung der Abendröte. Es sah so aus, als ob hinter den Bergen ein gewaltiges Vulkanfeuer wütete. Wir saßen brav beisammen und waren uns einig: Es war der schönste Abend an dem schönsten See Alaskas.

Die nächsten Tage waren durchwachsen. Immer wieder fegte der Wind durch das riesige Tal des Lake Clarks und wir mußten ans Ufer flüchten und warten, bis sich das Wetter beruhigte. Manchmal hatten wir den Eindruck, an der Pazifikküste zu sein, so hoch waren die Wellen. Aber wir hatten Zeit und wußten, daß der See uns die Chance geben wird weiter zu paddeln.

Immer dann, wenn es das Wetter zuließ, packten wir unseren bescheidenen Haushalt zusammen und paddelten weiter. Die Berge gingen langsam in bewachsene Hügel über und endlich hatten wir das Ende des Lake Clarks erreicht. Wir schlüpften durch die Enge in den Sixmile Lake, einen zehn Kilometer langen See, der uns im Vergleich zum Lake Clark wie eine größere Pfütze vorkam.

An einem engen Ufer nisteten wir uns ein. Noch bevor die Zelte standen, hatte ich schon die begeisterten Rufe der Pilzsammler gehört. In der Tat, es war eine außergewöhnliche Stelle. Dort habe ich zum ersten und zum letzten Mal in Alaska echte Steinpilze vorgefunden. Sie wuchsen dort gleich in einer so großen Anzahl, daß man sie buchstäblich mit der Sense hätte ernten könnte.

Das letzte Stück Butter wurde für eine Steinpilzpfanne geopfert, aber niemand von uns hat es bereut. Nach den alltäglichen Fischgerichten, so frisch und bekömmlich sie auch waren, war es eine willkommene Abwechslung. Morgens früh, noch in der Dämmerung, wurde ich wach und hörte ein leises Wasserplanschen. Ich schaute vorsichtig aus dem Zelt heraus und sah ganz nahe im Wasser zwanzig, vielleicht auch dreißig Enten, die dicht beisammen, sich ihre Gefieder wuschen, ihre Flügel ausbreiteten, um sie dann vorsichtig wie einen Fächer zusammen zu falten. Ich hatte den Eindruck, daß ich sie mit meinen Händen packen könnte, so nahe waren sie und was für mich seltsam war, sie zeigten überhaupt keine Beunruhigung. Ich habe sie lange Zeit durch eine kleine Zeltöffnung beobachtet, ihre grünen Köpfe und dunkelroten Hälse bewundert, ich habe ihnen auch zugehört, wie sie sich untereinander unterhielten und war froh, daß sie mich geweckt hatten. Es war ein Erlebnis, das ich nicht vergessen werde.

Auf der halben Strecke über den See liegt das indianische Dorf Nondalton. Wir hatten dort einen kurzen Stop eingelegt und waren überrascht, wie modern und groß die meisten Häuser waren. Sie zeugten von einem modernen Lebensstil der neuen indianischen Generation, die ihre Reichtümer sinnvoll zu investieren gelernt hat. Symptomatisch dafür war auch die große neue russisch orthodoxe Kirche, neben der noch die kleine alte Kirche, aus Brettern und schäbigem Wellblech zusammen gezimmert, stand.

Aus dem See heraus fließt der Newhalen River, ein hundert Meter breiter Fluß, dessen grünliches, sauberes Wasser unsere Boote packte. Es war für uns eine angenehme Veränderung ohne den Einsatz unserer Muskelkraft von der mäßigen Strömung getragen zu werden. Wir wußten, daß sich unsere Reise langsam aber sicher dem Ende zu neigte, und deshalb paddelten wir nicht und korrigierten nur ab und zu die Richtung. Als sich der staubige Weg an der linken Seite des Flusses zeigte, mußten wir halten. Es war die letzte Chance vor den großen Wasserfällen, die das Wasser auf das Niveau des Lake Iliamna bringen, auszusteigen.

Wir packten unsere Boote ein und hofften, daß sich jemand, vielleicht ein Angler aus Iliamna, dorthin verirren würde. Den ganzen Abend über warteten wir, aber umsonst. Wir übernachteten dort. Zum Frühstück sammelten wir süße Blaubeeren und warteten erneut. Es passierte gar nichts. Dann bin ich mit Irene losmarschiert. Nach Iliamna sind es zehn Kilometer und es war eine schöne Wanderung. Man ging über eine hügelige Landschaft in welcher der Sand und die Steine nur einer kargen Kiefervegetation das Gedeihen ermöglichen konnten. Den riesigen See Iliamna sahen wir in der Ferne glitzern. Der Weg schlängelte sich zuerst durch die Sandhügel und wurde später breiter und geradliniger, bis er zu einer regelrechten Straße mutierte. Unterwegs begegneten wir keiner einzigen Seele, keinem Auto und auch keinem Bären, obwohl sie am Weg die einzigen frischen Spuren hinterlassen hatten. Ich glaube, wir hätten am WegFluß noch Wochen warten können, bevor uns jemand dort angetroffen hätte.

Am Miniflughafen von Iliamna besorgten wir ein Auto und holten Mila und Peter ab. Sie glaubten schon, daß sie dort hätten überwintern müssen. Aber dem war nicht so. Wir quartierten uns im Grams Cafe ein, einer kleinen Pension im Ort, deren Chefin pensionierte Postmeisterin war. Die Dame, wie sie uns selbst erzählte, stammte aus einer gemischten, indianisch-irischen Familie und lebte ihr ganzes Leben in Ruhe und Zufriedenheit am schönen Iliamna See. Sie hatte einen wunderbaren Sinn für Humor und noch etwas sehr Wertvolles. Sie hatte Zeit.

Zum Abendessen bereitete sie extra für uns gebratenen Rotlachs mit einem köstlichen Wildreis. Anstatt des Desserts erzählte sie uns über ihr langes Leben und über den größten See Alaskas, der an dem Tag zwar unendlich wie ein Meer war, aber ruhig wie ein kleiner Teich wirkte. Als sie uns über die dort lebenden Süßwasserrobben erzählte, wußte ich, daß ich eines Tages zurückkommen werde um die versteckten Buchten, die nur die glücklichen Robben kennen, zu finden.

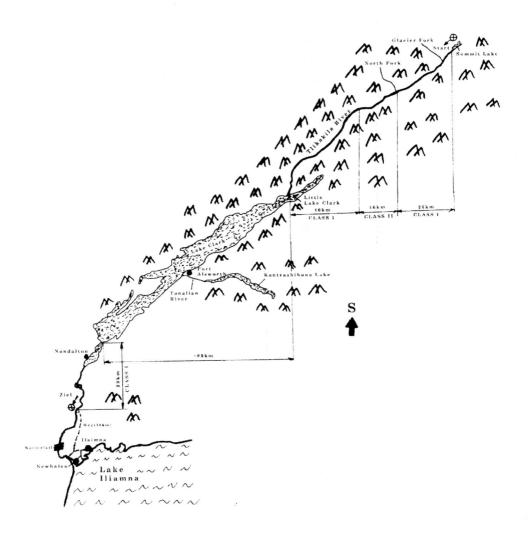

Tlikakila River + Lake Clark

Informationen über die Reise in Kürze

Schwierigkeiten:

Der Tlikakila River ist ein Gletscherfluß mit einer schnellen Strömung, der eine sehr gute Navigationsfähigkeit und Routine in der Bootsbeherrschung verlangt. Der Schwierigkeitsgrad hängt natürlich eng mit dem aktuellen Wasserstand zusammen. Den vorauszusagen ist denkbar schwer, weil er direkt von der Intensität der Gletscherschmelze abhängt. Der Canyon hinter dem North Fork muß bei hohem Wasserstand ohne Pause gefahren werden, bei niedrigem Wasserstand wird er wahrscheinlich wesentlich mehr Stromschnellen haben.

Der Lake Clark ist ein achtzig Kilometer langer, aber relativ schmaler See. Ihn zu überqueren empfehlt sich nur bei stabilem Wetter. Bei einem aufkommenden Wind bilden sich binnen Minuten erstaunliche Wellen. Der Newhalen River ist bis zum Weg nach Iliamna ein gemütlicher Fluß ohne Gefahren. Der Ausstieg dort darf nicht verpaßt werden.

Boote:

In Anbetracht dessen, daß man am Summit Lake nur mit kleinen Wasserflugzeugen landen kann, kommt nur ein Trekkingkanu oder ein Raft in Frage, mit dem allerdings die Reise am Lake Clark nicht fortgesetzt werden kann.

Transport:

Von Anchorage aus zum Summit Lake mit dem Airtaxi. Der Preis bewegt sich um die zweihundertfünfzig Dollar pro Person. Zurück nach Anchorage kann man von Port Alsworth oder von Iliamna für einhundertsechzig Dollar fliegen.

Karten:

Lake Clark B-2, B-3, C-1, C-2. Kenai C-8, D-8. Iliamna C-6, D-5, D-6.

Karten können auf dem Campus der Alaska Pacific University, 4230 University Drive, Anchorage, AK gekauft werden oder sie können per Post bei USGS Map Sales, Box 25286, Denver, CO 80225, USA bestellt werden.

Informationen über den Kartenerwerb können auch unter: www.store.usgs.gov abgerufen werden.

Zeitplanung:

Von Summit Lake nach Port Alsworth braucht man zwei Wochen, bis Newhalen River sind drei Wochen eine angemessene Zeit ohne Hektik.

Fische:

Äsche, Seeforelle, Cutthroat Forelle, Dolly Varden, Hecht, Rotlachs, Königslachs, Buckellachs, Hundslachs.

Tiere und Vögel:

Grizzlybär, Schwarzbär, Elch, Karibu, Dallschaf, Wolf, Fuchs, Weißkopfadler, verschiedene Arten von Wasservögeln.

LAKE ILIAMNA UND KVICHAK RIVER

Als ich 2001 am Ufer des Lake Iliamna stand, nahm ich mir vor, wiederzukommen um den riesigen, teilweise mit Bergen umrahmten See kennen zu lernen. Ein Jahr war vergangen und mir kam es vor, als sei es vor einem Monat gewesen, daß ich meinen Entschluß faßte.

Das Flugzeug stieß durch die Wolken, und die unendliche, aufgewühlte Wasseroberfläche die zum Vorschein kam, glich einem Meer mit schwerem Seegang. Der starke Wind schüttelte den Jet kräftig. Zum Schluß schmetterte er ihn auf die nasse Schotterpiste so zornig, daß mir die Zähne klapperten. Ich wußte, daß wir uns nicht beeilen mußten, denn der See wütete.

Lake Iliamna ist der größte See Alaskas. Er breitet sich auf einer Fläche von 2.500 Quadratkilometern aus. Seine Länge beträgt 120 und seine Breite 32 Kilometer. Der See liegt 360 Kilometer südwestlich von Anchorage. Nur eine 20 Kilometer breite Bergkette verhindert, daß sein süßes Wasser nicht direkt dem salzigen Wasser des Pazifiks zugeführt wird. Zahlreiche Flüsse liefern brav ihre Wasserfracht in den See, der größte von ihnen ist der Newhalen River, der das Wasser aus dem wunderschönen Lake Clark zuführt. An seinem südwestlichen Ende fließt das überschüssige Wasser heraus. Der so entstandene mächtige Strom wird Kvichak River genannt. Er fließt nach hundert Kilometern in die Kvichak Bay, welche ein Teil der großen Bristol Bay ist.

Die Bristol Bay ist durch ihren phänomenalen Fischreichtum weltberühmt. Besonders reich ist sie an Rotlachs. Mehr als zehn Millionen Exemplare steigen jährlich den Kvichak River auf. Sie ziehen zu den Bächen und Flüssen des Lake Clarks und zu dem Wassersystem des Lake Iliamna um dort zu laichen.

Im Winter friert der See gewöhnlich mit einer einen Meter dicken Eisschicht zu. Wahrscheinlich deshalb wählten die Indianer den Namen Iliamna. Seine Bedeutung ist nämlich „dickes Eis".

Die enorme Ausdehnung der Wasserfläche bildete auch eine natürliche Grenze zwischen zwei Kulturen. So war es möglich, daß an der nördlichen Seite von Lake Iliamna die Athabaskan Indianer und an der südlichen dann die Yupik Eskimo lebten, ohne sich gegenseitig in die Quere zu kommen.

Die Indianer gründeten um das Jahr 1800 herum in der östlichen Ecke des Sees, an der Mündung des Iliamna River ein Dorf, das später Old Iliamna genannt wurde. Heute ist es leider völlig verschwunden. Im Jahre 1935 verließen die Indianer spontan Old Iliamna und gründeten sechzig Kilometer entfernt an der Mündung des Newhalen Rivers eine neue Siedlung, das heutige Iliamna. Sie zählt gegenwärtig um die hundert Seelen.

Wir wollten von Iliamna aus entlang der Küste den See umfahren und dann den Kvichak River zur Bristol Bay folgen. Iliamna hat mit Anchorage eine direkte Flugverbindung. Es bot sich deshalb an, diesen preisgünstigen Transport für uns, unsere fünf Klepper Kajaks und die Ausrüstung zu wählen. Jetzt standen wir draußen am Illiamna Airport zwischen mehreren dunklen Pfützen und warteten auf unser Gepäck. Es war zwar Ende Juli, aber die bleischweren grauen Wolken versetzten uns in Novemberstimmung. Der kalte Wind und der ständige Nieselregen ließen unsere Seelen gerade nicht jubeln. Aber wir waren da und wie schon so oft, es konnte nur besser werden.

Diesmal waren wir eine starke Truppe. Sechs Männer und meine Frau Irene. Neben Joe und Wilhelm kamen diesmal noch Fritz und Zdenek mit uns. Die beiden sind begeisterte Angler, und sie wollten einmal unsere Alaska Erzählungen an eigenem Leib erleben. Fritz ist Wilhelms und Zdenek mein Jugendfreund. Junior unserer Mannschaft war mein Sohn Peter. Er hat zwar Alaska sehr ins Herz geschlossen, aber daß er alleine mit uns grauen Wölfen mitfahren würde, dafür mußte ich ihn schon bewundern.

Mit Zdenek besuchte ich die Grundschule. Neben Schreiben, Lesen und den zehn Zahlen blieb mir im Kopf nicht sehr viel mehr hängen, aber bis heute kann ich mich erinnern, daß ich beim Schulweg regelmäßig ein explosionsartiges Motorradgeräusch gehört habe. Da wußte ich, daß Zdenek vom Angeln nach Hause fuhr. Und so war es auch. Ein lautes Motorrad überholte mich, und ich sah nur, wie Zdenek hinter seinem Vater auf hohem Sitz die Angeln fest in seiner Hand hielt. Bevor ich aber die Schulbank erreichte, saß Zdenek schon dort und fragte mich nach den Hausaufgaben. Ich habe ihn damals so beneidet. Als ich ihn dann dreißig Jahre später durch Zufall wieder begegnete und über Alaska erzählte, beneidete der leidenschaftliche Förster mich. Er nahm mein Angebot zu dieser Kajakreise an, und jetzt ging sein Traum in Erfüllung.

Iliamna Lake habe ich für unsere Tour auch deshalb gewählt, weil die Region des südwestlichen Alaskas um den See herum zu den besten Angeladressen der Welt gehört. Iliamna Lake mit seinen Zuflüssen ist die einzige Region Alaskas, die vom Alaska Department of Fish and Game als „Trophy Fishing Region" eingestuft wurde. Darüber hinaus ist es eine Gegend mit einer ungewöhnlichen Vielfalt an verschiedenen Naturlandschaften und einer guten Gelegenheit der Großwildbeobachtung.

Am Airport erschien ein mehr als vollschlanker Jugendlicher mit zwei Wägelchen unseres Gepäcks. Er fragte mich, ob wir nach Iliamna umziehen. Ich habe ihm ja und nein geantwortet, und es war ja auch so. Neben unseren Booten hatten wir zwar unseren kompletten Haushalt mit, unsere Betten und sogar Behausungen, aber in Iliamna wollten wir nicht bleiben. Bevor ich es ihm erläutern konnte, war er verschwunden. Es war ihm wahrscheinlich zu kalt.

Zum See waren es mehrere Kilometer und es war offensichtlich, daß wir unbedingt ein Transportmittel brauchten. Vor der Flughafenbaracke stand nur ein einziges Auto. Die wenigen Flugpassagiere, die mit uns gekommen waren, waren schon längst weg. Uns drohte die akute Gefahr bis zum nächsten Morgen in der Prärie übernachten zu müssen.

Das Licht in dem einzigen Flughafenhäuschen ging aus und ein Mann kam heraus. Er schloß die Tür ab und richtete seine Schritte zu dem einzigen Vehikel. Ich betrachtete seinen Gang und dann kam mir die Erleuchtung. Es könnte doch Bob sein, fiel mir spontan ein.

„Hello Bob, do you remember me?", rief ich ihm zu. Er drehte sich um und tatsächlich, er war es auch. Vor einem Jahr hatte ich ihn am Seeufer angetroffen, als er sein Boot reparierte. Er war damals gesprächig und erzählte mir leidenschaftlich über die Lachsfischerei, über das Angeln, über sein Leben in Iliamna und auch darüber, daß er bei der Fluggesellschaft beschäftigt ist. Wir hatten Glück, er erkannte mich ebenfalls wieder.

„Siehst du, ich habe dir doch gesagt, daß ich nächstes Jahr komme", erinnerte ich ihn in unserem Gespräch. Bob lachte. Er hatte sofort das aktuelle Problem erkannt und rief seinen Freund an, der erstaunlich bald mit einem großen Pick-up vorbei kam. Kurz danach rasten wir schon die pfützenreiche Straße durch den Busch zum See hin. An einem kleinen Platz neben einigen ausrangierten alten Fischerbooten hielt er an. Das Dorf war in Sichtweite. Der See tobte gleich nebenan.

Endlich waren wir am Wasser. Vor uns lagen ganze vier Wochen Ferien im Südwesten Alaskas. Wir hatten uns von Bob verabschiedet und er versprach uns, daß der Sturm sich in einem oder in zwei Tagen beruhigen würde. Das hörten wir gerne, denn momentan wurden die Wellen an dem schrägen, kiesigen Uferhang mit einer enormen Wucht geschmissen. Sie erzeugten ein rhythmisches, lautes Geräusch, das uns wie eine Hard-rock Musik aus dem Megaverstärker erreichte.

Im Windschatten der Boote bauten wir unsere Zelte auf. Nachdem Joe seinen Hut aus einer Pfütze herausfischte und ernsthaft konstatierte, daß man bei dem Wind nicht angeln könne, gingen wir beruhigt schlafen, um die zehn Stunden Zeitunterschied zu verdauen.

Gegen vier Uhr in der Frühe wurde ich wach. Ein hastiges Schnaufen machte mich wach. Jemand hatte es eilig gehabt. Aus dem Dorf war ein aufgeregtes Hundegebell zu hören. Ich schaute aus dem Zelt heraus und das gleiche tat auch mein Nachbar Wilhelm. Wir konnten nichts Verdächtiges feststellen und so einigten wir uns, daß vielleicht ein Elch vorbei marschiert war. Erst am Morgen entdeckten wir mit Verwunderung die frischen Bärenspuren zwischen unseren Zelten. Wie wir erfuhren, versuchte im Dorf eine Bärenmutter mit ihrem Nachwuchs in der Nacht an den getrockneten Fischvorrat für die Hunde heranzukommen. Aber die Hunde verteidigten erfolgreich ihren Proviant und verjagten die Diebe in unsere Richtung.

Schon in der ersten Beschreibung der Gegend am Iliamna Lake steht: „Bären sind hier sehr zahlreich, so auch der Fisch...". Diese Beobachtung hat der Angestellte der Russisch-Amerikanischen Gesellschaft Petr Korsakovsky aufgeschrieben.

Die Gesellschaft hatte ihn von Kodiak aus im Jahre 1818 hier hergeschickt, um die Wege und die Handelsquellen mit dem Binnenland herauszufinden. Bis dahin kannten die Russen nur die Küstenregionen. Sie hatten keine Vorstellung über die Wasserwege und die Ressourcen im Landesinneren. Ohne diese Kenntnisse war die Ausdehnung der Handelsbeziehungen jedoch nicht möglich. Korsakovsky paddelte von der Bristol Bay aus den Kvichak River stromaufwärts in den Lake Iliamna, weiter dann den Newhalen River bis zum Lake Clark, von wo er über Land bis zum Mulchatna River vorstieß.

Schon am ersten Morgen mußten wir zur Kenntnis nehmen, daß sich am Iliamna in den letzten 200 Jahren nicht viel verändert hat. Es blieb nur zu hoffen, daß wir die gleichen Erfahrungen auch mit den Fischen machen würden.

Der See war immer noch aufgewühlt und es regnete alle halbe Stunde lang. Wir setzten die Klepper zusammen, kauften den Reiseproviant ein, verpackten ihn und als wir damit fertig waren, wärmten wir uns am Feuer. Unsere bittenden Blicke richteten wir immer öfter zum Himmel, denn nur von dort aus konnte eine ersehnte Besserung kommen.

Erst am nächsten Morgen hatte sich der See einigermaßen beruhigt und die Wolkendecke wurde dünner, sogar so dünn, daß man vermuten konnte, wo sich die Sonne befand. Hektisches Treiben erfaßte uns und wir packten die Boote so lange, bis alle Säcke irgendwo ihren Platz gefunden haben. Dann richteten wir die Kajakspitzen gegen die Wellen, sprangen in die Boote und versuchten so schnell wie nur möglich über die Brandung zu kommen. Als wir zwanzig, dreißig Meter vom Ufer entfernt waren, hatten wir gewonnen. Unsere Kajaks schaukelten in den Wellen wie Enten und wir machten es uns in den Booten gemütlich. Mit letztem Blick verabschiedeten wir uns von Iliamna, und dann tauchten wir die Paddel ein. Ein wunderbares Gefühl der absoluten Freiheit sowie die Erwartung eines noch nicht bekannten Abenteuers auf dem größten See Alaskas bemächtigten sich uns. Wir genossen es mit vollen Zügen.

Wir fuhren in östlicher Richtung quer über die Northeast Bay. In der Nähe einer kleinen Insel trafen wir die erste Süßwasserrobbe. Aus der Ferne sah sie wie ein großer Biber aus, nur schwamm sie viel eleganter und schneller.

Ihr Tun war uns nicht bekannt. Sie tauchte ab. Dann schwamm sie ziellos hin und her als ob sie es nur uns zuliebe tat.

Die Süßwasserrobben leben nur im Lake Iliamna und im Bajkalsee. Wir haben sie noch öfter angetroffen und interessanterweise immer nur alleine. Ihre Verwandten im Meer leben bekanntlich überwiegend in Gruppen, Robben im Lake Iliamna sind aber Einzelgänger.

Auf der nördlichen Seeseite befreiten sich die Roadhouse Mountains von ihrem Wolkenschleier. Sie sind ein riesiges, einsames Massiv, ein großer, tausend Meter hoher Hügel, der in der Landschaft dominiert. Er begleitete uns noch viele Tage.

Am Nachmittag verdunkelte sich der Himmel und wir waren gezwungen an Land zu flüchten. Wir schlugen unser Lager unweit des Sees Stonehouse auf, der nur mit einem Kieswall vom Iliamna getrennt war. An dem mit Kies bedeckten, schmalen Uferstreifen waren die zahlreichen Bärenlösungen unübersehbar. Später stellten wir fest, daß es überall am Lake Iliamna so war.

Unsere Vermutung hatte sich bestätigt. In dem kleinen, ruhigen See wimmelte es von Hechten. Auf einer alten, gebrochenen Pappel war ein Adlerhorst. Zuerst dachten wir, daß er verlassen war, aber am nächsten Tag saß in ihm ein prachtvoller Weißkopfadler, der uns noch die Freude machte, sich aus der Nähe aufnehmen zu lassen.

Das Wetter zwang uns einen Tag Pause einzulegen. Schon im Schlafsack hörte ich die laute Brandung und wußte, daß ich wir uns nicht beeilen brauchten.

Trotzdem verging der Tag schnell. Unter einem nahen Felsenriff fanden wir schöne Kristalle, auf dem Riff Blaubeeren und weil wir genug Zeit hatten, bereiteten wir den Hecht in verschiedenen Variationen zu und genossen ihn in Ruhe.

Auch am nächsten Tag hatten wir einige Probleme mit dem starken Sturm. Wir starteten in der festen Überzeugung, daß sich das Wetter bessern würde.

Dem war aber nicht so. Nur mühsam kamen wir voran. Die hohen Wellen warfen uns wieder und wieder zurück. Der Sturm wurde stärker und stärker, und wir waren froh, als wir uns in der geschützten Fox Bay verstecken konnten. Wir steuerten in den Canyon Creek. Als die Angler diesen herrlichen Wasserlauf sahen, waren sie hell auf begeistert. In Nu standen die Zelte auf einem herrlich duftenden Moosgrund, und jeder von uns tat das, was ihm Spaß bereitete.

Dem war genauso auch am nächsten Tag. Der See kochte. Wir freuten uns, daß unsere Zelte im Windschatten waren, sonst hätten sie ganz schön geflattert. Joe machte sich über unser langsames Vorwärtskommen ernsthafte Gedanken. Er meinte, der See friert ein noch bevor wir ihn umfahren, falls wir mit dem Schneckentempo, das wir zur Zeit an den Tag legten, so weitermachen würden.

Die Sportangler führten an diesen Tagen komplizierte Fachgespräche über die richtigen Fliegen, Ruten, Blinker, Schnüre und selbstverständlich auch über die richtige Taktik, beziehungsweise über die passende Strategie. Strategie ist wichtig, predigte Joe, sehr wichtig sogar. Die Strategen müssen natürlich bei jedem Kampf mit der wilden Natur diejenige Strategie wählen, die zum Erfolg führt. Nur der Erfolg zählt, sonst gar nichts. Joe hielt einen höchst interessanten Vortrag über das gemeine Verhalten von Fischen. Er teilte die Fische in zwei Kategorien auf. Eine Sorte nannte er „erfahrene", die zweite „unerfahrene". Die erfahrenen Fische, sehr oft sollen zu dieser Spezies die Forellen gehören, wollen und wollen nicht anbeißen, weil sie höchstwahrscheinlich schon einmal in ihrem Leben eine böse Erfahrung mit dem gemeinen Angelhaken gemacht haben. Nur durch eine gehörige Portion Glück hätten sie sich damals befreien können. Eine solche Erfahrung vergessen sie dann ihr ganzes Leben lang nicht und machen die Angler verrückt. Sie lauern hinter einem Stein und mißachten den Sportler am Uferrand. In der Regel werden diese Fische sehr alt.

Die nicht erfahrenen Fische bezahlen für ihre Neugierde und in vielen Fällen auch für ihre Gier mit dem Leben. Nur selten passiert es, daß sie in die Kategorie der Erfahrenen wechseln. Sie werden in der Regel nicht so alt. Dafür schmecken sie aber besser, konstatierte Joe und stellte die Pfanne mit dem goldbraun gebratenen Fisch auf einen großen Stein und lud uns zum Mittagstisch ein.

Als wir am Folgetag unsere Reise fortsetzten, traten aus den Wolken plötzlich Berge hervor, über deren Existenz wir bisher keine Ahnung hatten. Chigmit Mountains mit ihren Gletschern und ewigem Schnee kontrastierten gegen den blauen Himmel, und wir dachten nach den vielen grauen Regentagen, daß es nur eine Fata Morgana sei. Die Sonnenstrahlen drangen durch das Wasser. Erst jetzt merkten wir, wie wunderbar sauber es war. Eine solche unvorstellbare Menge an sauberem Wasser. Wir fühlten uns sehr reich.

Wir kreuzten die Knutson Bay und an einer kleinen Insel hielten wir um zu rasten. Große Granitquader mit geraden, wie maschinell geschnittenen Kanten lagen im und oberhalb des Wassers auf und übereinander, und ich fragte mich warum, wieso und von wem wurden sie gerade hier zur Ruine eines gigantischen Tempels inszeniert. Es war in der Tat eine Seltenheit, denn eine ähnliche Ansammlung von Steinblöcken trafen wir nie mehr an.

In der Pedro Bay überraschte uns wieder einmal heftiger Wind und Wellen. Wir paddelten direkt auf die hohen Berge zu, unter denen sich das älteste indianische Dorf am Lake Iliamna duckte. Pedro Bay ist sein Name und wurde um 1800 von den Denaina Indianern gegründet, um mit den russischen Händlern Tauschhandel zu betreiben. Heute leben dort nur fünfzig Leute und die meisten von ihnen nur im Sommer. Am Beginn des vergangenen Jahrhunderts lebte dort ein gewisser „Old Pedro". Er mußte eine starke Persönlichkeit gewesen sein, wenn nach ihm das Dorf und die Bay benannt wurden, obwohl er keine Schlacht gewonnen oder keinen Nobelpreis bekommen hat.

In Pedro Bay hielten wir nur für eine kurze Zeit. Es zeigte sich, daß unsere Vorstellung ein altes indianisches Dorf anzutreffen, absolut falsch war. Die kleine Siedlung besteht heute aus modernen montierten Häusern mit allem nur denkbaren Komfort. In solchen Häusern kann man sicherlich bequem wohnen. Schön habe ich sie aber in der wunderbaren Landschaft am Lake Iliamna nicht empfunden.

Unsere Eile hatte auch einen anderen Grund. Kurz nachdem wir unsere Spritzdecken wasserdicht zugeschnürt hatten, stieß eine dunkle Wolke an die Berge und schüttete ihre nasse Ladung auf uns herunter. „Der Regen ist des Paddlers Sonnenschein", sagen die Kanuten, und sie meinen es auch so. Deshalb paddelten wir in den feuchten Sonnenstrahlen fleißig weiter, wohlwissend, daß nicht die Millionen, aber die Milliarden Kubikmetern Wasser, die den Lake Iliamna füllen, vom Himmel und nur von dort fallen. Wie schrecklich, wenn an der Stelle des lebendigen Sees sich nur ein staubiges, totes Tal befinden würde!

Zwei Stunden waren wir schon auf der Suche nach einem geeigneten Zeltplatz unterwegs. Leider konnten wir keinen guten und auch keinen schlechten finden. Felsen fielen direkt ins Wasser und ließen für uns Touristen keinen Platz frei. Erst am Ende von Big Chutes, einer Enge zwischen Porcupine Island und dem Festland, fanden wir einen kleinen, schmalen Strand. Als wir ihn vom Treibholz befreiten, konnten wir dort unsere Zelte aufstellen und es war noch genügend Platz für das Feuer übrig. Feuer brauchten wir, um uns zu wärmen, um uns zu trocknen und ein kräftiges Mal vorzubereiten. Wir saßen auf einem sauber gewaschenen Baumstamm und hörten dem Heulen einer Süßwasserrobbe zu, die sich wahrscheinlich über das ungewöhnliche Licht des Feuers wunderte.

Der Morgen übertraf alle unsere Erwartungen. Wolkenloser Himmel und eine direkte Sicht in die östlichste Seebucht ließen unsere Herzen höher schlagen. Pile Bay wird sie genannt. Sie ist nach meinem Geschmack die schönste von allen, weil sie sich unter einer spektakulären Bergkulisse ausbreitet. Die Sonne durchleuchtete das Wasser tief, und wir sahen hunderte von Lachsen, wie sie in unendlichen Schwärmen, langsam schwimmend, dem Seeufer folgten.

Schnell packten wir unsere Behausungen zusammen und schon waren wir am Wasser. Wir paddelten bis zur Mündung des Pile Rivers, der ein türkisfarbiges Wasser aus den weißen Bergen dem See zuführte. Dort hielten wir auf einem langen, sandigen Strand an, sonnten uns und sahen den roten Lachsen zu, wie sie in dem grünen Wasser den Fluß hochstiegen.

Es war eine traumhafte Stelle, aber einen Haken hatte sie doch. Überall wo man nur hinsah, kreuzten sich Bärenspuren wie auf einer Promenade, kleine und große, ganz frische und ältere. Der breite Strand ging in ein mit hohem Gras und Gestrüpp bewachsenes Gelände über, das ein idealer Bäreneinstand war. Dort konnten die Faulpelze in Ruhe ihre Lachse verspeisen und wenn sie davon müde waren, ein Nickerchen einlegen. Wenn sie wach wurden, brauchten sie sich nur über den Strand zu bemühen, um in dem seichten Wasser genügend Nachschub zu holen.

Dort zu bleiben wäre zwar sehr reizvoll, aber der Strand war offensichtlich schon längst besetzt. Wir paddelten deshalb weiter auf die gegenüberliegende Seite, wo laut Karte der nur 24 Kilometern lange Weg über die Berge zum Pazifik beginnen sollte. Die Karte zeigte auch eine Siedlung mit dem Namen Pile Bay Village an. Als wir dort ankamen, stellten wir fest, daß die ganze Siedlung nur aus einem einzigen geräumigen Blockhaus und einigen Schuppen bestand. Dort lebt schon in der dritten Generation die Familie Williams. Sie hat auch das Monopol für den Gütertransport auf dem Landweg zum Pazifik hin. Ein strategisch wichtiger Posten, denn die andere Alternative, auf dem Wasserweg in den Iliamna See zu gelangen, ist 2000 Kilometern lang und führt um die Alaska Peninsula herum in die Bristol Bay und gegen die Strömung des Kvichak Rivers zum Lake Iliamna. Trotzdem werden überwiegend alle Güter auf diesem langen, aber preiswerten Wasserweg, transportiert.

Schon am Anfang des neunzehnten Jahrhunderts entdeckten die Russen die strategische Bedeutung des östlichen Iliamna für den Zugang und den Handel mit dem riesigen Binnenland Alaskas. Die Lebedev-Lastoschkin Gesellschaft hatte dort einen Handelsposten, ein so genanntes „odinotschku", gegründet. Dort lebte nur ein Händler mit seiner Familie und tauschte mit den Einheimischen die wertvollen Felle für die Produkte des weißen Mannes. Den ersten Handelsposten gründete in der Pile Bay ein gewisser Jeremi Rodionov, der den Auskundschafter Korsakovsky bei seiner Expedition zum Mulchatna River begleitet hatte.

Die Lebedev-Lastoschkin Gesellschaft war damals für die Russisch-Amerikanische Gesellschaft eine ernst zu nehmende Konkurrenz. Sie mußte sich aus Alaska zurückziehen, nachdem sich die Russisch-Amerikanische Gesellschaft vom Zaren endlich exklusive Rechte für den Handel mit Alaska gesichert hatte.

Unsere Planung sah ursprünglich vor, zum Pazifik hin zu Fuß zu gehen, dort zu übernachten und am nächsten Tag über die Berge zurück, zu den Booten zurückzukehren. Wir hatten uns mit unserer Absicht Frau Williams anvertraut, die uns mit ihrem Mann vor ihrem Haus herzlich begrüßte. Wir konnten ihnen jedoch gleich anmerken, daß sie unsere Absicht nicht für sehr empfehlenswert hielten. Sie erklärten uns auch gleich warum und wieso.

Sie sagten, daß die Bären ähnlich wie auch die Menschen von Natur aus faul seien. Wenn sie vom Pazifik aus zum Iliamna wechseln, klettern sie nicht freiwillig über die Berge, wenn sie einen bequemeren Weg benutzen können. Sie wissen auch genau, wann der Lachs durch den Kvichak River den Lake Iliamna erreicht.

Die Williams beobachteten in den letzten Tagen, daß die Bärenwanderung auf ihrer Privatstraße schon begonnen hatte. Sie rieten uns deshalb dringend von unserem Vorhaben ab.

Unsere enttäuschten Minen bewogen Mister Williams zu einem netten Vorschlag. Er bot uns an, uns mit dem Auto zum Meer mitzunehmen. Natürlich sagten wir sofort zu, denn unser Ausflug war gerettet. Zur Zeit wohnten bei Williams vier Pioniere der US Army und bauten in den Bergen eine Brücke, welche die Furt über einen Fluß überflüssig machen sollte. Sie mußten so oder so am nächsten Tag für Drainagerohre nach Williamsport am Pazifik fahren und wir sollten ihnen Gesellschaft leisten. Wir hatten uns für acht Uhr verabredet. Nach diesem Besuch stiegen wir in die Boote ein und paddelten am Seeufer entlang um einen nahen Zeltplatz zu suchen.

Den fanden wir auch recht schnell. Auf einer Anhöhe setzten wir unsere Zelte zwischen kleine Tannen in duftende Mooskissen und genossen den traumhaften Ausblick auf die weißen Berge, die sich in dem grünen See spiegelten. Die Sonne warf schon lange Schatten voraus, als ich am Seeufer den Lachs zum Kochen auf das Feuer setzte. Fritz packte seinen marinierten Rotlachs aus, den er schon zwei Tage lang mit sich herumtrug und wollte uns gleich die Vorspeise servieren, als Wilhelm einen unangemeldeten Besucher meldete.

Der Grizzly näherte sich langsam und offensichtlich mit friedlichen Absichten. Als er unsere Zelte erreichte, stellten wir fest, daß Peter fehlte. Er schlief zufrieden im offenen Zelt. Seine langen Beine ragten aus ihm heraus. Der Bär streifte an ihm vorbei und wir wünschten uns nur, daß er hoffentlich schöne Träume hat und nicht zufällig wach wird.

Der Bär hatte es nicht eilig. Er kostete ab und zu eine kleine Wurzel oder graste an einem Blaubeerbusch. Es sah so aus, als ob er sich in den Busch verziehen würde. Dann aber kam er in die Höhe des Feuers. Er hob seine Schnauze hoch und witterte. Er überlegte kurz und auf einmal war er quicklebendig. Schnell lief er zum Ufer hin, steckte seine Schnauze ins Wasser und schnüffelte. Er roch den kochenden Fisch und vielleicht dachte er an ziehende Lachse. Erneut nahm er die Witterung auf, und dann lief er mit Hilfe seines perfekten Radars geführt an unseren Kleppern vorbei direkt zum Feuer. Da dachten wir schon, daß unser Abendessen im Eimer war. Aber es kam anders. Zwei Meter vor der Feuerstelle blieb unser nicht geladener Gast stehen und schaute mit traurigen Augen den Topf an. Ich weiß nicht, was er sich gedacht hat, aber ich war sehr froh, daß er nicht sprechen konnte. Sonst hätte uns wahrscheinlich befohlen den Kochtopf vom Feuer abzustellen. Und wir hätten es auch bestimmt getan.

Enttäuscht drehte er sich um und entfernte sich langsam. Er folgte der steinigen Küste. Bevor er hinter der Ecke verschwand, blieb er an einem Felsen stehen und schaute lange Zeit den wunderschönen See an. Sein Rücken war mit der niedrig stehenden Sonne wie auf einer Bühne beleuchtet und für uns ging der spannende Einakter endgültig und ohne Applaus zu Ende.

Schnell verschlangen wir unseren Fisch, denn Joe meinte, der Grizzly ist schlau und kommt bestimmt wieder. Am besten schmeckte es an diesem Abend aber dem Peter. Er war ausgeruht und konnte unsere Aufregung gar nicht verstehen. Der Bär kam nicht mehr und falls doch, hatten wir schon längst tief geschlafen.

Am nächsten Morgen, kurz vor acht, legten wir bei Williams an. Drei Soldaten marschierten gerade auf den freien Platz vor dem Schuppen. Dort stand ein fünf Meter hoher Mast. Zwei von ihnen trugen die amerikanische Flagge. Wir standen und schauten mit offenem Mund zu. Der Dritte im Bunde war wahrscheinlich der Chef. Er gab einen lauten Befehl, und die Zwei hißten danach sofort und streng nach Vorschrift das Banner. Dann stellten sie sich in die denkbar kürzeste Reihe die es gibt und der Vorgesetzte redete ihnen irgend etwas zu. Es könnte der Tagesbefehl gewesen sein. Wahrscheinlich sagte er: „Soldaten, baut Herrn Williams eine Brücke, damit er auch bei starkem Regen zum Pazifik fahren kann. Zak, zak!" Dann gingen sie auseinander.

Die Stars and Stripes hingen schlapp am Aluminiummast. Es war windstill und die Sonne lachte uns an. Ein perfekter Tag zum Paddeln, aber natürlich auch für einen Ausflug. Herr Williams stellte uns die Soldaten vor. Sie waren perfekt glatt rasiert, in saubere Tarnanzüge gekleidet und ihre Schuhe glänzten so, daß sich in ihnen die Sonne spiegelte. Wir kamen uns vor wie arme Schlucker.

Dann ging es los. Wir fuhren in einem Kleinbus. Hinter uns fuhr ein kleiner Lastwagen. Anfangs kletterten wir stetig auf dem schmalen Weg in die Berge. Wunderschöne, wilde Berglandschaft eröffnete sich unseren Blicken. Der Weg erinnerte mich an Wege in den Alpen, über welche die Kühe getrieben werden. Nur dort waren weit und breit keine Kühe zu sehen, also mußte eine ganze Herde von Bären diese Schmalstraße benutzt haben. Sie hinterließen dort überall ihre Verdauungsreste.

Auf dem Hochplateau überspannte schon die neue Brücke einen seichten Bach. Sie war aus Fertigteilen montiert und konnte etwa zwanzig Meter lang gewesen sein. Als wir über sie fuhren, war unser Fahrer sichtlich froh, daß sie die erste Belastung erfolgreich überstanden hatte. Auch der Lastwagen kam herüber, und wir fuhren weiter. Der Weg fing an sich zu schlängeln und wurde immer steiler was bedeutete, daß wir uns dem Bergmassiv am Meer näherten.

Unter Williamsport hatte ich mir einen kleinen, aber lebendigen Hafen vorgestellt. Das Wort klingt so wichtig, so erhaben. Aber da hatte ich mich mächtig getäuscht. Am Ende der Iliamna Bay steht nur eine kleine Holzbude und im Gras daneben steht ein vermodertes kleines Fischerboot, das dort jemand vor vielen,

vielen Jahren abgestellt hat. Das ist Williamsport.

Als wir dort ankamen, war das Wasser vor uns weggelaufen. Es war Ebbe und weit und breit war kein Wasser zu sehen. Nur der nasse Schlick deutete darauf hin, daß es sich um den seichten Meeresboden handelte. Frische Bärenspuren verrieten uns, daß kurz vor unserem Eintreffen dort noch Bären auf der Suche nach etwas Eßbarem unterwegs waren.

Die Soldaten fingen an, die im Gras liegenden Blechrohre aufzuladen und wir saßen und sahen sehnsüchtig zum Fjord hinüber und warteten auf Wasser. Die Iliamna Bucht ist nur ein oder höchstens einundeinhalb Meter tief, was leider bei acht Metern Gezeitenunterschied bedeutet, daß dorthin nur bei Flut für sehr kurze Zeit das Wasser einläuft. Ich wanderte mit Peter entlang der Bay, um um die Ecke zu gucken, ob sich nicht doch der Pazifik nähert. Aber er war nicht in Sicht.

Nach zwei Stunden ging es zurück. Wir waren zwar in Williamsport, aber das Meer hatte sich vor uns versteckt. An der Brücke wurden die Drainagerohre abgeladen und wir hatten Zeit uns umzusehen. Zdenek wollte eines von den vielen dort herumlaufenden Ziesel fotografieren, aber da mußte er feststellen, daß die schlauen Tierchen sehr scheu sind. Wen würde es auch wundern, denn sie sind ein begehrter Leckerbissen für Grizzlybären. Sie graben sie sogar aus den unterirdischen Gängen aus, in welche die Ziesel bei Gefahr flüchten. Vorsichtig zu sein, ist ihre beste Lebensversicherung. Ihr Lebensraum ist die Gebirgstundra. Den kalten Winter durch schlafen sie in ihren Löchern und weil ihre Zellen sonst einfrieren und platzen würden, produziert ihr Körper eine Flüssigkeit, die ähnlich wie der Frostschutz beim Auto wirkt. Ist das nicht cool?

Nach dem Ausflug zum Pazifik verabschiedeten wir uns von den Williams herzlichst. Sie gaben uns einen wertvollen Hinweis mit auf den Weg: Wenn wir am Himmel eine Wolkenformation sehen sollten, die einer großen überdimensionalen Traktorspur ähnelt, sollten wir uns darauf einstellen, daß es stürmen wird. Dann ist mit dem Lake Iliamna nicht zu spaßen. Wir bedankten uns artig und paddelten zum Lager hin, das wir so vorfanden, wie wir es morgens verlassen hatten.

Auch den nächsten Tag hielt das windstille, sonnige Wetter an. Wir nutzten es und paddelten jetzt gen Westen. Erst spät abends hielten wir an einer Insel, die zwei Kilometer vom Festland entfernt war an, um zu übernachten. Peter hatte sich vorgenommen die Insel zu umwandern. Das tat er auch. Als er gegen Mitternacht immer noch nicht zurück war, fingen wir an, uns Gedanken zu machen. Schon wollten wir aufbrechen, ihn zu suchen, da kam er müde aber glücklich, daß er es geschafft hatte zurück. Er hatte das schwierige Terrain und die Entfernung unterschätzt. Unterwegs hatte er frische Elchspuren und sogar auch Bärenspuren angetroffen, was sicherlich bemerkenswert war. Warum die großen Tiere so weit schwimmen, um ein so kleines Stück Land mit sehr begrenzter Nahrungsquelle aufzusuchen, ist mir völlig schleierhaft.

Irene wies uns an, unseren Proviant gut zu behüten und ging schlafen. Wir nippten am Feuerwasser und unsere Sinne wurden langsam durch die Abendstimmung und den Blick auf den ruhigen, für die kurze Nacht eingeschlafenden See, volltrunken.

Der Abschied von der Insel fand bei einem Wetter statt, das mehr zu den Hawaii-Inseln als zu Alaska passte. Jeder von uns schaute heimlich zum blauen Himmel und wollte sich vergewissern, ob sich dort nicht die berüchtigten Traktorspuren bilden. Dem war aber nicht so. Zuerst mußten wir unsere Haut versorgen, denn am Wasser kann man sich schnell einen Sonnenbrand holen. Deshalb gilt auch dort, zuerst ölen und dann fahren, niemals umgekehrt.

Auch diesen Tag nutzten wir fast vollständig zur Weiterfahrt. Eine kurze Wanderung in die steilen Berghänge oberhalb des Sees ermöglichte uns, unsere Vitaminreserven aufzufrischen. Wir pflückten die schmackhaften blauen Früchte so, wie die Bären es tun. Zurück zu den Booten angekommen, wuschen wir uns zuerst den Schweiß, die blauen Hände und Münder ab. Bei dem Wetter war es mehr als wohltuend. Das Wasser war nämlich ganze elf Grad warm.

Noch am Abend umschifften wir die lange, weit in den See auslaufende Halbinsel an deren Spitze sich der Tommy Point befindet und übernachteten an einem Traumstrand in Leon Bay. Joe fing dort eine unerfahrene Seeforelle bemerkenswerter Größe und war im siebten Himmel. Später dann, als das fischige Abendessen serviert wurde, fühlten sich noch mehrere Touristen in dem selben Himmel versetzt.

Unsere Wasserwanderung führte uns weiter in die Kakhonak Bay. Dieser Bucht sind zahlreiche malerische Inseln und Halbinseln vorgelagert. Sie bilden ein Labyrinth von Buchten und Wasserengen, die dem Orientierungssinn einiges abverlangt. Deshalb waren wir sehr froh, daß wir uns weit auf den offenen See wagen konnten, um unseren Weg abkürzen zu können.

Wir hatten eine außergewöhnlich gute Wetterperiode erwischt. Daran wurden wir wieder erinnert, als wir an einer vorgelagerten Insel Pause eingelegt hatten. Die Ausläufer der friedlichen, kleinen Bucht bildeten mehrere Meter hohe wellenförmige Kiesrinnen, die durch die ankommenden Wellen gebildet wurden. Faustgroße Steine waren dort wie Sandkörner durch die Wucht der Wellen aufgehäuft worden.

Die eigentliche, sechs Kilometer breite Kakhonak Bay kreuzten wir noch am selben Abend. Herr Williams hatte uns darauf aufmerksam gemacht, daß bei ungünstigen Wetterverhältnissen dort drei Meter hohe Wellen keine Seltenheit sind. Traktorspuren waren nicht in Sicht und deshalb nutzten wir die Gunst der Stunde und landeten am späten Abend ohne Probleme an einer besonders schönen Stelle, nicht weit vom Eskimodorf Kakhonak.

Dort lag am Strand und ebenfalls im Wasser eine ganze Ansammlung von wunderschön geformten und glatt abgeschliffenen Steinen. Sie wurden tausende von Jahren bearbeitet, durch die Eismassen geschoben und gerieben, um uns Freude zu machen. Es ist ihnen voll gelungen.

In Kakhonak leben einige weiße Siedler und an die sechzig Yupik Eskimo. Als wir gegen Mittag ankamen, wurden wir freundlich begrüßt. Der Sheriff, mit echten Handschellen und Schlagstock bewaffnet, erschien bei uns höchstpersönlich und erzählte uns Geschichten aus dem Dorfleben. Gegenüber dem kleinen Laden mit großen Preisen, steht eine weiß angestrichene Kirche mit einem Friedhof, auf dem die russisch-orthodoxen Kreuze die erfolgreiche Missionarsarbeit der Russen vor zweihundert Jahren bezeugen.

Vor unserer Abfahrt wurden wir sogar beschenkt. Eine Tüte gefüllt mit geräucherten Lachsstreifen war für uns ein willkommenes Geschenk. Als wir am Wasser waren, haben wir sie gleich gekostet. Sie schmeckten hervorragend und noch dazu spendeten sie uns die notwendige Energie zum Paddeln. Entsprechend gestärkt, paddelten wir bis zum Dennis Creek, der kaum Wasser führte, weil es schon eine ganze Woche nicht geregnet hatte.

Schon sehr früh morgens saßen wir wieder in den Kajaks, denn vor uns lagen die Big Mountains. Eine felsige, steile Küste begrenzt dort auf einer Länge von zehn Kilometern den See. Es wird empfohlen, diese Strecke nur bei gutem Wetter zu paddeln, weil bei einer entsprechenden Brandung keine Landemöglichkeit existiert. Wir wußten, daß wir uns beeilen mußten. Über den Himmel fuhr nämlich irgendwann in der Nacht ein riesiger Traktor, der die berühmtberüchtigten Spuren hinterlassen hatte.

Unsere Eile hat sich gelohnt. Kaum hatten wir die Big Mountains passiert, frischte der Wind auf, und wir mußten zur Kenntnis nehmen, daß Iliamna nicht irgendein Teich ist, sondern der größte See Alaskas. Wir kämpften uns durch die Wellen bis zum Belinda Creek, wo wir einen guten Zeltplatz in einem purpurroten Blumenfeld fanden.

Nicht weit von unserem Lager entfernt waren die fleißigen Biber dabei, ein neues Haus zu bauen. Sie schleppten neue und neue Äste herbei, und wir konnten sie dabei aus einem Versteck im hohen Gras beobachten. Den Bellinda Creek hinauf stiegen die Rotlachse. Zdenek lag bis in die Nacht im Gras und studierte die lebendige Natur. Die Angler hatten auch alle Hände voll zu tun. Und weil es dort so schön war, gönnten wir uns einen Tag Urlaub.

Am Nachmittag fuhr ich mit Zdenek im Klepper zum Big Island. So groß war die Insel auch nicht. Aber man konnte dort gut gehen und von einer Anhöhe den See und auch die Big Mountains gut beobachten. Wir saßen auf einem trockenen Flechtenteppich und erzählten. Da merkte ich, daß Zdenek wahrscheinlich mit dem gleichen Alaska-Bazillus infiziert wurde wie ich vor fünfundzwanzig Jahren.

Ich erinnerte mich wieder einmal an den Bericht des Russen Korsakovsky. Er übernachtete unterhalb der Big Mountains, wahrscheinlich in der Reindeer Bay und wollte den höchsten Berg besteigen. Leider wurde es zu dunkel und er mußte umkehren. Wir kehrten zurück noch bei Licht. Aber nicht lange Zeit danach konnten wir beobachten, wie die riesige, glühende Sonnenscheibe rot wurde und dann schnell ins Wasser eintauchte.

Unsere Abfahrt verzögerten wir so lange wie es nur ging. Leichter Nieselregen und ein unangenehmer Wind dämpften unsere Reisebegeisterung merklich. Wir waren durch die Schönwetterperiode zu sehr verwöhnt. Der Blick nach vorne konnte uns auch nicht besonders motivieren, denn die Berghänge wurden immer niedriger und in der weiten Ferne gingen sie in einen dunklen Streifen über, der an einer Stelle unterbrochen war. Das war der Anfang des Kvichak Rivers. Für uns würde dort das Ende unserer Fahrt auf dem See erreicht sein.

Schon früh am Morgen saßen wir in den Booten. Obwohl wir unsere frischen Kräfte voll einsetzten, machten wir nur mäßige Fortschritte. Stunden um Stunden hieß es nur paddeln, paddeln und wieder paddeln. Wir übernachteten noch einmal am See. Am Morgen erreichten wir nach zwei Stunden den Kvichak River.

Er bemächtigte sich unserer Boote und zog sie unwiderstehlich zum Pazifik. Nur kurz konnten wir uns von Iliamna verabschieden, dann fühlten wir schon seine starke Strömung. Nach den zweihundertfünfzig Kilometern, die wir am See hinter uns hatten, war es für uns ein neues Gefühl. Es dauerte nicht lange und wir mußten schon unsere Kajaks gegen die Strömung richten, weil wir in Igiugig, der zweiten Eskimo Siedlung am See, anhalten wollten.

Igiugig bedeutet in der Yupik Sprache „die Flußkehle, die das Wasser schluckt" oder vielleicht besser „das Dorf am Seeabfluß". Das Dorf entstand am Anfang des vorigen Jahrhunderts an einer sehr günstigen Stelle, wo die Karibuherde zweimal im Jahr den Kvichak River überquert und wo man ideale Bedingungen für den Fischfang antrifft. Heute leben in dem überschaubaren Dorf auf der linken Flußseite nur fünfzig Yupik Eskimo. Am rechten Ufer steht eine Lodge für die zahlungskräftigen Angler, die für ihr Vergnügen mindestens tausend Dollar pro Tag zu zahlen bereit sind. Der Kvichak River gehört bei den Anglern zu den besten Adressen. Und so ist es nicht verwunderlich, daß man dort noch mehrere solcher feinen Herbergen antrifft.

Gleich nachdem wir angelegt hatten, wurden wir von mehreren Kindern umzingelt. Ein kleiner Junge, mit dem typisch amerikanischen Namen Dimitrij, kletterte wie ein Äffchen auf die Klepper und sprang ins Wasser. Er badete vergnüglich im Fluß und wir zitterten vor Kälte nur beim Anblick. Dann erschienen die Senioren. Für sie war unser Erscheinen ein willkommenes Ereignis an dem sonst monotonen Sommertag. Ein betagter Greis erzählte uns mit Tränen in den Augen, daß er vor vielen, vielen Wintern, als er jung und kräftig war, auch oft mit dem Kajak unterwegs war. Vielleicht hat er uns ein bißchen beneidet, nicht nur der Kajaks wegen, sondern auch wegen unserem relativ jungen Alter.

Zum Schluß erschienen noch zwei nette Yupik Fräuleins. Sie kamen bis an das schmale Ufer auf einem Vierrad angerast und stellten sich als die komplette Redaktion der örtlichen Zeitung vor. Wir mußten ihnen über unsere „Heldentat" erzählen und sie versprachen uns, einen Artikel in die nächste Ausgabe ihres Blattes zu platzieren, dessen Auflage vermutlich nicht fünfzig Exemplare überschreitet. Aber so ist heute die Welt, jedes kleine Dorf muß sein Presseorgan haben. Nicht anders ist es auch im globalen Dorf Igiugig.

Wir flanierten langsam über die einzige Hauptstraße und Zdenek, Förster von Beruf und Jäger von Natur, erlitt den größten Schock seines Lebens. Auf allen Dächern, egal ob es sich um ein Blockhaus, um eine halb zerfallene Hütte oder um ein Outhouse handelte, überall dort und daneben lagen Geweihe über Geweihe. Alte und die neueren Datums, von Karibu und Elch, dem größten Hirsch auf Erden. Vermodert und ohne Anstand lagen sie dort wertlos wie Speermüll. Die Trophäenwelt des passionierten Jägers brach plötzlich wie ein Kartenhaus zusammen. Trotzdem versuchte er möglichst viele Geweihe in seine Hände zu nehmen, um ihre edle Masse zu fühlen. Seine Kamera blitzte nervös, weil er jeden Knochen in allen dunklen Ecken aufnehmen wollte.

Das kleine Geschäft im Ort sollte nach Plan erst um sieben Uhr abends öffnen, aber die freundliche Redakteurin besorgte den Schlüssel und wir konnten in Ruhe unser bescheidenes „shopping" machen. Danach besichtigten wir noch die russisch-orthodoxe Kirche, die genauso sauber und mit Liebe gepflegt war wie die in Kakhonak.

Dann bemächtigte sich uns wieder die Strömung. Wir genossen die mühelose Fahrt bergab. Der Kvichak fließt zuerst mit einer Geschwindigkeit von fünf bis sechs Stundenkilometern, nach etwa zwei Fahrtstunden teilt sich jedoch der Fluß in mehrere Arme auf, und die Strömung läßt deutlich nach. Gleichzeitig verändert sich auch die Landschaft. Die niedrigen Inseln und ebenfalls die flachen Ufer sind mit einem sattgrünen, hohen Gras überwachsen, das natürlich nicht für einen gemütlichen Zeltplatz geeignet ist.

Wir waren deshalb gezwungen bis spät in die Nacht zu paddeln, bis die einzelnen Ströme begannen, sich wieder zu vereinigen. Auf der letzten Insel sichteten wir eine grüne Hütte, die oberhalb des Hanges stand und die uns von einem Eskimo aus Igiugig als Übernachtungsmöglichkeit empfohlen worden war. Eine Unordnung, die nur sehr schwer zu beschreiben ist, jedoch mit dem Oberbegriff Schweinestall treffend charakterisiert wird, veranlaßte uns, unsere Zelte neben der Hütte aufzustellen, wo sich ein ebenes Plätzchen befand. Das einzige weit und breit.

Um aufzustehen brauchte man schon einen gewichtigen Grund, denn das Trommeln der Regentropfen auf die gespannte Zeltwand war eine deutliche Sprache. Aber so ist der Mensch eben gebaut, irgendwann muß er aus den Federn heraus. Als ich mir den nötigen Ruck gab und vor dem Zelt stand, sah ich, daß in der Hütte ein hektisches Treiben und Tun im Gange waren. Ich konnte meinen Augen nicht glauben. Wilhelm und Fritz waren gerade dabei, die letzten Bazillen zu vernichten. Sie räumten die Bude auf und putzten sie so gründlich blitz und blank sauber, daß jede Hausfrau in Verzückung geraten wäre, hätte sie die Gelegenheit gehabt das Werk zu sehen. Es war ein wahres Meisterwerk. Das Häuschen diente uns als Eß - und Wohnzimmer, die luftigen Schlafzimmer draußen behielten wir weiterhin.

Als die Angler festgestellt haben, daß die ersten Silberlachse zogen, war die Aufregung groß. Zum Mittag gaben sie einer Schüssel mit süßem Reisbrei und frischen Blaubeeren den Vorzug, was ein deutliches Zeichen dafür war, daß sie der edlen Fischgerichte satt waren.

Am Nachmittag wanderte ich mit Zdenek um die Insel. Wir hofften, nein, wir waren uns ziemlich sicher, daß sich uns ein Elch zeigen würde, weil überall dort ein ideales Gelände zum Äsen war. Aber die Elche waren anderer Meinung. Sie waren anderswo beschäftigt. Das entfernte Klappern der Kraniche begleitete uns ununterbrochen, doch die Vögel selbst konnten wir nicht sehen. Ich habe mich unterwegs wieder an das Korsakovsky Tagebuch erinnert. Er beschreibt dort, wie an der Stelle, wo sich der Kvichak gabelt, ein im Fluß schwimmender Bär eine ihrer Bajdarkas inklusive Besatzung einfach umkippte.

„Those on board came out alive, thank God, and, exept for a carbine and a seine, nothing was lost." So beschreibt Korsakovsky den interessanten Vorfall, der sich im Jahre 1818 exakt an der Stelle ereignete, wo wir uns gerade befanden. Ich habe ihn Zdenek erzählt und er hörte mir aufmerksam zu. Nach einer Weile wollte er ernsthaft wissen, was für ein Gewehr ging damals im Fluß verloren. Ich mußte ihn leider enttäuschen, denn das Wichtigste hat nämlich Korsakovsky vergessen zu vermerken. Schade.

Die Flußarme vereinigten sich gleich hinter der Insel in einen einzigen breiten Strom. Und mit jeder Stunde Fahrt wurde die Umgebung flacher, bis sie sich zu der typischen, ziemlich langweiligen meernahen Landschaft entwickelte. Monotone Ufer und sanfte, wie von Menschenhand angelegte Kurven charakterisierten den Fluß. Dazu kam noch der obligatorische Regen der Bristol Bay Region, der sich über eine kurze Zeit zu einem dort unüblichen, heftigen Regen verwandelte. Die großen Regentropfen peitschten uns mit einer ungewöhnlichen Wucht. Wie Geschosse eines Maschinengewehres löcherten sie die Wasseroberfläche des Flusses. Wir verbrachten den Sturm in den Booten sitzend und waren froh, als seine Heftigkeit nachließ. Jeder einzelne Tropfen der unseren Körper traf, pikste auf der Haut wie ein kleiner Pfeil, der vom Himmel aus zornig auf die Erde geschmettert wurde.

Zum Abend hin kamen wir so nah ans Meer, daß wir den Gezeiteneinfluß spürten. Die Flußufer zeigten deutlich den Wasserstand der letzten Flut an. Deshalb kletterten wir zum Zelten eine Böschung hinauf und freuten uns über einen trockenen, mit Flechten bewachsenen Boden, der ein weiches und duftendes Bett versprach. Es dauerte vielleicht nur zehn Minuten, bis sich die Nachricht über unsere Anwesenheit in Bristol Bay verbreitet hatte. Dann plötzlich waren sie alle da: Millionen von kleinen, schwarzen Mücken schwärmten um unsere Köpfe herum und diejenige, die einen Halt auf unserer Haut fanden, knabberten an ihr mit einem ungewöhnlich großen Appetit.

Wir wollten noch essen und das Iliamna Lied, welches Wilhelm komponiert und mit einem originellen Text versehen hatte, singen. Dazu kam es jedoch nicht. Unsere Gesichter brannten, als ob wir uns einen Sonnenbrand geholt hätten. Wir flüchteten in die Zelte und waren froh, daß die kleinen Biester doch nicht im Stande waren, die Moskitogitter zu überwinden.

Treu wie die Flöhe warteten sie auf uns auch am nächsten Morgen. Die Folge war, daß wir in Rekordzeit packten und uns in die Boote retteten. Wir hatten Glück. Die Ebbe zog uns zum Meer hin und das Paddeln war so um einiges leichter. Erst am Nachmittag drehte sich die Strömung, und der Gegenwind mit Nieselregen gestaltete unsere Fahrt ziemlich ungemütlich. An einigen Stellen kamen graue Schlickinseln zum Vorschein. Wir mußten befürchten, im Matsch mitten im Fluß hängen zu bleiben.

Da sahen wir endlich die ersten Häuser von Levelock. Es dauerte aber noch eine ganze Ewigkeit, bis wir sie erreichten. Von dort aus wollten wir uns zum Lake Grosvenor ausfliegen lassen, den Savonoski River zum Lake Naknek fahren und den berühmten Brooks Camp sowie Valley of Ten Thousand Smokes besichtigen. Weiterhin wollten wir den Naknek Lake zum Westen hin überqueren und den Naknek River bis zu der Ortschaft King Salmon herunterfahren, von wo aus regelmäßige Flugverbindungen nach Anchorage existieren.

Es war eine sinnvolle Planung, die ich nur jedem empfehlen kann. Der Zufall wollte es, und wir begegneten Dale, einen freundlichen Eskimo, den die Einheimischen „Dale, the Whale" nannten. Ich weiß nicht warum, aber vielleicht wegen seiner gut 150 Kilos, die er auf die Wage brachte. Dale bot sich an, uns alle mit seinem Boot über das Meer und den Naknek River hinauf zum Naknek Lake zu bringen. Wir überlegten nicht lange und stimmten zu. Daß wir allerdings zwei Tage älter sein würden bis wir King Salmon erreichen, daß wir in der Bristol Bay während der Ebbe kilometerweit vom Ufer entfernt im Schlick stecken bleiben würden, das haben wir natürlich nicht geahnt.

Dem war aber so. In King Salmon haben wir uns bei Dale bedankt und sind in ein Flugzeug, das uns zum Brooks Camp brachte, umgestiegen. Für eine Kajaktour hatten wir keine Zeit mehr.

Endlich waren wir wieder in der Natur. Und in was für Einer. Wir stiegen auf die Dumpling Mountains, setzten uns ins Moos und betrachteten vom „Knödelberg" aus die weite, schöne Welt. Unter uns lagen die zwei Seen Naknek und Brooks wie auf einem Tablett sowie die Moränenreste, die fast den Iliuk Arm vom Lake Naknek trennen und ebenso das Tal, durch das der Savonoski River fließt. Wir waren dort mit den Vulkanen und den Gletschern des wilden Katmai National Parks alleine und sehr glücklich.

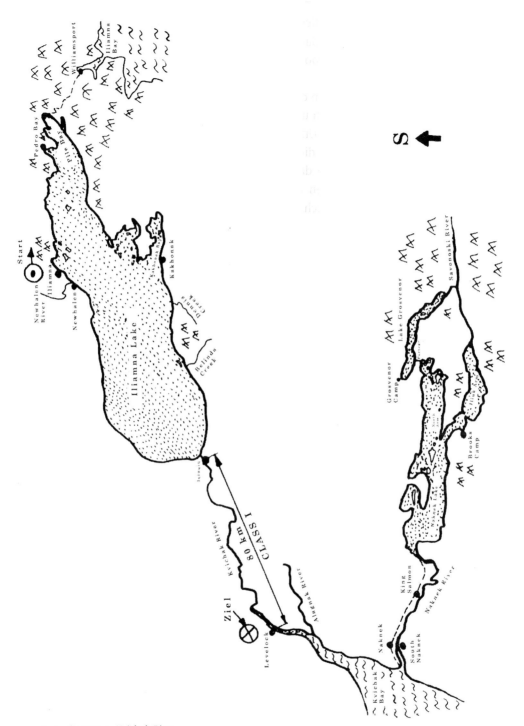

Lake Iliamna + Kvichak River

Informationen über die Reise in Kürze

Schwierigkeiten:

Lake Iliamna als auch der Kvichak River sind Gewässer, die keine besonderen Fähigkeiten in der Beherrschung der Boote erfordern. Der See und seine Launen müssen natürlich schon respektiert werden. Man sollte immer daran denken, daß er in kürzester Zeit auch ganz schön rauh sein kann. Deswegen lieber den Küsten folgen und die Überfahrt eines offenen Gewässers nur dann wagen, wenn sich eine stabile Wetterlage eingestellt hat.

Der Kvichak River hat keine einzige Stromschnelle. Der Einfluß von Gezeiten sollte nicht unterschätzt werden. Bei Ebbe besteht die Gefahr, im Schlick stecken zu bleiben. Es ist keine Tragödie, denn auf das kommende Wasser ist Verlaß, aber angenehm ist es bestimmt nicht.

Boote:

Ich würde in jedem Falle Falt-Kajaks empfehlen, Klepper sind besonders geeignet.

Transport:

Aus Anchorage wird zwei mal täglich eine Flugverbindung nach Iliamna angeboten. Der Preis beträgt rund 200 Dollar. Die Rückreise kann von King Salmon, für den Preis um die 250 Dollars, angetreten werden. Selbstverständlich kann man sich auch in Pedro Bay, Kakhonak, Igiugig oder in Levelock ein Airtaxi rufen. Die Kosten hängen von der Auslastung des Flugzeuges und von dem vereinbarten Ziel ab.

Karten:

Für eine ausreichende Orientierung genügen voll die Karten im Maßstab 1:250 000. Es sind: Illiamna und Dillingham, vielleicht noch Naknek. Man kann sie an dem Campus der Alaska Pacifik University, 4230 University Drive, Anchorage, AK, kaufen, oder auch per Post bei USGS Map Sales, Box 25286, Denver, CO 80225, USA bestellen.

Informationen über den Kartenerwerb können auch unter: www.store.usgs.gov abgerufen werden.

Zeitplanung:

Für die Tour um Lake Iliamna mit anschließender Fahrt auf dem Kvichak River zum Pazifik sollte man sich drei Wochen Zeit nehmen. Vom Lake Grosvenor auf dem Savonoski River zum Lake Naknek und weiter nach King Salmon benötigt man mindestens eine Woche, besser sind zwei, um einen Ausflug zum Valley of Ten Thousand Smokes unternehmen zu können.

Fische:

Äsche, Hecht, Regenbogenforelle, Seeforelle, Dolly-Varden, Königslachs, Silberlachs, Rotlachs, Hundslachs.

Tiere und Vögel:

Grizzlybär, Elch, Karibu, Wolf, Fuchs, Süßwasserrobe, Weißkopfadler und verschiedene Arten von Wasservögeln.

LITERATUR

P. A. Tikhmenev: A History of the Russian-American Company, University of Washington Press, 1978.
Hector Chevigny: Lost Empire, Binford and Mort, Publishers, 1965.
Corey Ford: Where the Sea Breaks Its Back, Alaska Northwest Books, 1966.
Eve Iversen: The Romance of Nikolai Rezanov and Concepcion Argüello, The Limestone Press, 1998.
Kenneth N. Owens: The Wreck of the Sv. Nikolai, University of Nebraska Press, 2001.
Robert Marshall: Alaska Wilderness, University of California Press, 1970.
Nancy R. Lethcoe: Glaciers of Prince William Sound, Alaska, Prince William Sound Books, 1987.
John Branson: Lake Clark-Iliamna, Alaska 1921, Alaska Natural History Association, 1997.
James W. VanStone: Russian Exploration in Southwest Alaska: The Travel Journals of Petr Korsakovskiy (1818) And Ivan Ya. Vasilev (1829), The University of Alaska Press, 1988.